AF543650

KATJA
FALKENBURGER

PAPIER PRÄGEN

Haupt
GESTALTEN

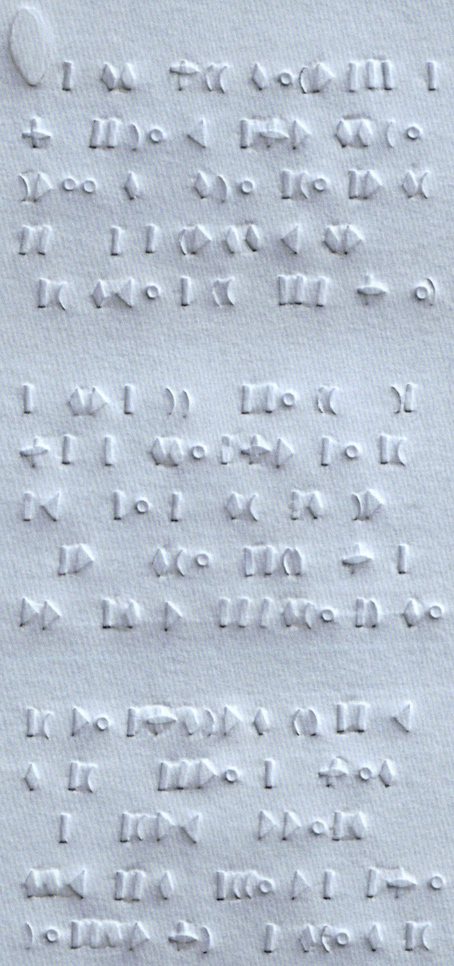

„Die schöne, neue Welt des Prägens“, geprägt in drei Strophen

KATJA
FALKENBURGER

PAPIER PRÄGEN

FREIE TECHNIKEN, INDIVIDUELLE MUSTER

HAUPT VERLAG

INHALT

VORWORT 6

01 LEBENDIGE STRUKTUREN 8

LICHT UND SCHATTEN 10
PERFEKT UNPERFEKT 12

02 AUSSTATTUNG 14

WERKZEUG 16
ARBEITSPLATZ 20
PAPIER 22

03 PRÄGETECHNIKEN. 24

HOCH- UND TIEFPRÄGUNG 26
SENKRECHTE PRÄGUNGEN 30
SCHRÄGE PRÄGUNGEN 36
DYNAMISCHES PRÄGEN 42
GEGENPRÄGUNGEN 44
PAPIER TREIBEN 50
KOPIER- UND SPIEGELPRÄGUNG 54
KNICKPRÄGUNGEN 58
FALTKANTENPRÄGUNG 62
STANZPRÄGUNGEN 68

04 PUNKTE 72

05 LINIEN 76

„PERLENLINIEN“ 82
„HUMMELFLUG“ 84
RAHMEN UND KONTUREN 86

06 BÄNDER 90

07 MUSTER 96

08 FLÄCHEN 106

09 INTERPRETATIONEN 114

10 FIGUREN 120

11 MILLEFLEURS 128

12 BORDÜREN 138

13 PRÄGUNGEN + ... 144

PRÄGUNG UND PAPIERSTRUKTUR 146
PRÄGUNG UND FARBIGES PAPIER 150
PRÄGUNG UND TRANSPARENTPAPIER 154
PRÄGUNG UND GRAFIK 156
PRÄGUNG UND BUNTSTIFT 162
PRÄGUNG UND AQUARELL 166

LEGENDE SYMBOLE 174

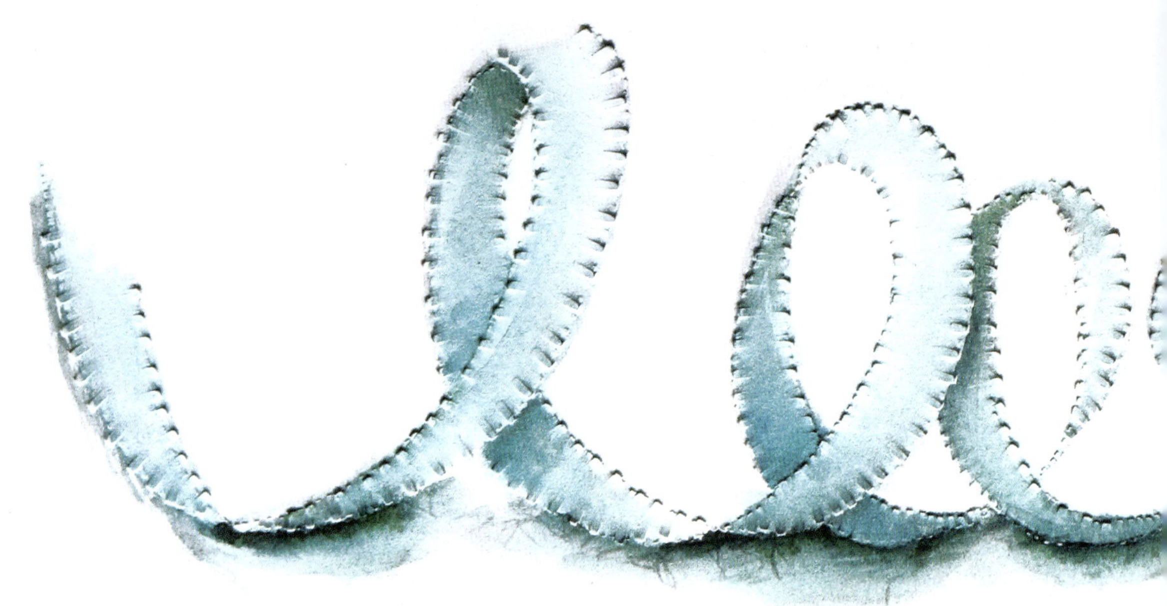

VORWORT

„Machen Sie mal!“, sagte ein Kunde, dem ich eine meiner Ansicht nach gelungene Fotomontage einer Struktur für ein Produktkonzept vorstellte.
Nach dem Kundentermin kamen Fragen auf: Wie transformiert man eine grafisch dargestellte Idee in eine haptisch erfahrbare, dreidimensionale Oberfläche? Welches Material und welche Technik eignen sich hierfür?
So gesellten sich zum weißen Papier vor mir auf dem Schreibtisch ein paar fast vergessene kleine Meißelstifte, die schon seit Jahren auf ihren Einsatz warteten, und das Experiment begann.
Es schlossen sich weitere Fragen an: Welche Meißelmotive zeichnen sich besonders gut ab und wie verhält sich eine Papieroberfläche bei rückseitiger Bearbeitung? Lassen sich Prägetechniken auf interessante Weise verfremden und miteinander kombinieren, um eine neue Wirkung zu erzielen? Was passiert, wenn ein Prägeschlag in Papier ein wenig schräg gesetzt ist und wenn Prägetiefen variieren? Und es zeigte sich: „Fehlschläge“ führen manchmal zu neuen Mustern und Strukturen und dabei entwickeln sich ganz materialspezifische gestalterische Ausdrucksmöglichkeiten.
Papier ist ein erstaunlich zähes Material. Es lässt sich mit Meißeln schlagen, drücken, quetschen, stanzen, treiben, ja richtiggehend quälen. Es ist spannend, wie unterschiedlich starke, transparente und vorab strukturierte Papiere auf Prägungen reagieren.

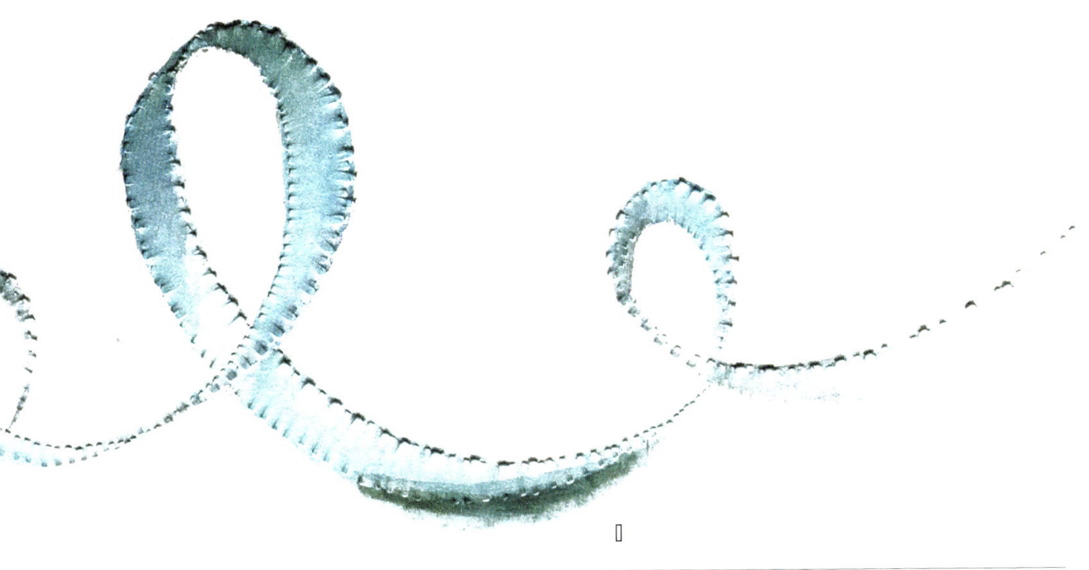

Mit Rechteckmotiv-Meißel geprägtes Band, koloriert mit Wasserfarben

Nachdem die ersten Arbeiten in edlem Weiß anfangs das Nonplusultra zu sein schienen, lockte irgendwann einmal die Farbe. Wie wirken Prägungen auf farbigem Papier in Verbindung mit Grafik, Farbstift und Aquarell, wenn das Licht-Schatten-Spiel der Prägungen in den Hintergrund tritt? Besonders abwegig erschien der Gedanke einer Übermalung mit Aquarell, wenn Prägungen durch Farbe aufgeweicht und zurückgestellt werden. Aber der Versuch ging auf, die Prägearbeit machte sich entgegen den Erwartungen mit neuen Effekten für die Aquarellmalerei bezahlt.
Mit der Zeit stapelten sich Prägearbeiten aus dickem, dünnem, transparentem, farbigem Papier in den Regalen und Schubladen: Material für ein Buch, das die Möglichkeiten von Prägungen in Papier aufzeigen möchte.
In den folgenden Kapiteln werden Papiere, Werkzeuge und Schlagtechniken zur Umsetzung in Punkten, Linien und Flächen anhand von Beispielen vorgestellt. Probieren Sie es aus, ich versichere Ihnen: Papier ist tatsächlich geduldig!

Viel Freude beim Ausprobieren und Experimentieren.

Katja Falkenburger

01 LEBENDIGE STRUKTUREN

Prägungen haben eine lange Tradition: Über geheimnisvolle in Stein gehauene Runen streift schon seit Jahrhunderten Tag für Tag das Licht hinweg und erzeugt plastische, lebendig wirkende Schriften und Bilder – ein Licht-Schatten-Spiel, das sich mit dem Sonnenverlauf stetig verändert und Flächen den Eindruck von Bewegung und Lebendigkeit verleiht.
Wir kennen diese subtil wahrnehmbare Qualität auch von natürlichen Materialien – ohne fühlbare, charakterprägende Strukturen muten Jahresringe bei Holz seltsam und künstlich an. Erst durch die spezifische Oberfläche – die „Prägung" – entstehen Tiefe, Ausdruck und Charakter. Künstler- und Handwerker/-innen zum Beispiel aus der Holz- und Steinbildhauerei nutzen seit jeher diese changierenden optischen und haptischen Struktureffekte in der Gestaltung. Holz-, Stein-, Metall- und nun auch Papierflächen werden durch verschiedene Techniken wie Meißeln, Gravieren, Ziselieren oder Treiben überlagert. Dabei entstehen Interaktionen und Symbiosen zwischen der Struktur und Textur des Trägermaterials und der hinzugefügten Prägung. Spannend ist es dabei, bekannte, traditionelle Techniken mit einem neuen Material zu kombinieren. Wenn Bearbeitung, Material, Struktur und Form zu einer Einheit verschmelzen, entwickelt sich ein neuer Stil. Setzen wir also einmal Meißel auf Papier anstatt auf Stein, Holz oder Metall: Beginnen wir mit diesem Buch unser Experiment „malen mit Hammer und Meißel auf Papier".

I • ○

Hahnemühle Künstlerpapiere
The Collection Watercolour 300, satiniert, 300 g/m²

Prägungen nur mit einem abgerundeten Kreismotiv-Meißel und einige Konturprägungen genügen, um auf einer einfarbig ausgemalten Aquarellfläche eine charakteristische Eiswaffelstruktur entstehen zu lassen. Bei der dargestellten Eistüte ersetzen Prägungen traditionell gemalte Schatten und Farbabstufungen zur Erzeugung von Plastizität. Malerei erhält dadurch eine völlig neue Ausdrucksmöglichkeit und gewinnt an Plastizität, die sich mit dem Lichteinfall lebendig verändern kann.

01.01

→

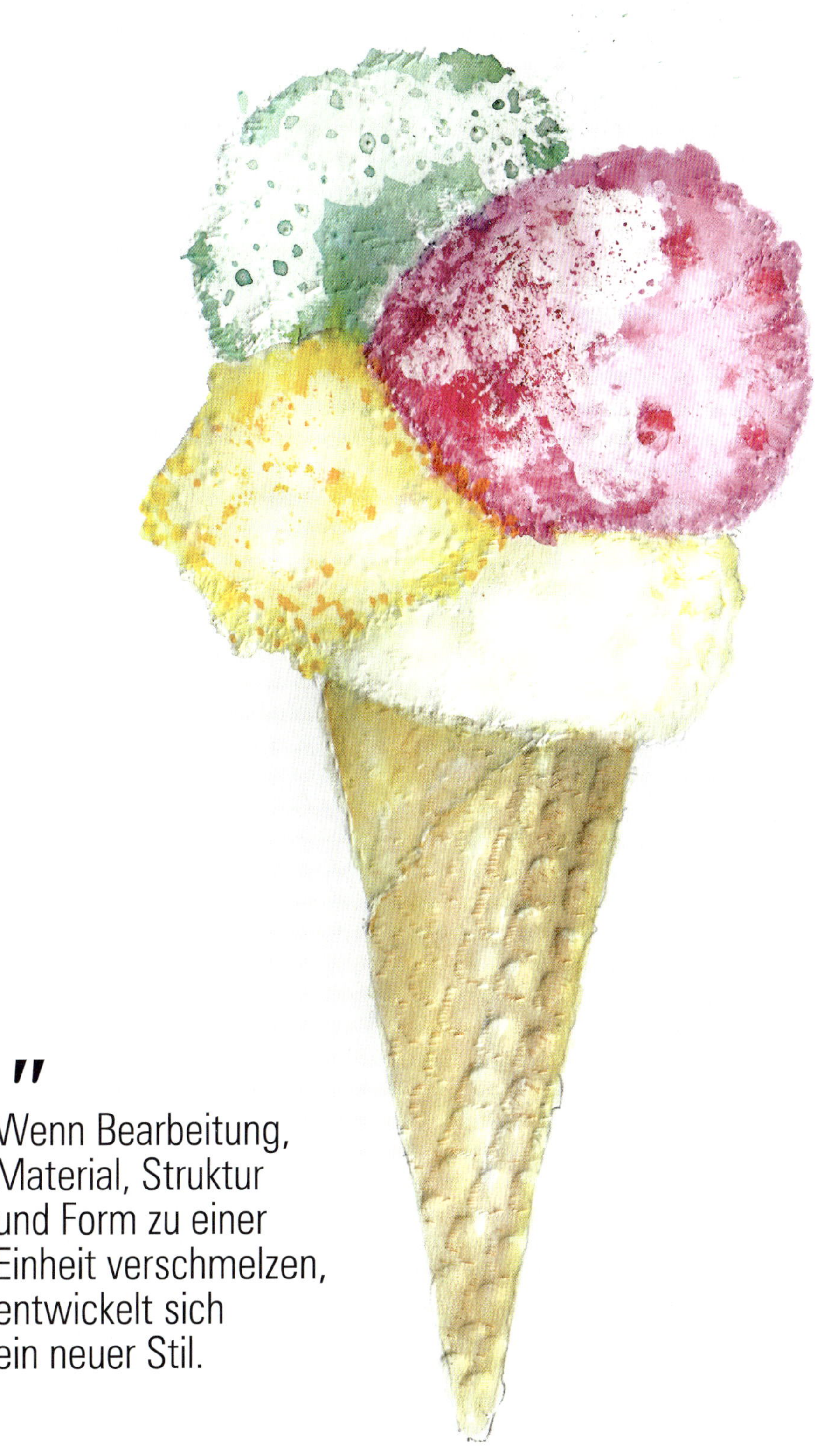

"
Wenn Bearbeitung, Material, Struktur und Form zu einer Einheit verschmelzen, entwickelt sich ein neuer Stil.

LICHT UND SCHATTEN

Geprägte Oberflächen leben von Licht und Schatten. Dabei spielen die Position der Lichtquelle, die Intensität des Lichteinfalls und die Lichtfarbe, die mit einer Prägung interagieren, eine entscheidende Rolle.
Besonders gut lässt sich dieser Effekt bei seitlichem Streiflicht beobachten, wenn Schatten und hell beleuchtete Bereiche maximal in Kontrast zueinander treten. Der gegenteilige Effekt tritt bei senkrecht auf das Papier auftreffender Beleuchtung ein. Die gleichmäßige Ausleuchtung verhindert, dass sich Konturen als Schatten und Verläufe abzeichnen können.
Eine zusätzliche Lichtbewegung sorgt für Spannung und bringt Dynamik in die Schattenentwicklung. Das kann man beispielsweise am Einfluss des Sonnenlaufs auf eine Prägefläche beobachten. Schräg einfallendes winterliches Morgenlicht lässt weißes Papier und Prägungen bläulich erscheinen und die Strukturen deutlich hervortreten. Dagegen sorgt das gelbliche Mittagslicht im Sommer für warme Papiertöne und schwache Abzeichnungen, was die Fernwirkung eines Bildes deutlich mindert.
Der gewünschte Beleuchtungseffekt kann auch mit künstlichem Licht erzielt werden. Strahler mit kegelförmigem Licht sorgen hierbei für Dynamik, eine zusätzliche Komponente, mit der experimentiert werden kann.

Je nach Beleuchtungsrichtung zeichnen sich die Prägungen im Hochdruck (hervortretende Prägungen) sowie im Tiefdruck (tiefe Prägungen) unterschiedlich deutlich ab. →
01.02

Tiefdruck, Streiflicht von links
01.03

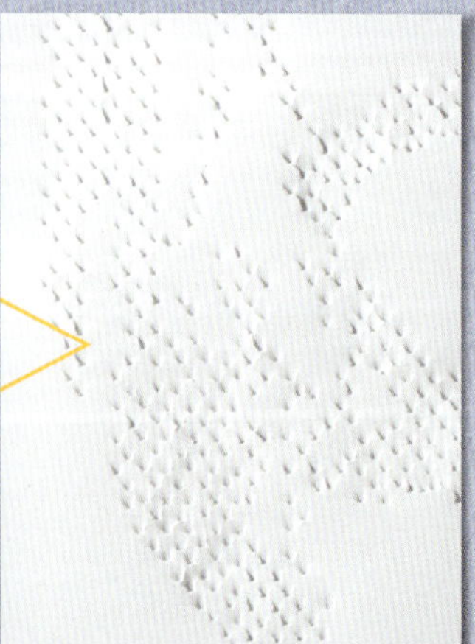

Hochdruck, Streiflicht von oben
01.04

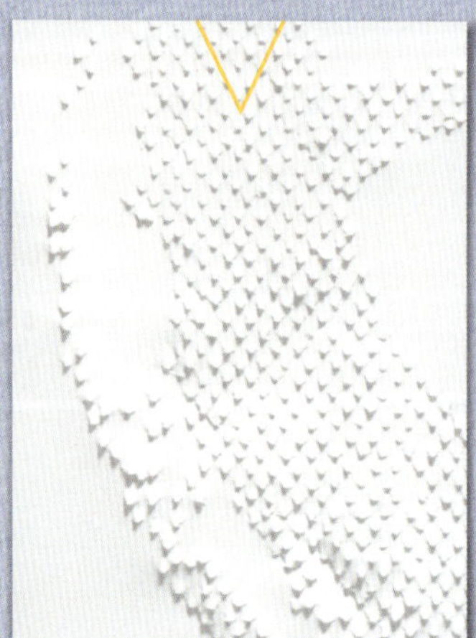

Hochdruck, senkrechtes Licht
01.05

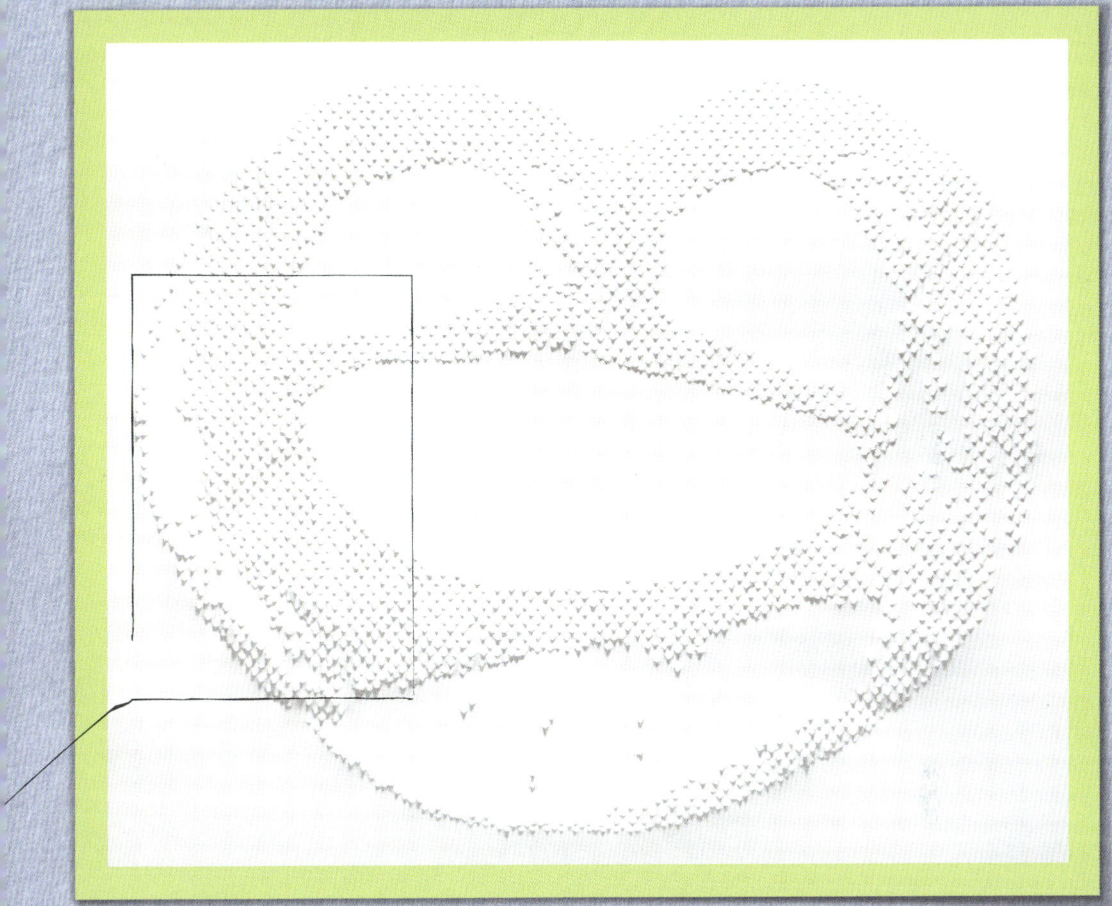

Tiefdruck, Streiflicht von unten
01.06

Tiefdruck, Streiflicht von rechts oben
01.07

Hochdruck, Streiflicht von rechts
01.08

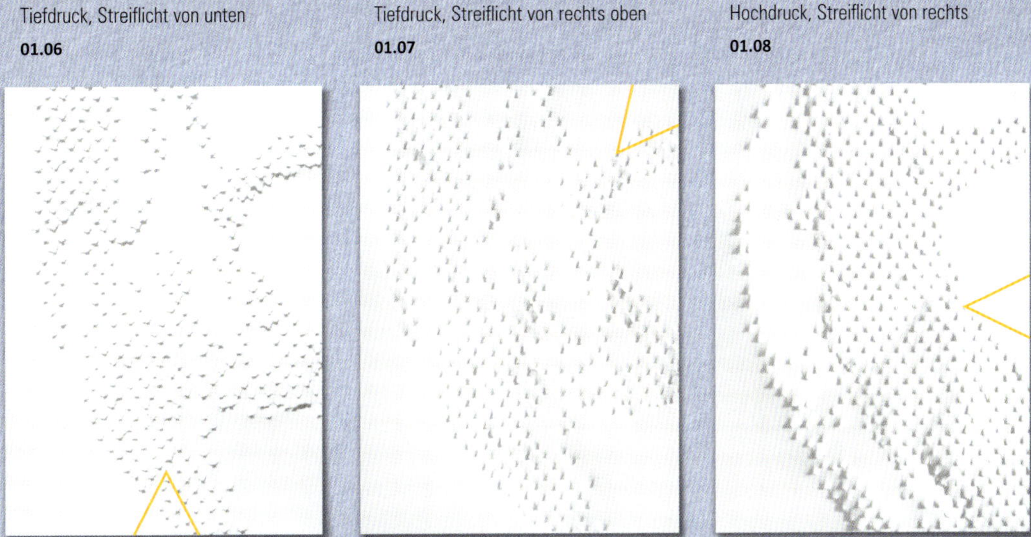

PERFEKT UNPERFEKT

Beim Prägen von Hand lässt sich eine erstaunlich hohe Perfektion erreichen und dennoch gibt es leichte, mitunter sogar mit Absicht eingefügte Unregelmäßigkeiten, die den Unterschied zu einer Maschinenarbeit ausmachen. So sind manche Prägepunkte stets – wenn auch nur um Nuancen – verrückt, Linien und Konturen nicht schnurgerade und sich wiederholende Motive sehen jedes Mal ein bisschen anders aus. Trotz dieser „Fehler" und Unvollkommenheiten ist das Gesamtbild in sich harmonisch. Es wirkt authentisch und charmant: „perfekt unperfekt", wie eine individuelle Handschrift, das Bild eines Malers oder die leichte Asymmetrie eines natürlich gewachsenen Blattes. Die leichte Abweichung von der Regel erzeugt Spannung und lenkt den Blick auf die Schönheit des Unvollkommenen.

Dennoch gibt es auch bei Prägungen „Fehlschläge" wie Löcher, Risse und Falten. Meist sind diese aber nicht weiter schlimm. So können Löcher und Risse von hinten verklebt und wieder geschlossen werden und zu Falten kann man einfach stehen. Sie zeugen von intensiver Bearbeitung und „echter" Handarbeit.

▯ · ◎ ♀

Gmund Papier, Gmund Kaschmir, White Cotton, 250 g/m²

Druckgrafik eines aufgefaserten Seilendes.
Unzählige Fäden lösen sich aus einem ursprünglich geordneten Seilsystem. Ein natürlich wirkendes Chaos entsteht: Spannung und Dynamik durch scheinbar planloses Drunter und Drüber.
Prägungen im Hoch- und Tiefdruck auf Strukturpapier verleihen der Grafik zusätzliche Tiefe und Struktur. →

01.09

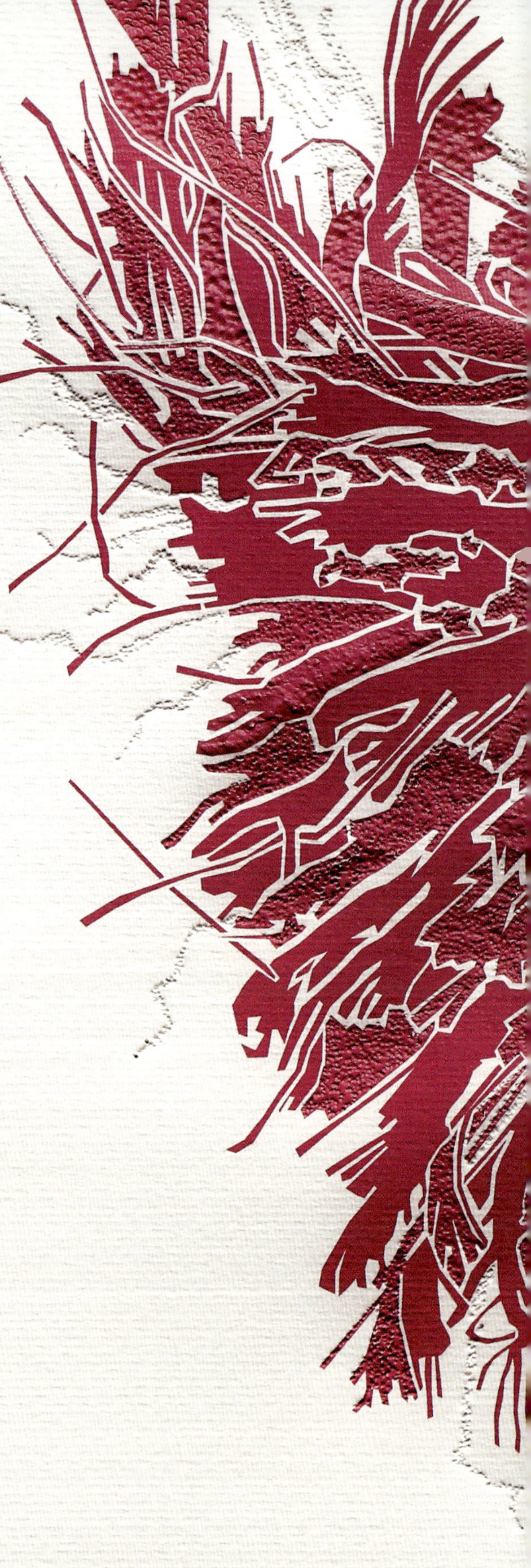

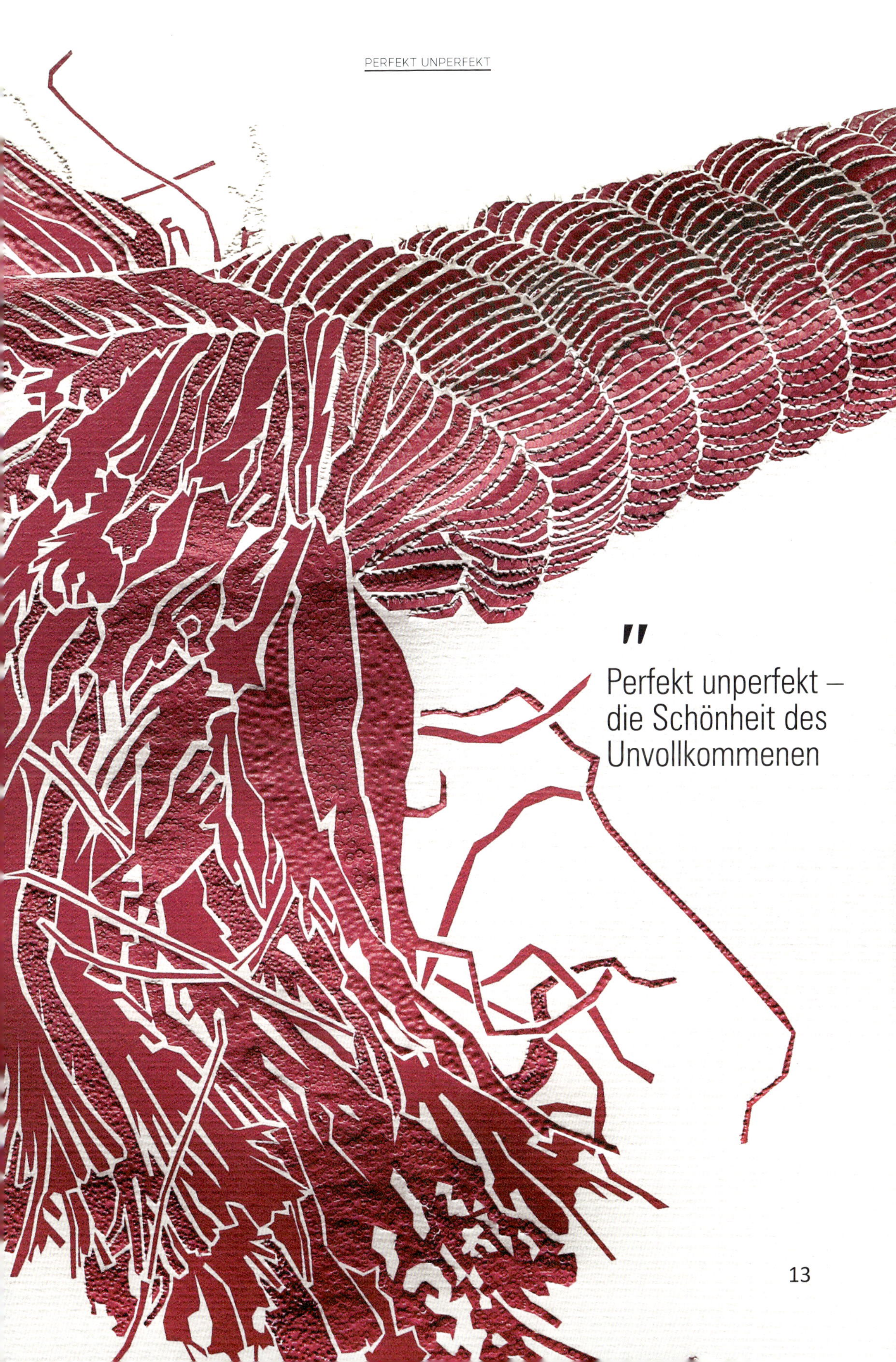

"
Perfekt unperfekt – die Schönheit des Unvollkommenen

02 AUSSTATTUNG

Viel braucht es nicht, um Papier zu prägen. Es genügen ein kleiner Hammer, der sich in jedem Haushalt finden sollte, ein paar Nägel als kleine Meißel, Papier sowie eine Karton- oder Sperrholzunterlage als Schutz für die Tischoberfläche. Schon diese wenigen, einfachen Arbeitsmittel ermöglichen es, fein dosierte Punkte auf Papier einzuprägen und eine Struktur mit Linien, Konturen und Flächen zu gestalten.

„Spiegelprägung“: Ein Papierknick dient als Spiegelachse für eine Prägung über zwei Papierlagen hinweg.
02.01 →

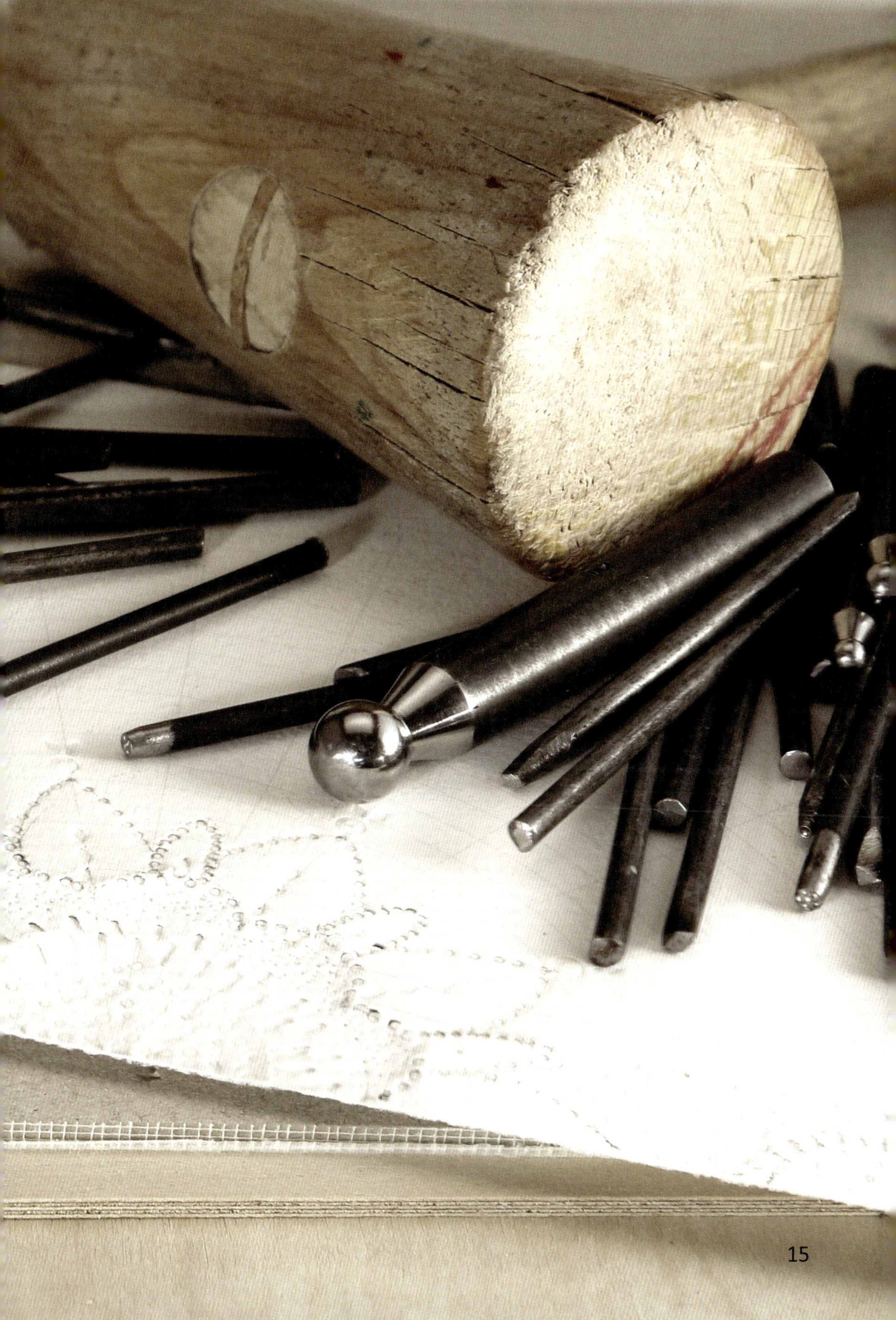

WERKZEUG

Zum Prägen von Papier ist kein teures Spezialwerkzeug notwendig. Es reicht ein kleiner, handlicher Holzhammer aus einem Baumarkt oder dem Bastelbedarf-Handel. Metallhämmer eignen sich ebenfalls, meist sind diese aber schwerer und verleiten dadurch zu härteren Schlägen. Außerdem ist ein dumpfes, hölzernes Klopfgeräusch auf Dauer angenehmer. Professionelle Meißel, sogenannte Punzen und Kugelpunzen sowie Musterpunzen mit filigranen Motiven wie „Ring“ und „Blume“, können beispielsweise über den Goldschmiedebedarf oder das Internet bezogen werden. Die übrigen geometrischen Formen lassen sich problemlos selbst herstellen, da Meißel zur Bearbeitung von Papier nicht unbedingt gehärtet sein müssen. So eignen sich zum Beispiel im Baumarkt erhältliche Nägel oder ähnliche Metallstifte ab 3 mm Durchmesser, um mit einer feinen Metallfeile oder einem

DIE EVOLUTION DES NAGELS ZUM MEISSEL

Mit Nägeln lässt sich schnell und unkompliziert ein eigenes Sortiment an verschiedenen Meißelmotiven anfertigen. Dabei können eventuell störende Nagelköpfe abgeschnitten oder mit einer Beißzange abgeknipst werden.
Beim Feilen der Motive helfen ein Spannstock oder eine Schraubzwinge, um einen Meißelstift zu fixieren. Sollten diese Hilfsmittel nicht zur Verfügung stehen, so kann der Meißel auch an einer Tischkante mit einer Hand gehalten werden, während man mit der anderen das Motiv bearbeitet (siehe Bild 02.03 auf Seite 18).
Rechts eine Übersicht der im Buch verwendeten Meißelmotive und der dazugehörigen Symbole, die in den Bildbeschreibungen jeweils über die verwendeten Meißelformen informieren.
Eine Symbollegende zum schnellen Nachschlagen findet sich auf Seite 174.
02.02

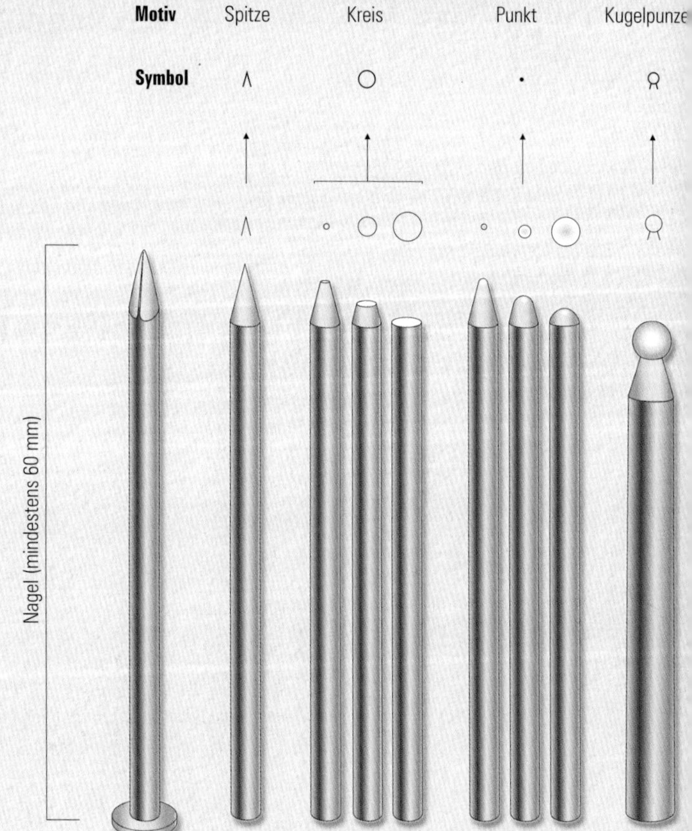

Satz Schlüsselfeilen ein Sortiment an Meißeln nach eigenen Vorstellungen und Bedürfnissen zu entwickeln.
Schon eine Nagelspitze kann kegelförmig zugespitzt als Ziselierspitze dienen. Feilt man diese Spitze gerade ab, so entsteht das Kreismotiv, das die Ausgangsform für alle weiteren zwei- und dreidimensionalen Motive bildet.

"Machen Sie Ihr Werkzeug selbst!

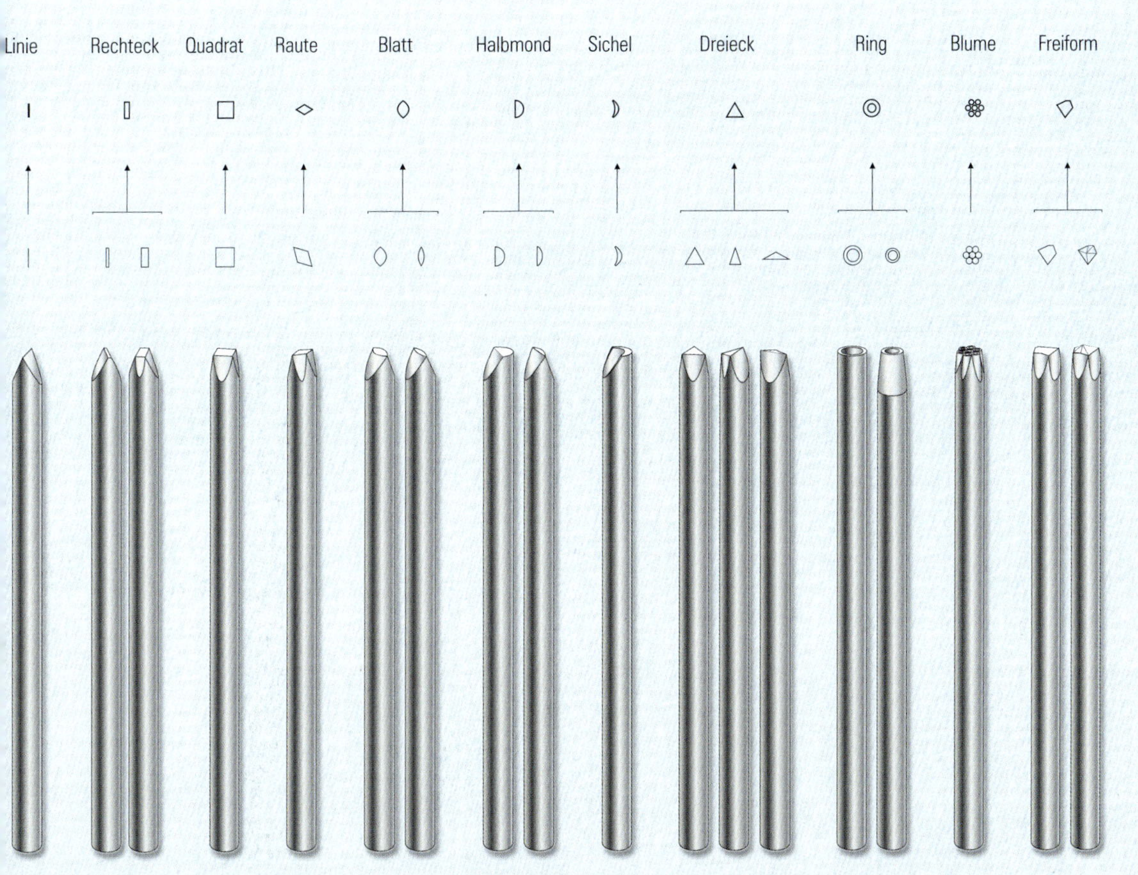

INDIVIDUELLE MEISSELMOTIVE SELBST HERSTELLEN

Die eigenhändige Werkzeugherstellung ist ein gutes Training zur Schulung der Feinmotorik und der Hand-Auge-Koordination für Prägearbeiten.
Kleine Meißel mit einem Durchmesser von nur 4 bis 6 mm sind für die Umformung von Papier ideal, um mit geringem Kraftaufwand

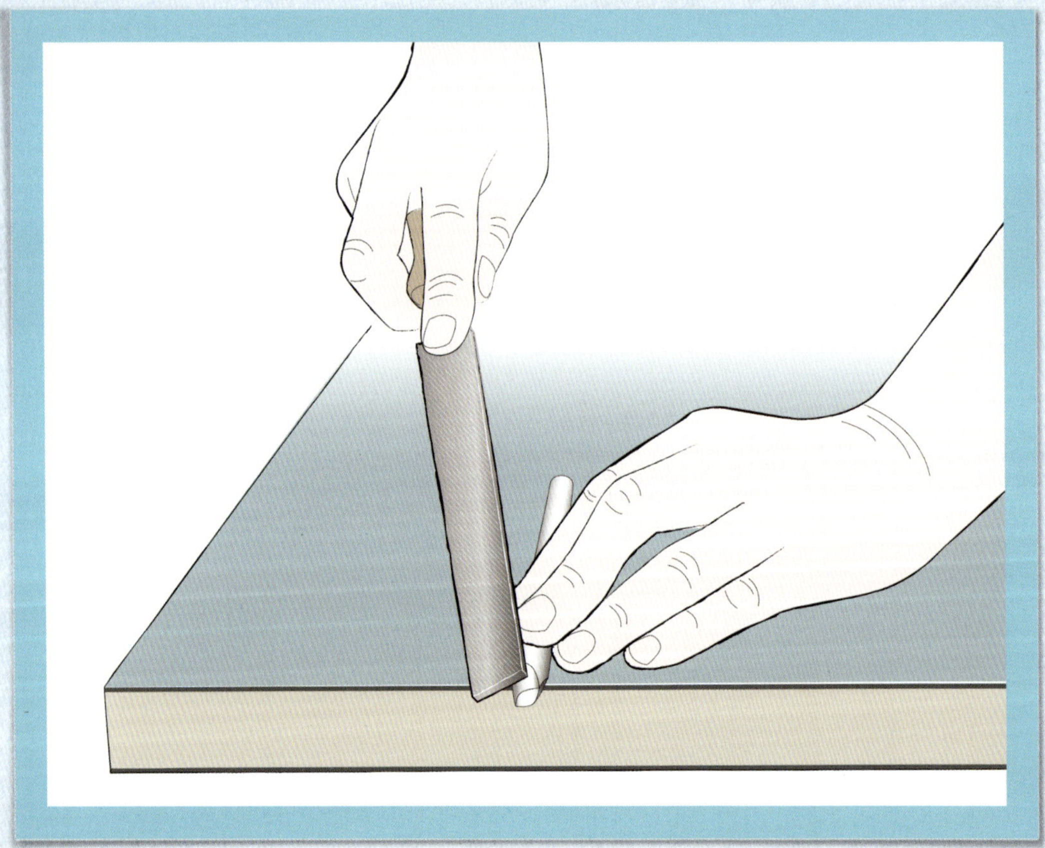

Erstellung eines Blattmotivs mit einer feinen Metallfeile.
Der Meißelstift ragt beim Feilen etwas über die Tischkante und wird hinten mit einer Hand gut festgehalten. Dabei empfiehlt sich eine Sperrholz- oder Kartonunterlage, um die Tischkante zu schonen.
02.03

zu prägen. Feine, kleinformatige Meißelmotive haben außerdem den Vorteil, dass bei ihrer Herstellung nur wenig Material mit ein paar Feilhieben abgetragen werden muss. Ausgehend von einem gerade abgefeilten Stift (Kreismotiv) können so zum Beispiel in kürzester Zeit vier Kanten aus freier Hand angefeilt oder angeschliffen werden, um ein Rechteckmotiv zu erhalten. Dabei ist es kein Problem, wenn ein Winkel nicht hundertprozentig stimmt oder gerade Kanten etwas „schiefer" ausfallen, da der Fokus beim „freien Prägen" nicht auf dem einzelnen kleinen Prägemotiv, sondern auf dem Gesamtbild liegt.

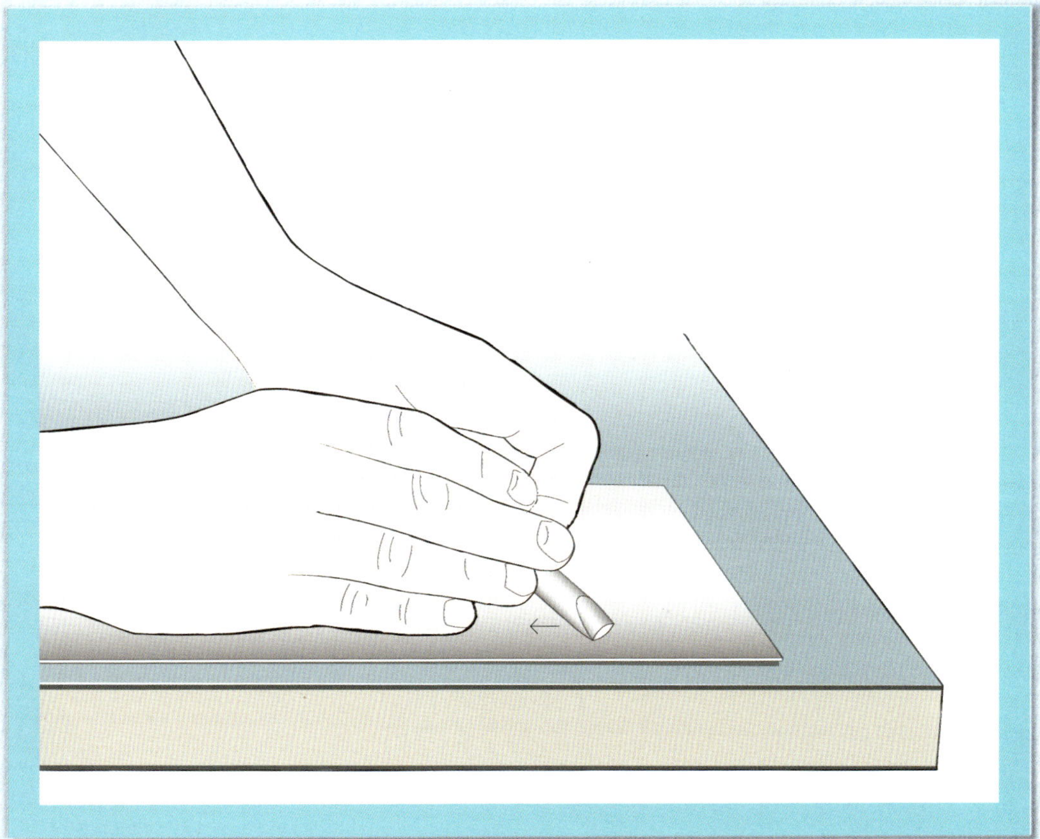

Für den letzten Feinschliff oder bei gerundeten Motiven eignet sich Schleifpapier für Metall (Grobschliff, Körnung 100–120, und Feinschliff, Körnung ab 240). Dabei hält man das Schleifpapier mit einer Hand oder einer Schraubzwinge und trägt das Material mit ziehender Schleifbewegung ab.

02.04

ARBEITSPLATZ

Bei Streiflicht treten die feinen Konturen von Papierprägungen am besten hervor. Deshalb sollte die Grundbeleuchtung am Arbeitsplatz nicht zu hell sein. Zur optimalen Beleuchtung der Prägearbeit eignet sich eine Stirnlampe oder ein einstellbarer Strahler, dessen Lichtkegel von hinten über die Schulter hinweg in möglichst flachem Winkel auf die Papierfläche auftrifft.

Außerdem benötigt man eine Prägeunterlage aus dicker Vollpappe (keine Wellpappe), zum Beispiel die Rückseite eines ausgemusterten Kalenders oder Papierblocks, damit sich Prägungen in die Tiefe ausweiten und optimal abzeichnen können. Zur Sicherheit und als Schutz für die Tischoberfläche empfiehlt sich zudem eine Sperrholzunterlage.

Eine besonders gute Arbeitsbeleuchtung mit Streiflicht erzielt man, wenn man einen Strahler oder wie hier im Bild eine Taschenlampe direkt auf die Arbeitsfläche legt. Dabei sollte das Licht immer in Richtung der Hand fallen, die den Meißel führt. →

02.05

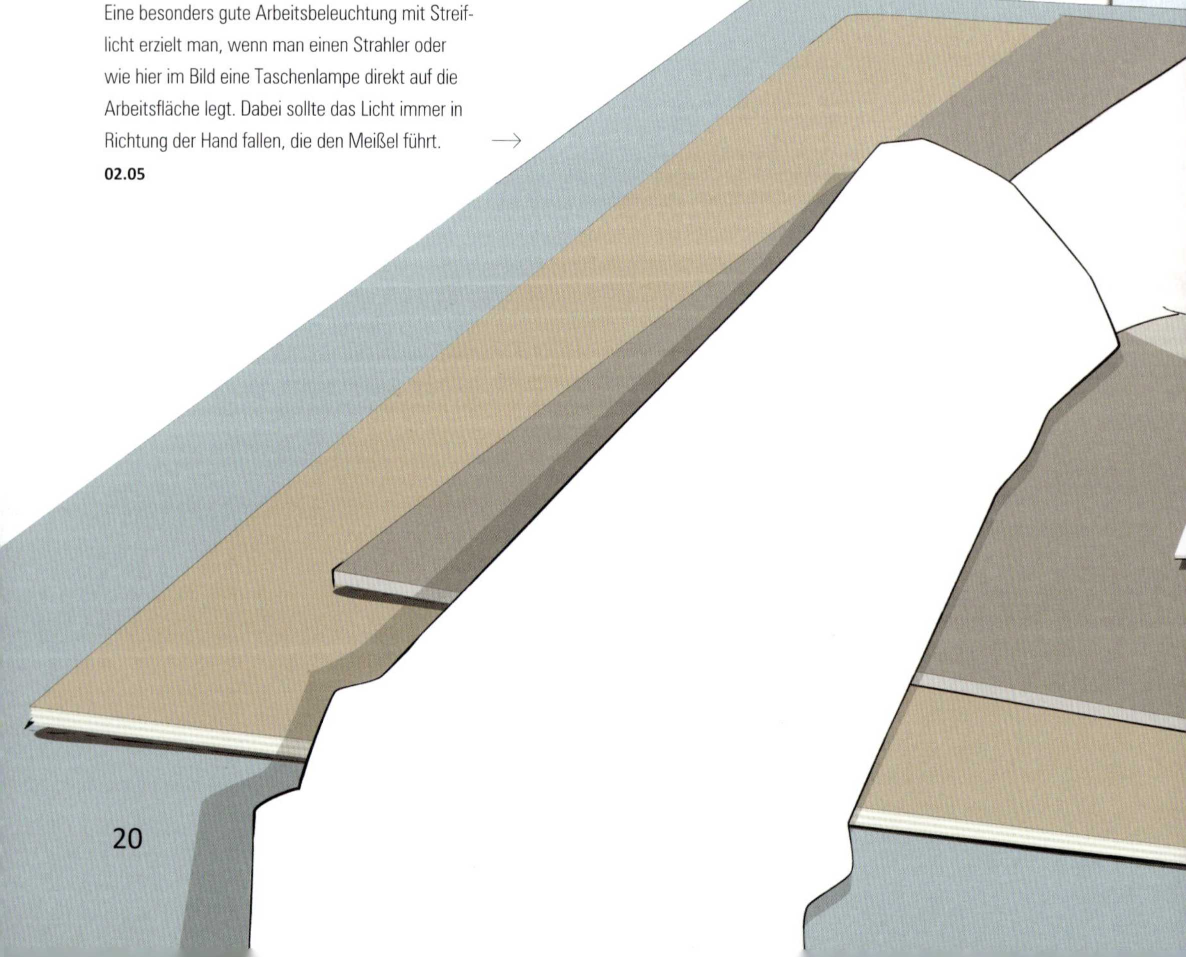

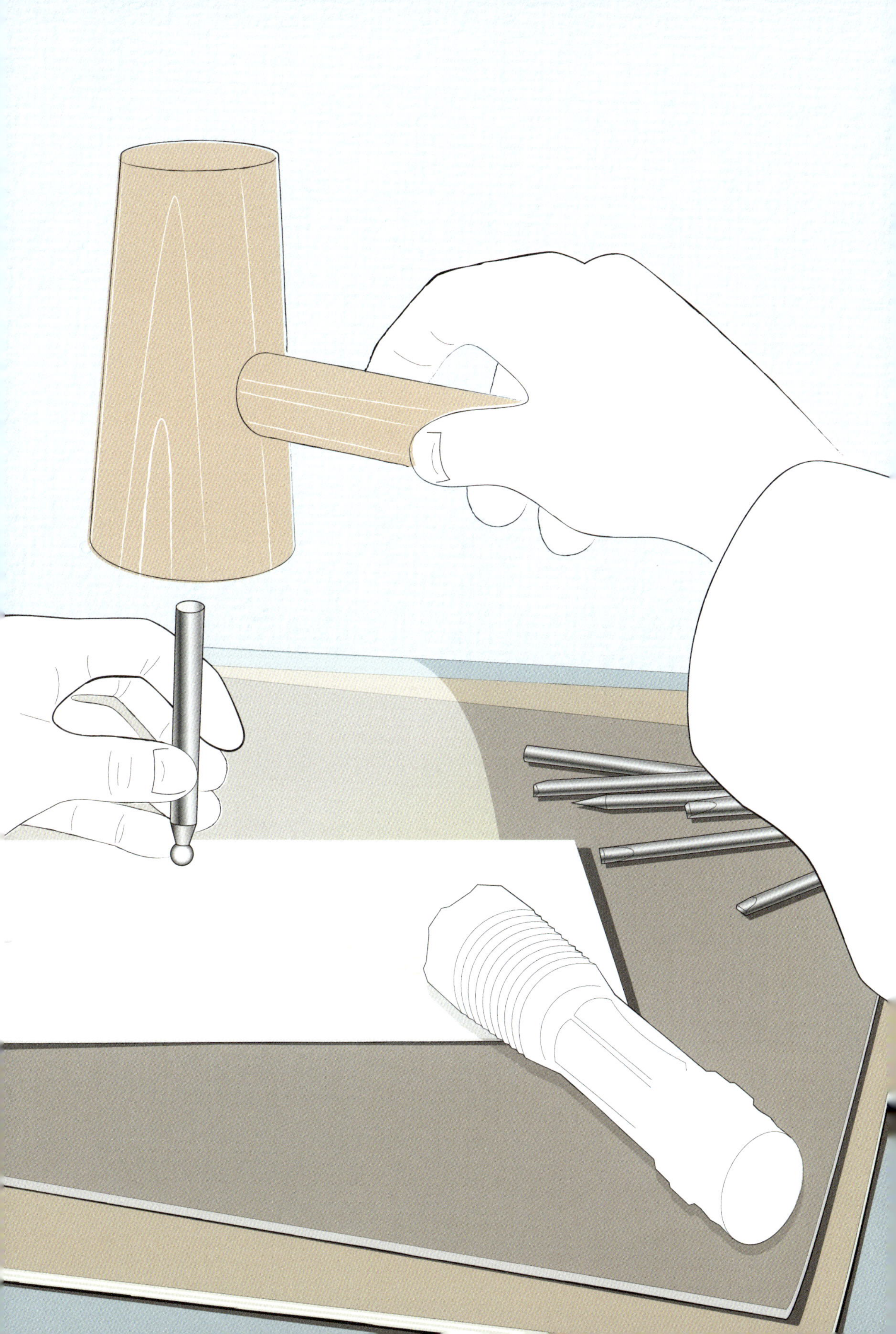

PAPIER

Es gibt eine unglaubliche Vielfalt an Papiersorten, die sich im Hinblick auf Material, Aufbau, Struktur, Beschichtung und Farbe unterscheiden. Daher lohnt es sich, das „Trägermaterial“ Papier genauer zu betrachten, denn seine Oberflächenstruktur und Färbung geben den Bildhintergrund ab und beeinflussen damit die Wirkung von geprägten Bildern.
Außerdem sollte auf hochwertige und alterungsbeständige Papierqualitäten geachtet werden. Empfehlenswert sind beispielsweise „holzfreie“ Papiere, aus (Holz-)Zellstoff, Hadern, Baumwoll-, Leinen-, Jute- und Hanffasern, die in unterschiedlichen Pressverfahren hergestellt werden und damit eine Vielfalt an unterschiedlichen Oberflächenstrukturen aufweisen.
Für Prägearbeiten haben sich grafische Papiere und Bütten-Aquarellpapiere mit glatter bis leicht strukturierter Oberfläche und einer Grammatur (Papiergewicht) von 120 bis 200 g/m² bewährt. Schwerere Papiere und Pappen lassen sich ab einer gewissen Stärke nur noch auf der Sichtseite bearbeiten, da sich auf der Rückseite ausgeführte, erhabene Hochprägungen nur schwach abzeichnen.
Für präzise Prägungen sollte das Prägeverhalten von Papieren zunächst ausprobiert werden, denn die Papierart und -stärke, die Meißelform und -größe müssen aufeinander abgestimmt sein, um den gewünschten Effekt zu erzielen.

Hahnemühle Künstlerpapiere
Hahnemühle 200, Echt-Bütten, rau, 200 g/m²

Papier, ein spannendes, subtil wirkendes Material.
Schätzungsweise 3000 Sorten Papier mit einer unglaublichen Vielfalt an Qualitäten, Strukturen und Farbabstufungen warten darauf, auf ihre Prägbarkeit hin getestet zu werden.
02.06

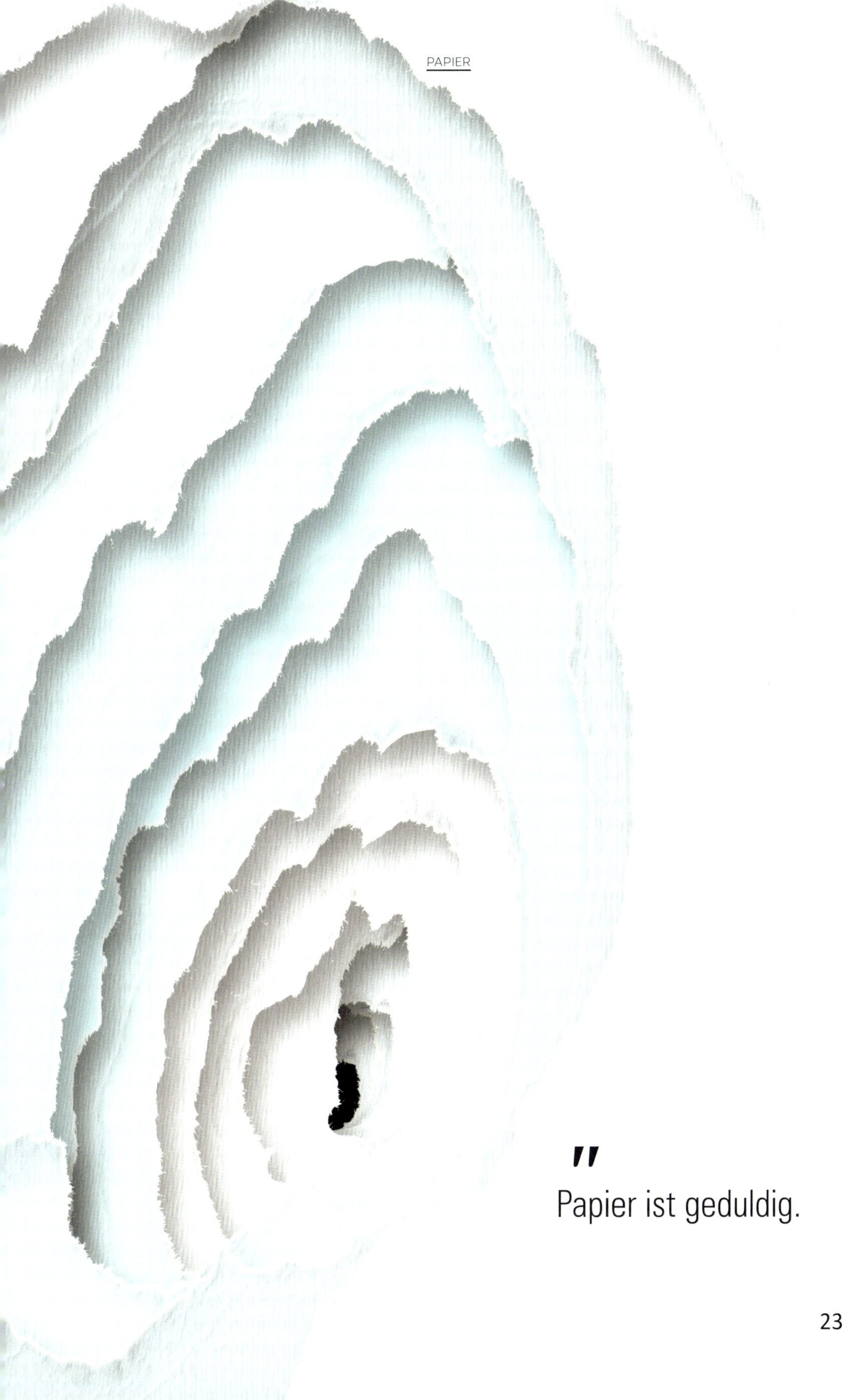

"

Papier ist geduldig.

03 PRÄGETECHNIKEN

Wie der vertraute Bleistift kann auch ein einfacher feiner Meißel individuelle „Spuren“ auf Papier „zeichnen“ – von leichten und hellen bis hin zu markanten, tiefen und dunklen. Beim Meißel übernehmen das Licht- und Schattenspiel, der gezielte Einsatz verschiedener Meißelmotive sowie die Prägetiefe den Part des spezifischen Farbauftrags mit einem Stift.
Die Haltung des Meißelansatzes ermöglicht weitere Ausdrucksmöglichkeiten. Durch Schrägstellung kann beispielsweise nur eine Ecke, Spitze oder Kante eines Meißelmotivs eingesetzt werden. Papierfasern können auf diese Art intensiv und ausdrucksstark zur Seite verschoben, gewölbt, getrieben, aufgestellt und sogar durchgeschlagen werden.
Im Folgenden wird anhand von Musterkärtchen beispielhaft dargestellt, welche gestalterischen Möglichkeiten die verschiedenen Schlagtechniken und Meißelmotive bieten.

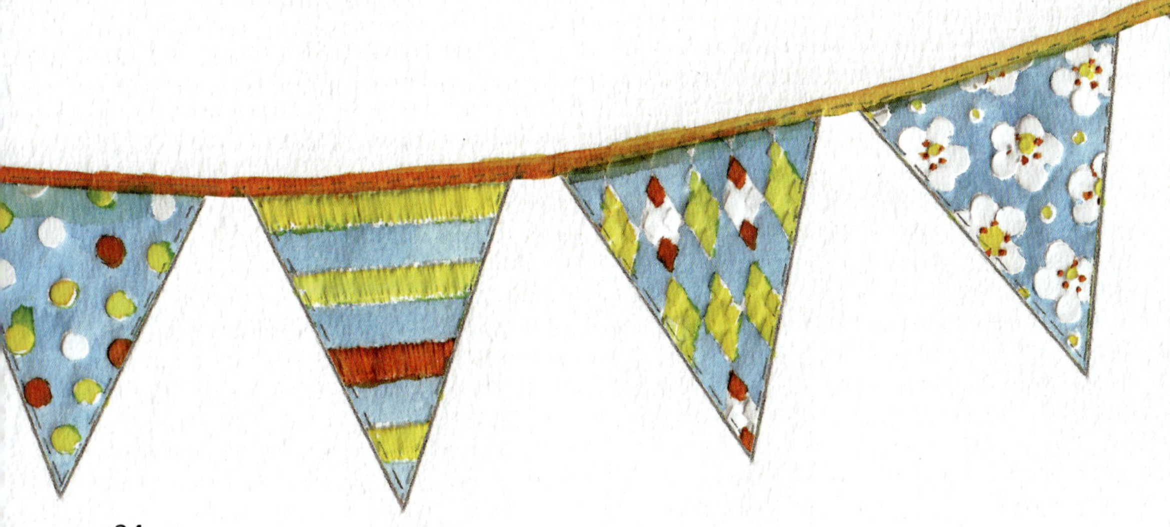

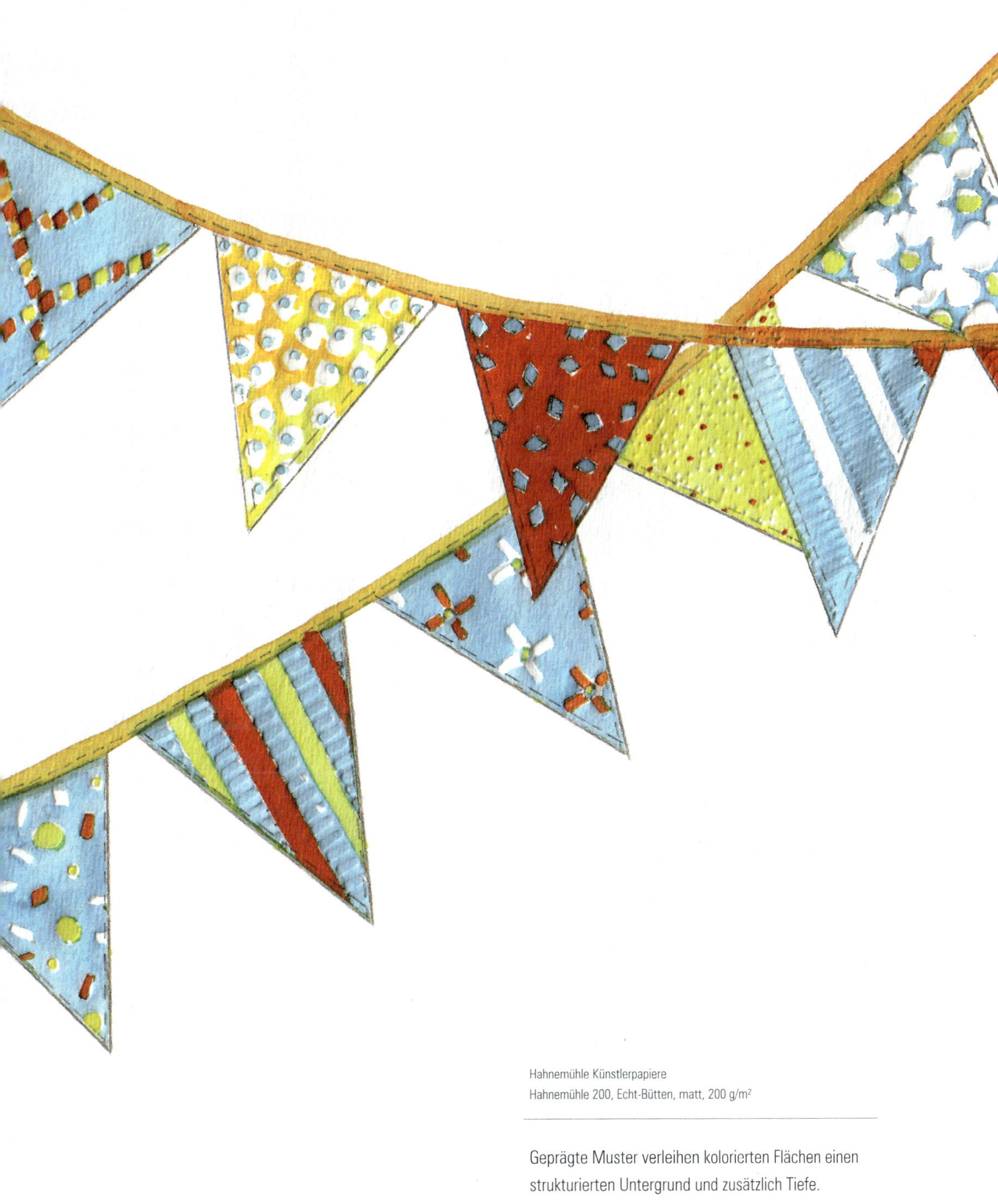

Hahnemühle Künstlerpapiere
Hahnemühle 200, Echt-Bütten, matt, 200 g/m²

Geprägte Muster verleihen kolorierten Flächen einen strukturierten Untergrund und zusätzlich Tiefe.
03.01

HOCH- UND TIEFPRÄGUNG

In der Drucktechnik werden dreidimensionale, plastische Verformungen von Papier mit einem Werkzeug als Blindprägung bezeichnet. Man unterscheidet hierbei die Tiefprägung, die Text und Grafik vertieft erscheinen lässt, und die Hochprägung, die sich erhaben abzeichnet. Bei dem Vorgang wird keine Farbe verwendet. Die geprägten Partien werden allein durch das Spiel von Licht und Schatten sichtbar und haptisch erlebbar.
Bei der Handprägung zeichnet sich das Motiv auf der Bearbeitungsseite scharf umgrenzt als Tiefdruck ab. Hierzu ist eine ebene, weiche Karton- oder Holzunterlage notwendig, damit sich das Meißelmotiv deutlich in die Tiefe umformen kann.
Wendet man das bearbeitete Papier, so zeigt dieselbe Prägung ein erhabenes, weicher und undeutlicher wirkendes Schlagbild in Hochprägung, vor allem bei dünneren, leichteren Papieren, die hierfür besser geeignet sind.
Besonders reizvoll ist die Kombination von tiefen und erhabenen Prägungen, also beidseitiges Arbeiten, bei dem man das Papier nach Bedarf wendet. Die Verknüpfung unterschiedlicher, miteinander interagierender Prägetechniken vergrößert den Gestaltungsspielraum.

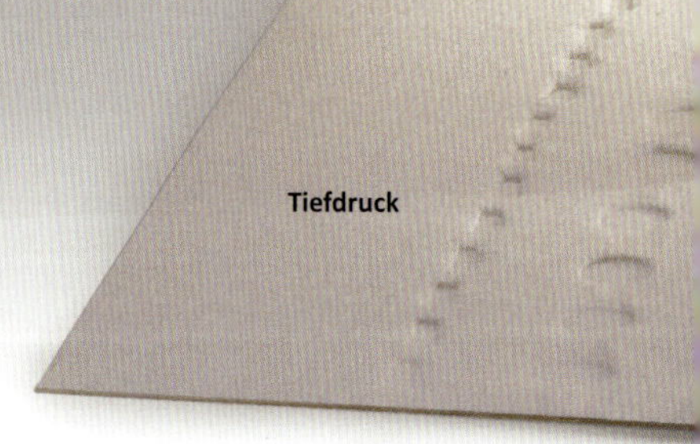

▯ ○

Hahnemühle Künstlerpapiere
Hahnemühle 200, Echt-Bütten, matt, 200 g/m²

Bei Handprägungen kann nur im Tiefdruck gearbeitet werden. Für ein Hochdruckbild muss man daher auf der Rückseite arbeiten.
03.02

Hochdruck

◎

Kopierpapier – 120 g/m²

Die zwei Seiten einer Prägung am Beispiel einer Musterprägung: rechts die bearbeitete Seite im Tiefdruck und links das etwas weichere Prägebild im Hochdruck.
03.03

SENKRECHTE PRÄGUNGEN

Ob im Hoch- oder Tiefdruck, Arbeiten in einheitlicher senkrechter Prägung und mit immer gleicher Prägetiefe wirken bei Mustern und Strukturen dezent und ruhig, da sich das Licht-Schatten-Spiel von allen Seiten ähnlich verhält.
Diese Wirkung kann für flächenfüllende oder konturierende Prägearbeiten genutzt werden, bei denen beispielsweise ein Muster, eine Grafik oder eine Illustration im Vordergrund stehen soll.

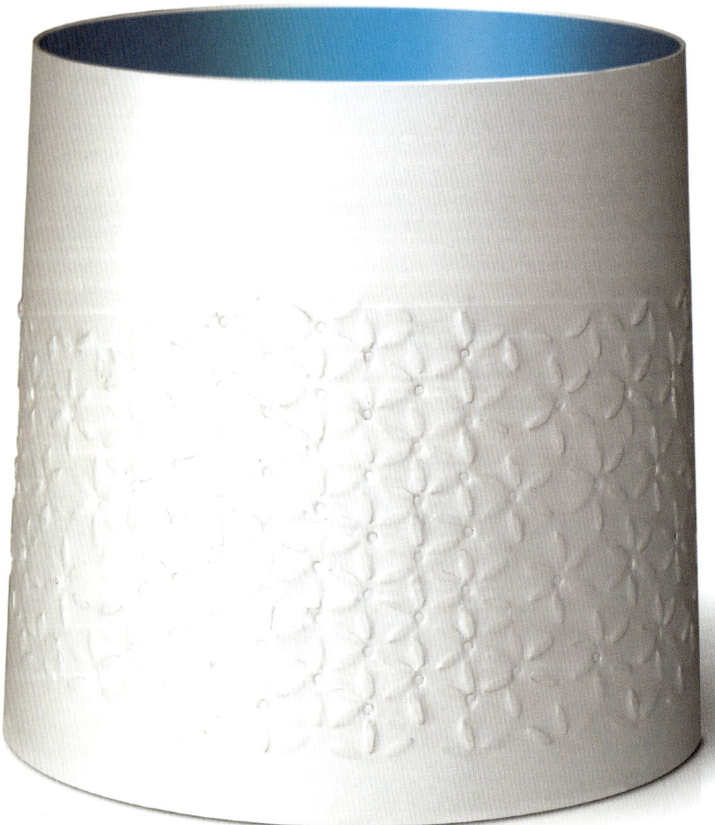

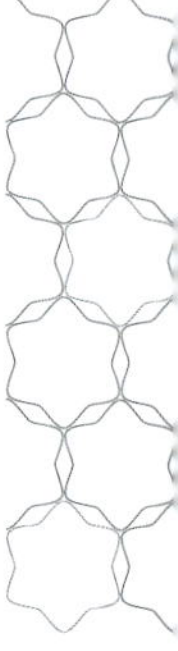

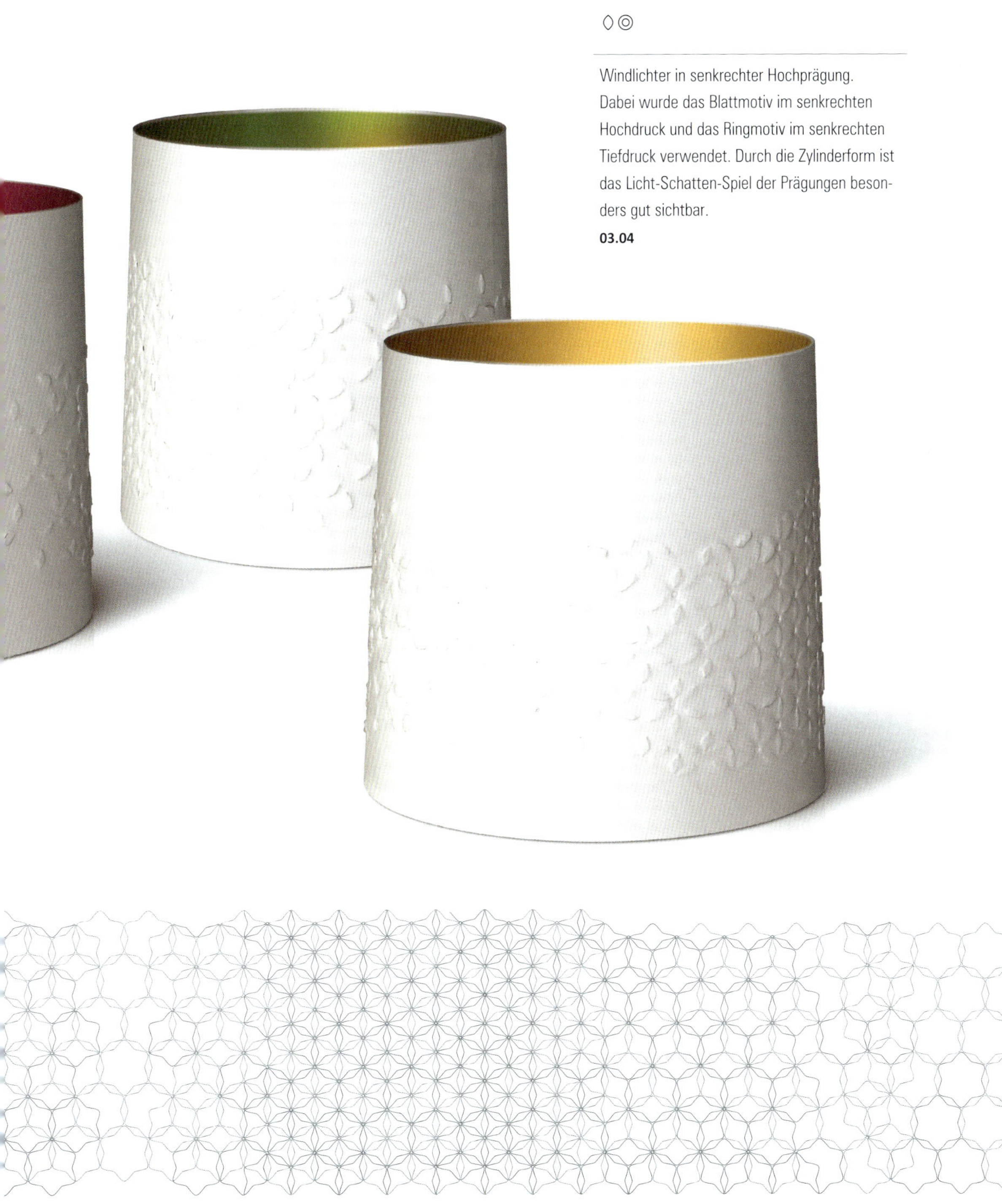

Windlichter in senkrechter Hochprägung. Dabei wurde das Blattmotiv im senkrechten Hochdruck und das Ringmotiv im senkrechten Tiefdruck verwendet. Durch die Zylinderform ist das Licht-Schatten-Spiel der Prägungen besonders gut sichtbar.

03.04

SENKRECHTE PRÄGUNGEN – SO FUNKTIONIERT'S

Senkrechte Prägungen gelingen am besten mit exakt senkrecht aufgesetztem Meißel und sanften, immer gleich dosierten Hammerschlägen. Dabei liegt die Hand auf, während der Meißel entspannt von den Fingerspitzen gehalten und geführt wird.
Für gleichmäßige Abstände zwischen den Prägungen sollte man vom Körper weg arbeiten, weil so die bisherige Prägearbeit nicht durch den Meißel verdeckt wird. Dagegen gelingen locker wirkende Prägungen am besten bei einer Arbeitsrichtung zum Körper hin. Die Arbeitsrichtung ist in den Beispielen durch nummerierte Pfeilkreis-Symbole gekennzeichnet.

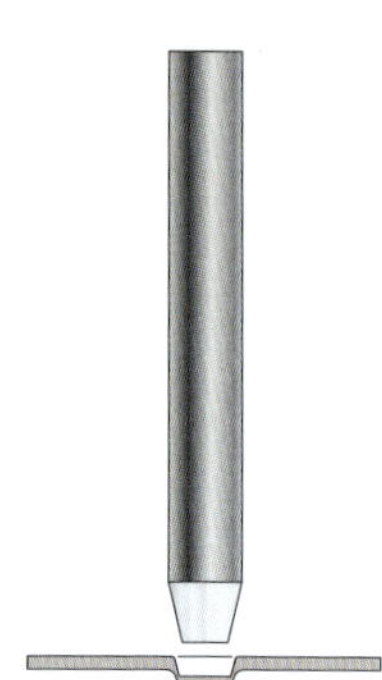

Bei einer Prägelinie mit immer gleichen, deutlich voneinander abgesetzten Abständen machen sich Unterschiede in der Prägetiefe weder im Hoch- noch im Tiefdruck bemerkbar.
03.05

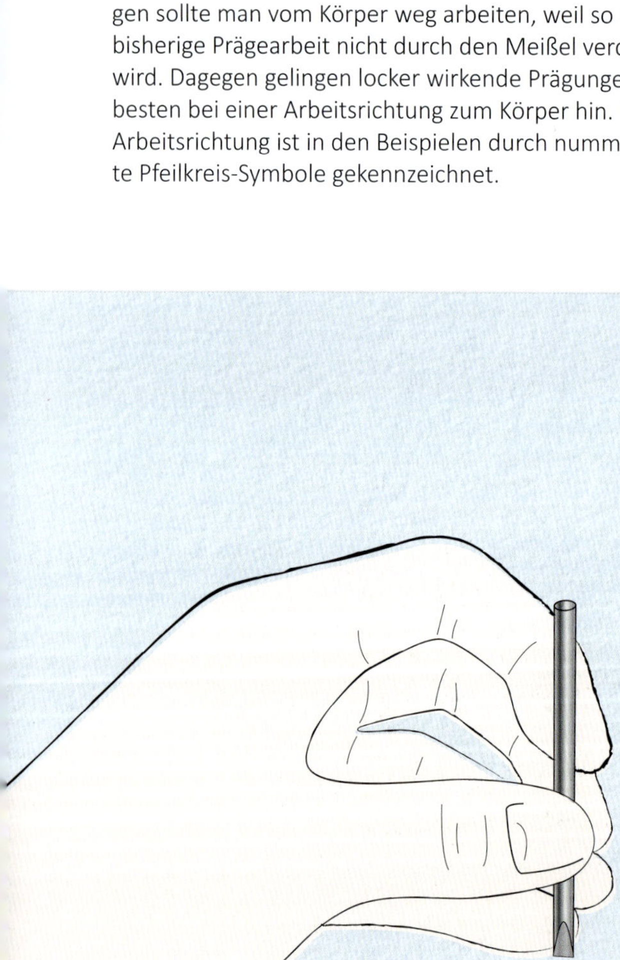

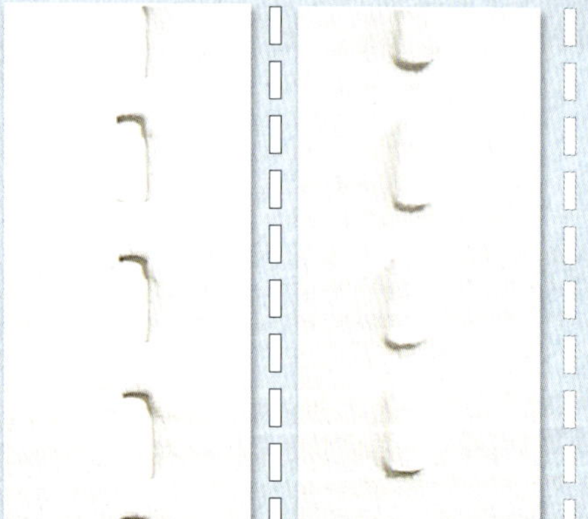

Tiefdruck ① Hochdruck ①

Regelmäßige Abstände: erste Arbeitsrichtung von unten nach oben

Dicht aneinandergeprägte Kreismotive mit gleichen Abständen zueinander bilden ein Band. Durch die sich überlappenden Kreise werden selbst minimale Differenzen in der Prägetiefe sichtbar. Die Überschneidungen lassen neue Formen entstehen – der Kreis als Ursprungsmotiv tritt in den Hintergrund.

03.06

○

Locker variierende Prägeabstände lassen sich durch eine Arbeitsrichtung zum Körper hin erzielen, da der Meißel die vorherigen Prägungen verdeckt. Zusätzlich wurde die Prägetiefe variiert, was der Linie das Aussehen von aufgereihten Konfettischnipseln verleiht.

03.07

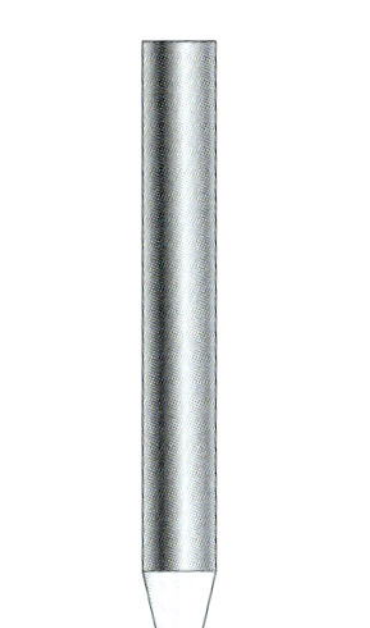

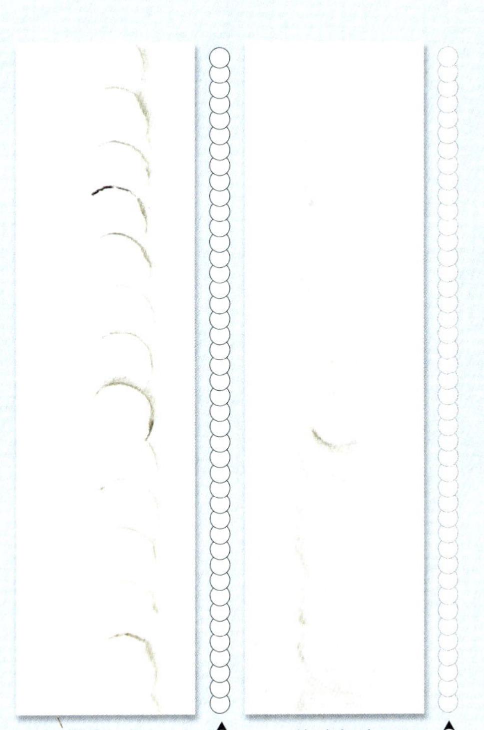

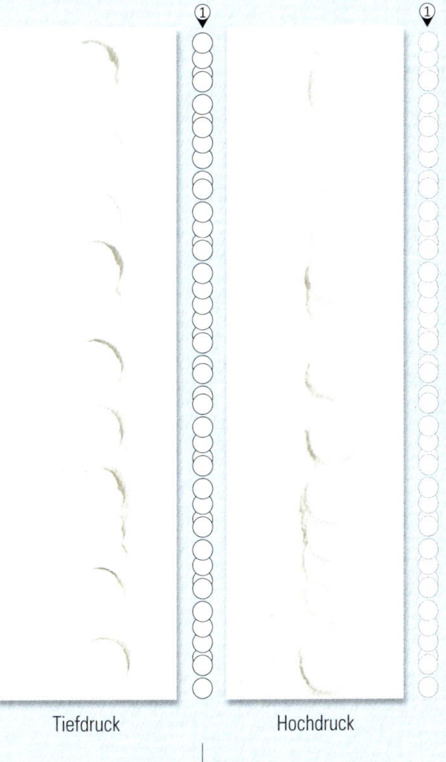

Unregelmäßige Abstände: erste Arbeitsrichtung von oben nach unten

MUSTERKÄRTCHEN „SENKRECHTE PRÄGUNGEN“

Bei den Musterkärtchen bilden verschiedene Motive – von „Blume“ bis „Raute“ – geprägte Reihen, die zu Linien, Konturen sowie Flächen und Mustern entwickelt werden können. Die Abstände und die Motivorientierung wurden im Beispiel variiert, um unterschiedliche Möglichkeiten und Wirkungen anhand eines Meißelmotivs pro Kärtchen zu illustrieren. Spannend wird es, wenn man ein Motiv oder mehrere zur Gestaltung von Mustern oder Bändern ergänzt und miteinander kombiniert.

◎

Gmund Papier, Gmund Artisan, Fontane, 100 g/m²

„Ring³“ – Ring aus Ringen mit dem Ringmotiv-Meißel: Je gleichmäßiger und exakter die Ringmotive mit dem Meißel gesetzt werden, umso besser sind die unterschiedlich großen Kreisformen erkennbar. →

03.08

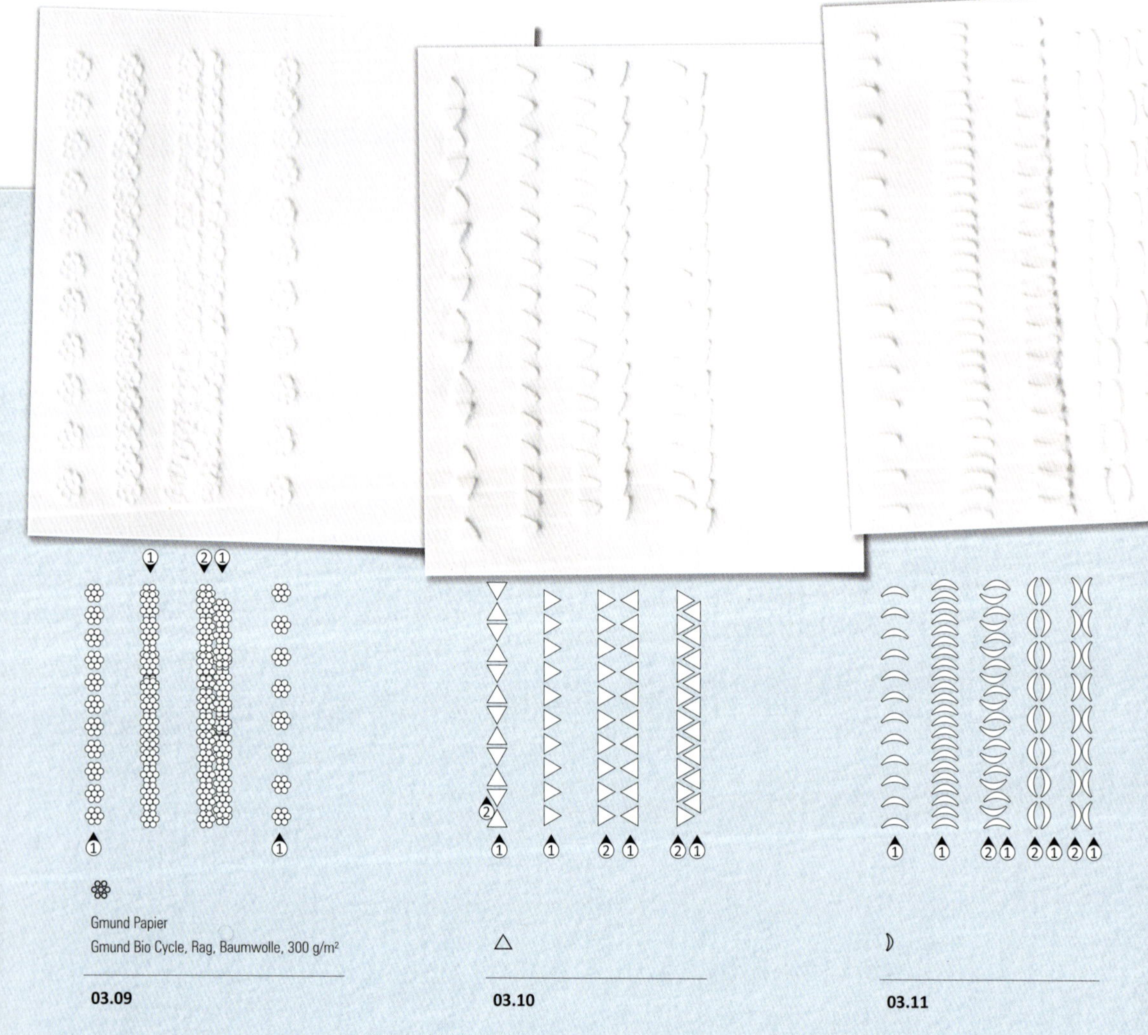

Gmund Papier
Gmund Bio Cycle, Rag, Baumwolle, 300 g/m²

03.09

△

03.10

☽

03.11

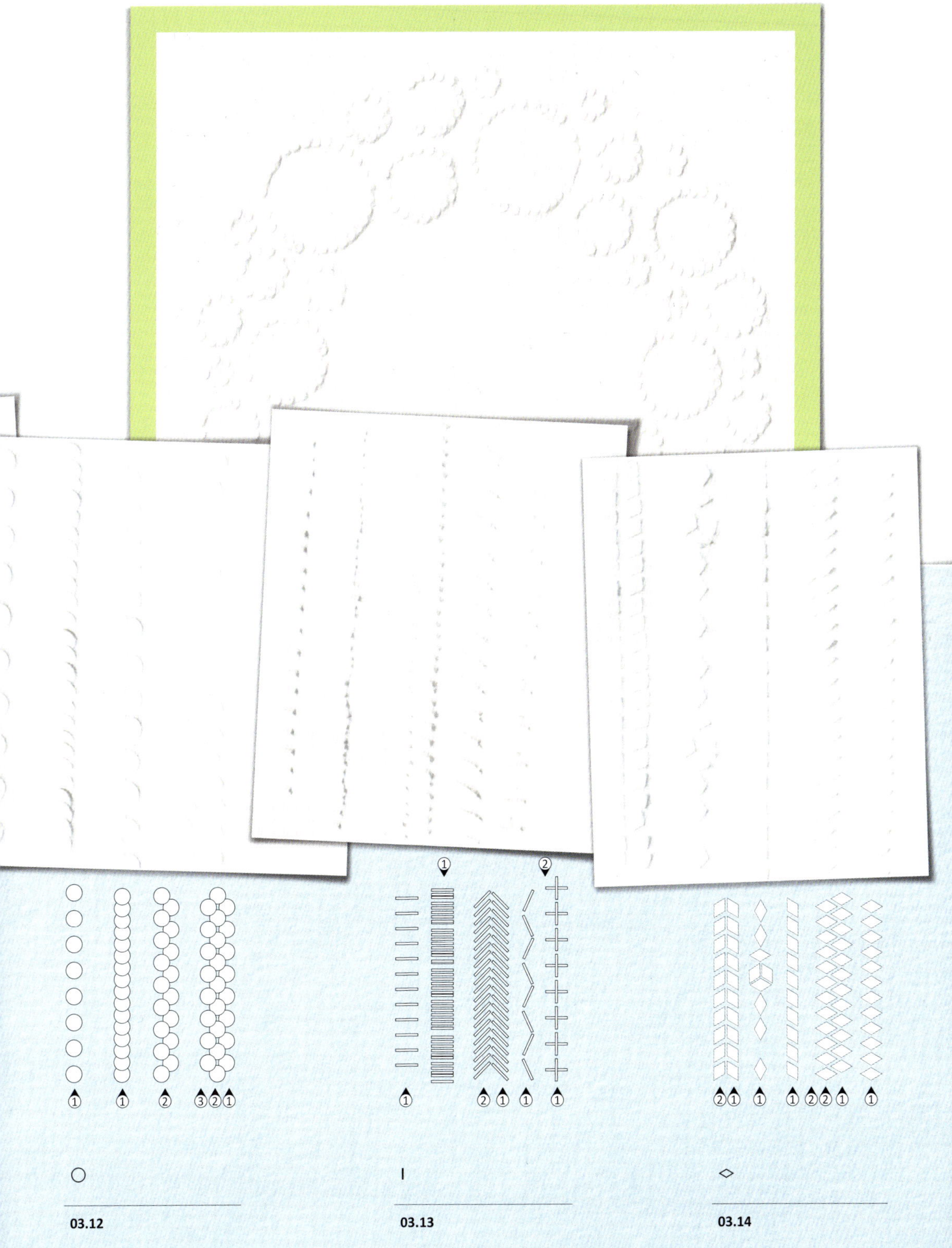

03.12

03.13

03.14

SCHRÄGE PRÄGUNGEN

Mit üblichen maschinellen Prägevorrichtungen oder im Handel erhältlichen Handgeräten sind in der Regel nur senkrechte Abdrücke möglich. Ein kleiner, flexibel führbarer Meißel eröffnet darüber hinaus weitere Gestaltungsspielräume. So kann ein Motiv durch einfaches Kippen des Meißels nur teilweise abgebildet werden, woraus sich neue Teilformen ergeben. Ein Rechteck-, Quadrat-, Dreieck- oder Kreismotiv besitzt beispielsweise Ecken und Kanten, die man durch die Schrägstellung isoliert nutzen kann. Auf diese Art sind maximale Hoch- und Tiefdrücke und sogar Stanzungen möglich, die zudem eine spannende Haptik aufweisen.
Einen weiteren gestalterisch nutzbaren Effekt bietet die Ausrichtung von Prägungen. Da sich die Spitzen und Kanten bei einer schrägen Prägung zu einer bestimmbaren Seite hinneigen, können die Prägeelemente zum Beispiel in eine Richtung verlaufend, einer Form folgend, radial oder ungerichtet eingesetzt werden.

Hahnemühle Künstlerpapiere
The Collection Watercolour 300, satiniert, 300 g/m²

Verdichtung und Auflösung: Radial ausgerichtete schräge Hochdruckprägungen lösen sich nach außen hin auf. An den durchgeprägten Stellen spickt das weiße Papier als „Blitzer" unter der Farbschicht hervor.
03.15

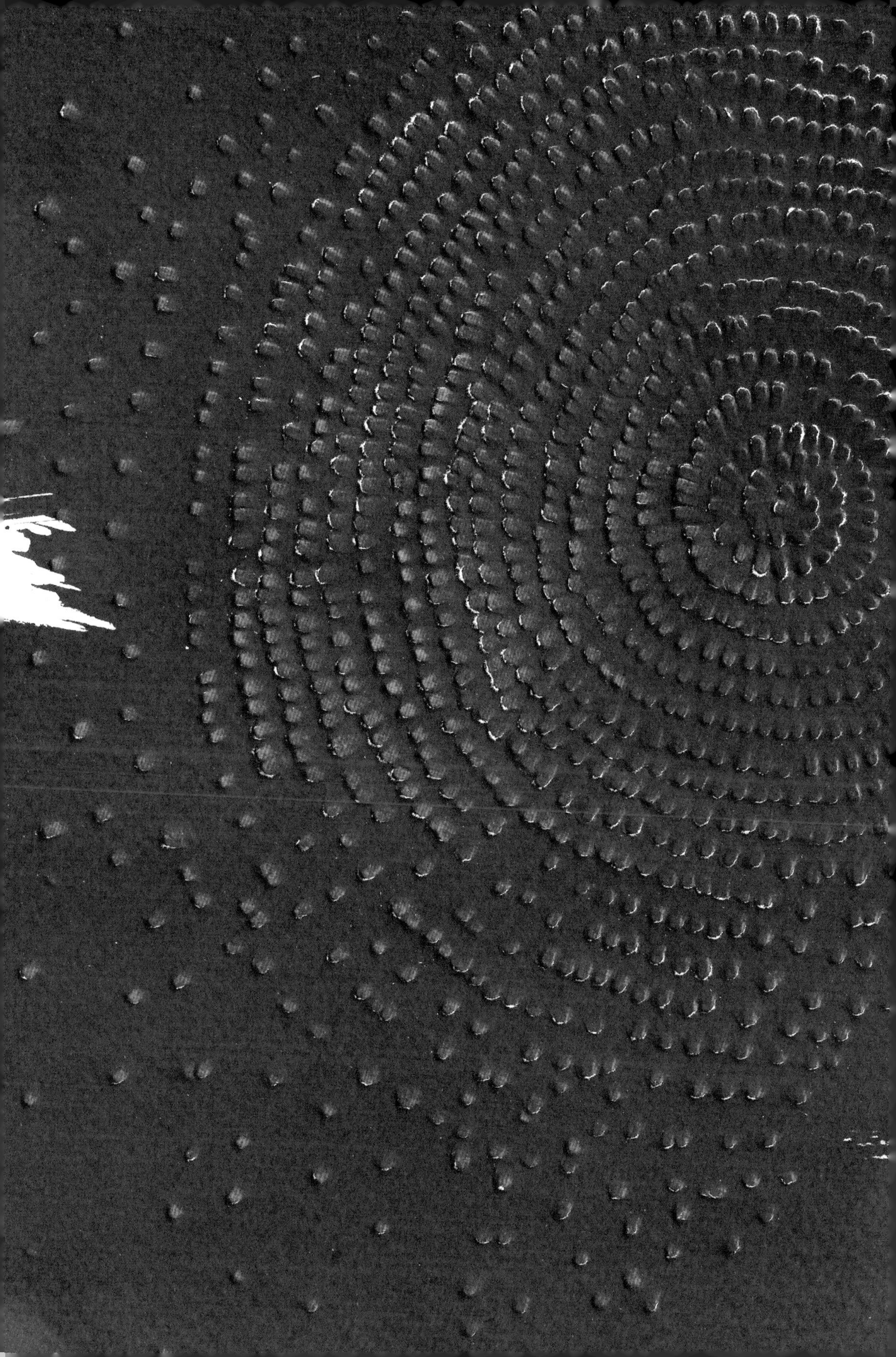

SCHRÄGE PRÄGUNGEN – SO FUNKTIONIERT´S

Bei einer schrägen Prägung taucht eine Motivseite tief ins Papier ein, während die andere die Oberfläche nur leicht touchiert oder gar keine Kante abzeichnet. Hierfür ist in der Regel nur ein leichtes Kippen des Meißels notwendig. Diese Technik eignet sich, um mit schrägen Prägespitzen eine „Laufrichtung" darzustellen, zum Beispiel für die Umsetzung von Fellstrukturen, einander überlappenden Federn oder Dachziegeln. Dabei ist zu beachten, dass für eine Hochdruck-Darstellung spiegelverkehrt geprägt werden muss, damit beispielsweise das Schuppenkleid eines Fisches in der richtigen Richtung verläuft.

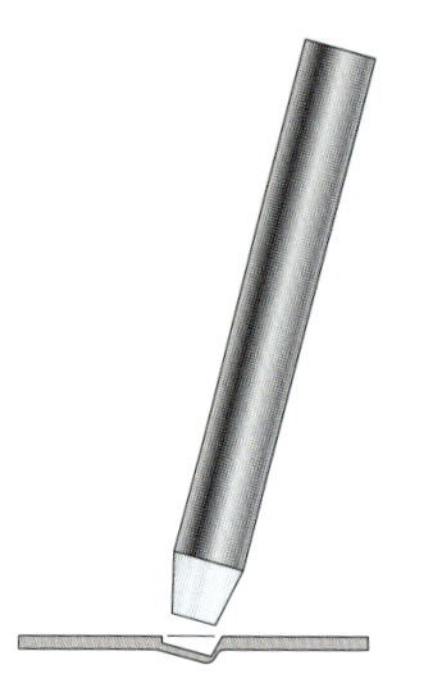

Ganzflächige, aber nur einseitig schräge Motivabdrücke ermöglichen kräftige Prägungen. Besonders große Meißelmotive können dabei jedoch zu oberflächlichen Rissen im Hochdruck führen.

03.16

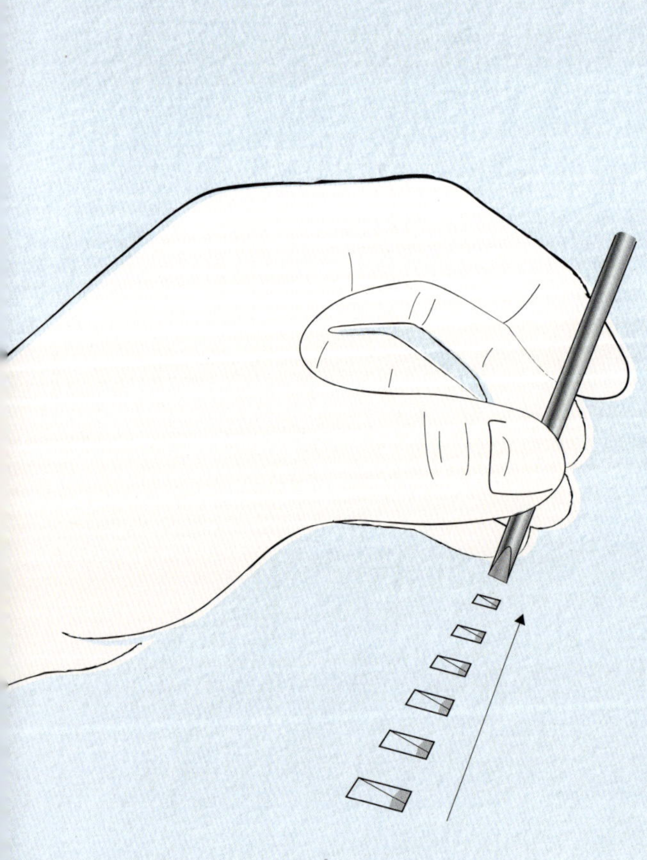

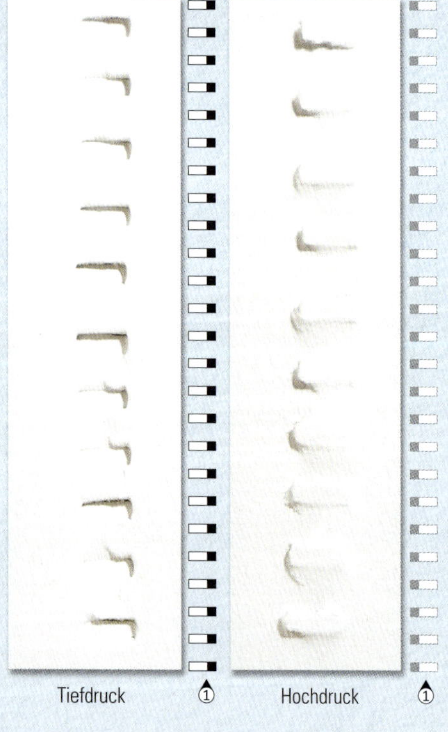

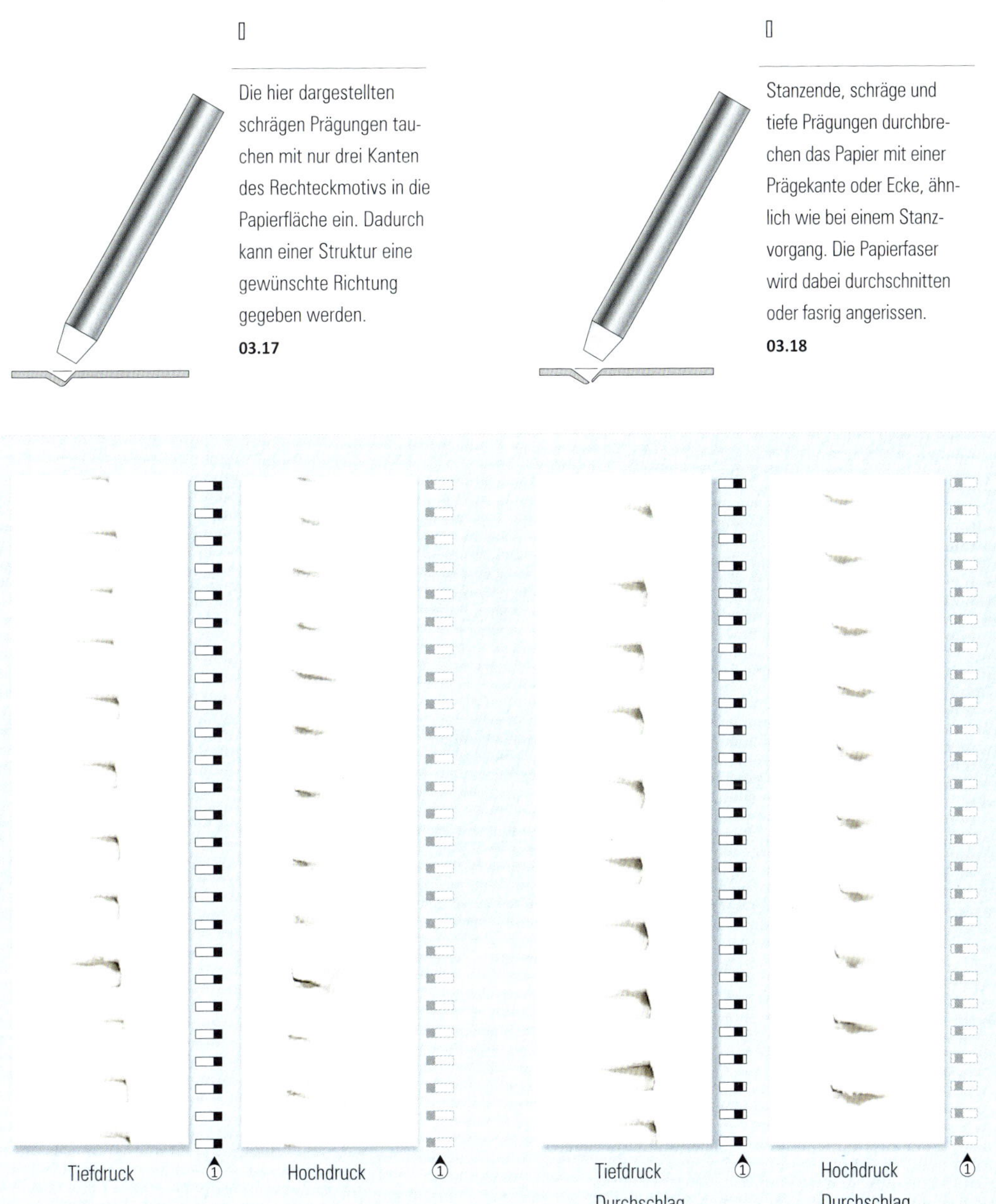

Die hier dargestellten schrägen Prägungen tauchen mit nur drei Kanten des Rechteckmotivs in die Papierfläche ein. Dadurch kann einer Struktur eine gewünschte Richtung gegeben werden.

03.17

Stanzende, schräge und tiefe Prägungen durchbrechen das Papier mit einer Prägekante oder Ecke, ähnlich wie bei einem Stanzvorgang. Die Papierfaser wird dabei durchschnitten oder fasrig angerissen.

03.18

„SCHRÄGE PRÄGUNGEN" IM HOCHDRUCK

Im Hochdruck und durch eine zusätzliche schräge Prägung ist das ursprüngliche Meißelmotiv in manchen Fällen kaum wiedererkennbar, weil die Papierstärke die Formenwiedergabe „dämpft" und so deren Wirkung verfremdet. Eine Gelegenheit, um unterschiedliche Prägedichten, Motivkombinationen und deren Ausrichtung zueinander auszuprobieren sowie um neue Strukturen und Muster zu entwickeln.

Ein Beispiel hierfür ist die Spirale auf der rechten Seite, bei der zwei parallel laufende Reihen in schräger Hochprägung den Eindruck eines Zickzackbandes erzeugen. Dabei greifen die beiden Prägereihen nach dem Reißverschlussprinzip ineinander. Für eine gleichmäßige Prägung empfiehlt es sich, zuerst auf der einen Bandseite zu arbeiten und dabei Lücken vorzusehen, um diese dann im zweiten Arbeitsgang zu füllen. Dadurch kann der Meißel mit minimalen Winkelanpassungen ohne ständiges Hin-und-her-Kippen entlang der Spirallinie geführt werden, was ein gleichmäßiges Prägebild fördert.

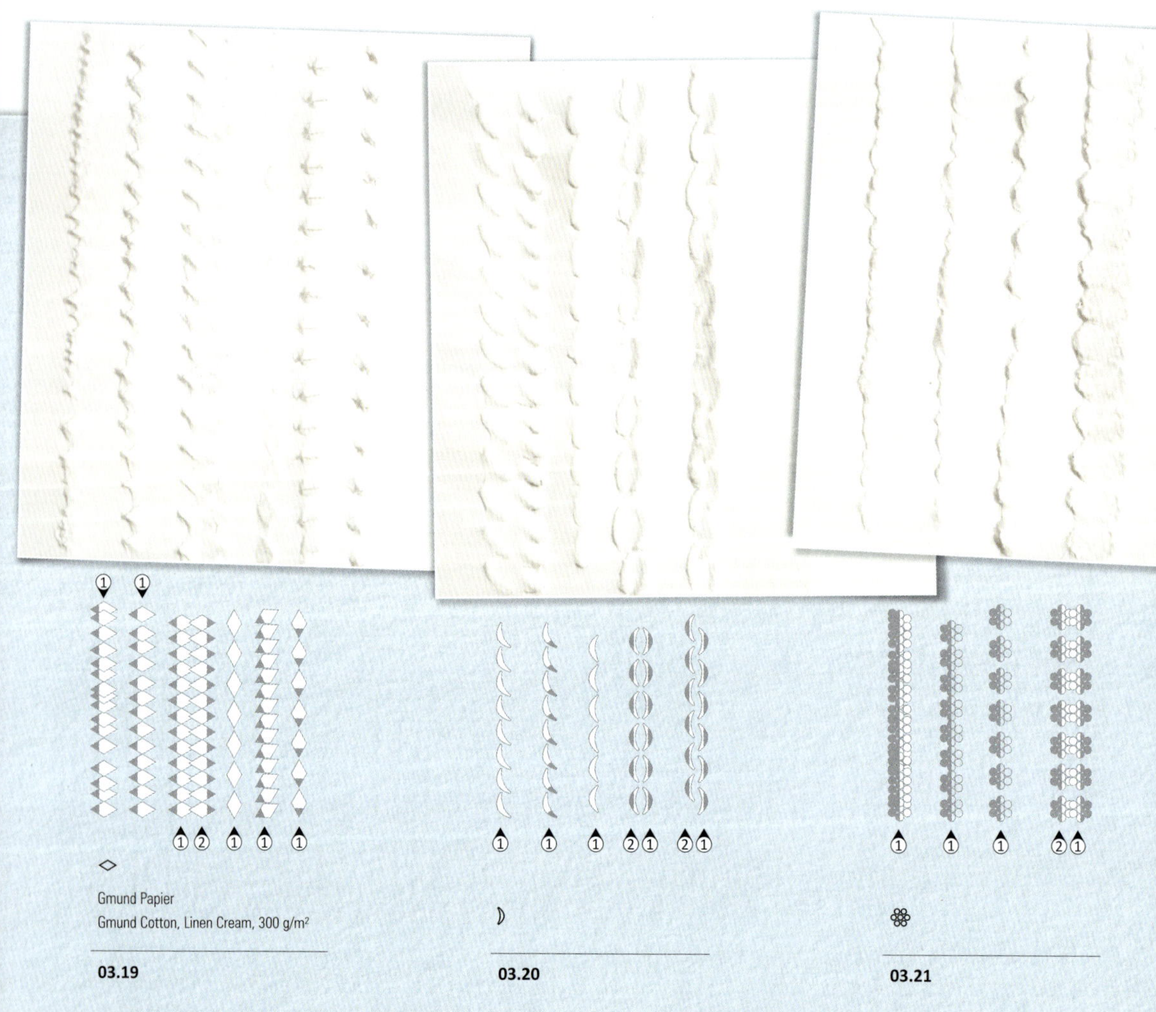

Gmund Papier
Gmund Cotton, Linen Cream, 300 g/m²

03.19

03.20

03.21

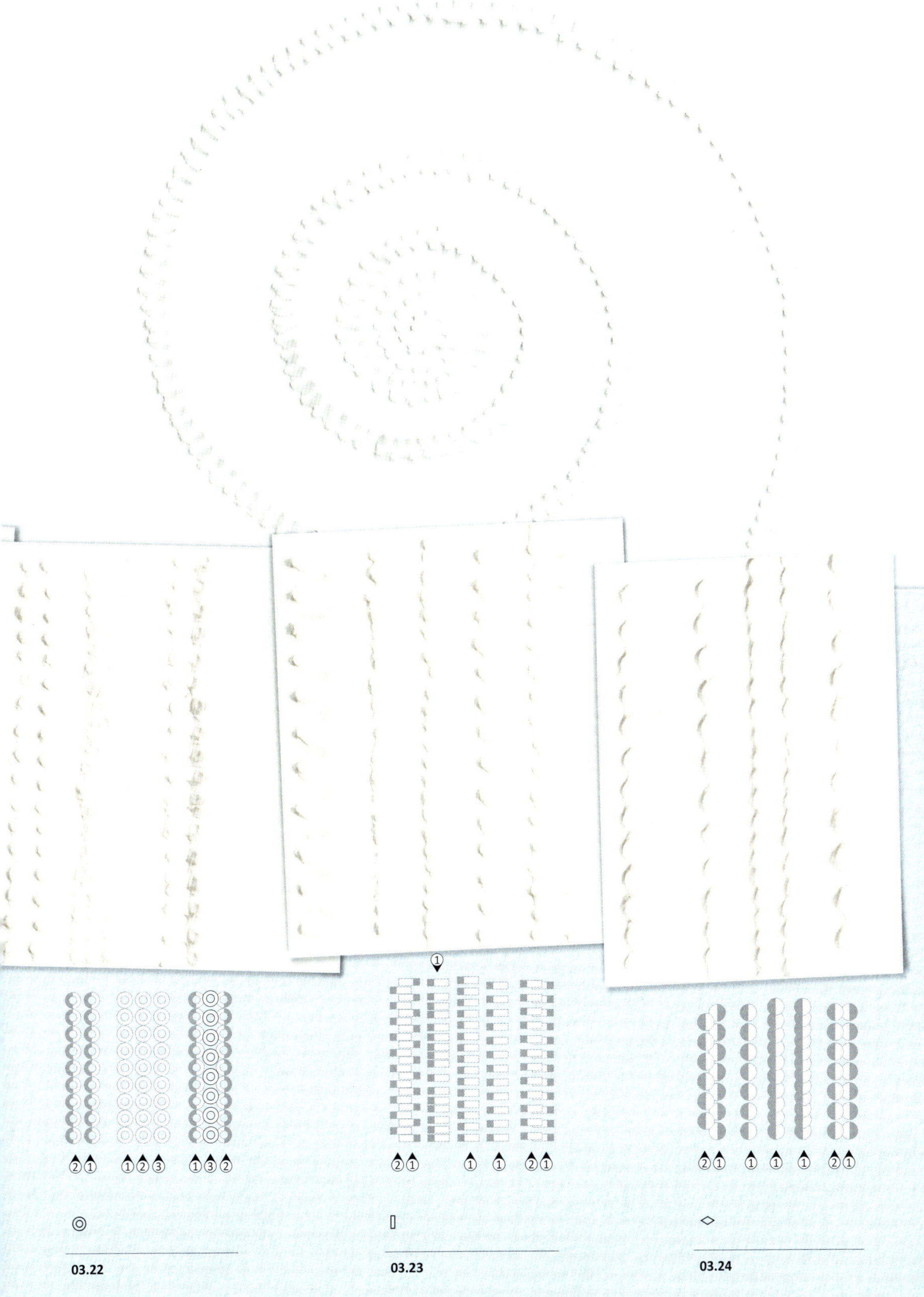

03.22

03.23

03.24

DYNAMISCHES PRÄGEN

„Freie" Gestaltung beim Papierprägen beginnt mit Experimenten. Was passiert, wenn ein Meißelmotiv in immer gleichem oder in ausgerichtetem Winkel einer geschwungenen Linie folgt? Wie wirkt ein Band, wenn ein Meißel während eines Bandverlaufs gedreht wird? Oder welchen Effekt erzielt man bei Konturen, Bändern oder Flächen durch fließende oder abrupte Übergänge, Unregelmäßigkeit, Verdichtung und Auflösung?

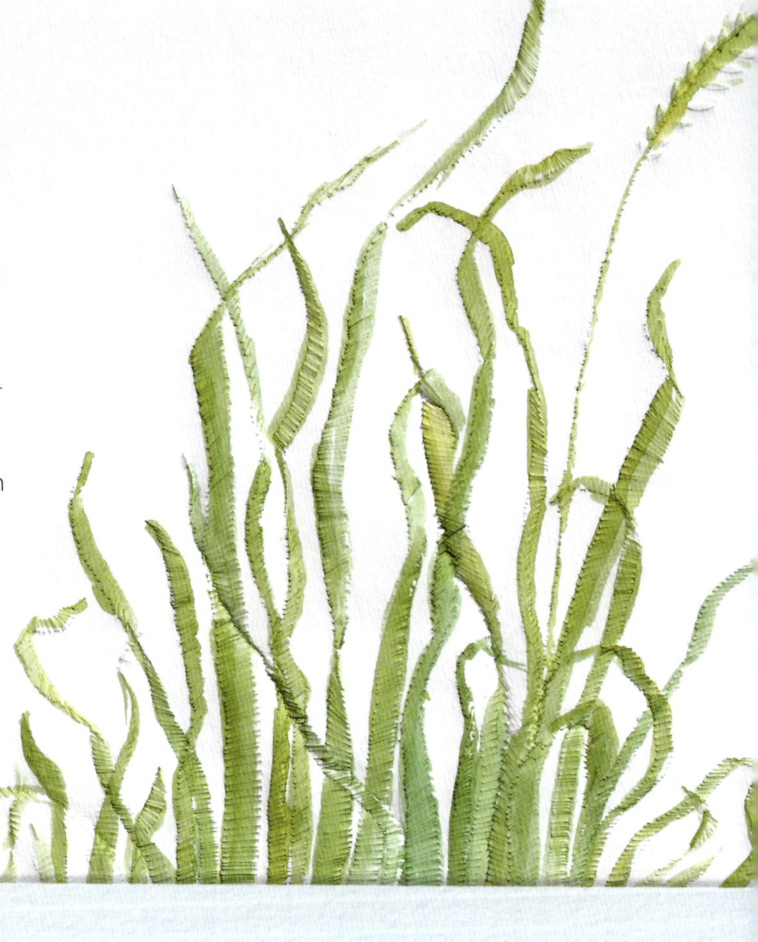

I

Parallele Prägung:
Senkrechte Prägungen mit gleichmäßiger Schräge folgen einer Linie. Dabei entsteht ein Band, das sich ähnlich dem Prinzip einer Kalligrafiefeder verjüngt und verbreitert.
03.25 →

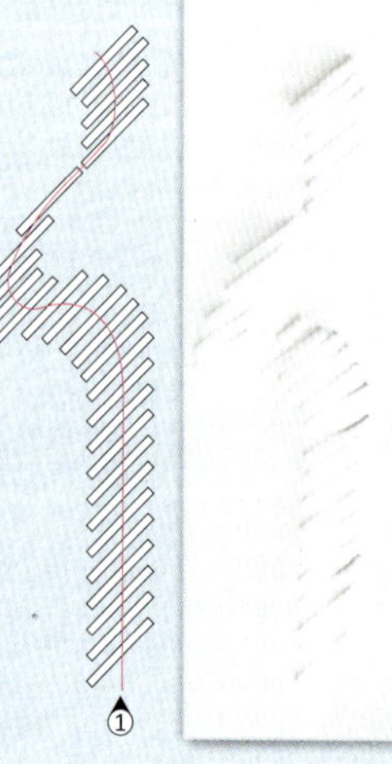

I

Ausgerichtete Prägungen:
Wenn Prägungen im rechten Winkel zu einer geschwungenen Linie angeordnet sind, entsteht ein Band mit gleichbleibender Breite.
03.26 →

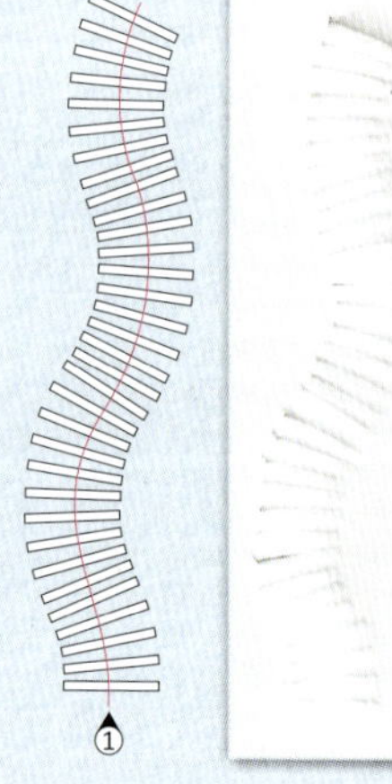

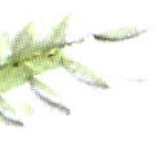

I

Gedrehte Prägungen: Dreht man den Meißel entlang des Linienverlaufs 180 Grad um seine eigene Achse, so entsteht der Eindruck eines in sich verdrehten Bandes. Die rote Linie veranschaulicht die Meißeldrehung von rechts nach links.

03.27 →

I

Gedrehte Prägung am Beispiel von Grashalmen

← **03.28**

I

„Kippende“ Prägungen: Bruchstückhaft, rudimentär und „verwischt“ wirken geprägte Bänder, die durch unregelmäßiges Kippen des Meißels nach links und rechts entstehen.

03.29 →

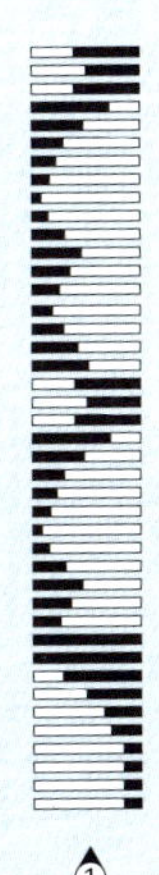

GEGENPRÄGUNGEN

Besondere Effekte lassen sich mit dicht aneinander- oder aufeinandergesetzten Prägungen erzielen. Dabei werden Prägebereiche teilweise wieder zurückgeformt, gegeneinander verschoben oder zusätzlich verdichtet. Hier kommt es zu interessanten Wechselwirkungen wie Wölbungen, Falten, Rissen sowie Aufstelleffekten, welche die plastische Wirkung fördern und neue Muster und Formen entstehen lassen.
Dies lässt sich schon bei einer einfachen Kugelprägung wie in der Illustration links unten beobachten: Hier wird die gewölbte Hochprägung einer Kugelpunze mit einem Ringmotiv gegengeprägt.

Hahnemühle Künstlerpapiere
The Collection Watercolour 300, matt, 300 g/m²

Locker gestreute Blümchen in Gegenprägetechnik. Die hochgeprägten äußeren Blütenblätter wurden je nach Größe der Blüte entweder mit einem Ring- oder Blumenmeißel gegengeprägt. Dabei stellen sich die Blütenblätter durch den Gegenzug der mittigen Tiefprägung leicht auf und wirken dadurch plastischer. →

03.30

Prinzip einer Gegenprägung am Beispiel einer Wölbung im Tiefdruck, die mit einem Ringmotiv gegengeprägt wird.
Die Prägung der Kugelpunze wird durch die weitere Umformung gestaucht und zurückgepresst, wobei Falten entstehen. Vielleicht ein zwinkerndes Froschauge? ←

03.31

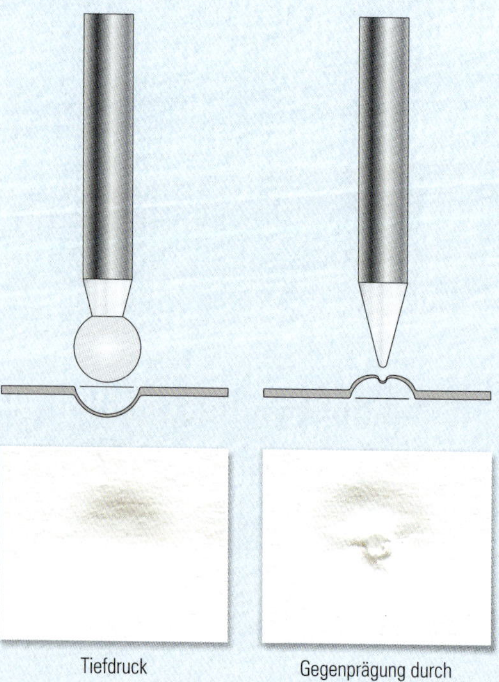

Tiefdruck

Gegenprägung durch Hochdruck

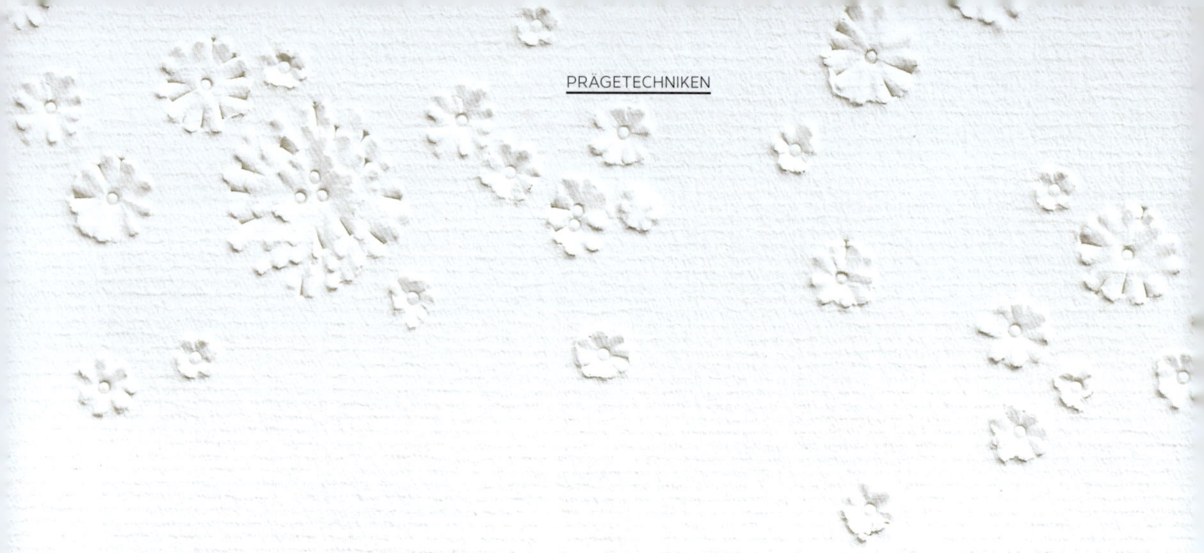

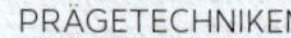

GEGENPRÄGUNG, BEISPIEL „BLUMENFORM“

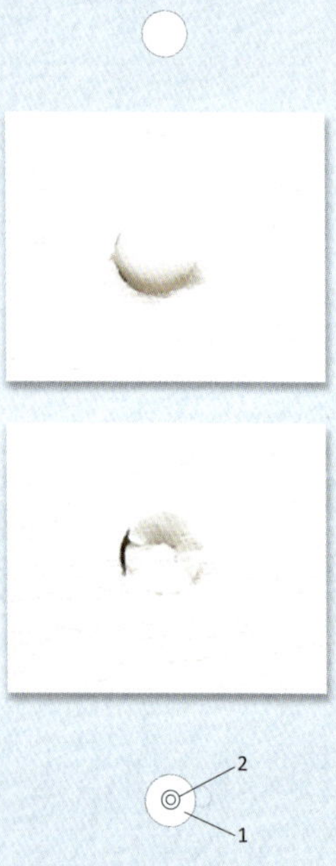

○◎

Eine Kreisprägung (Bild oben) wird mit einem Ring gegengeprägt (Bild unten).

03.32

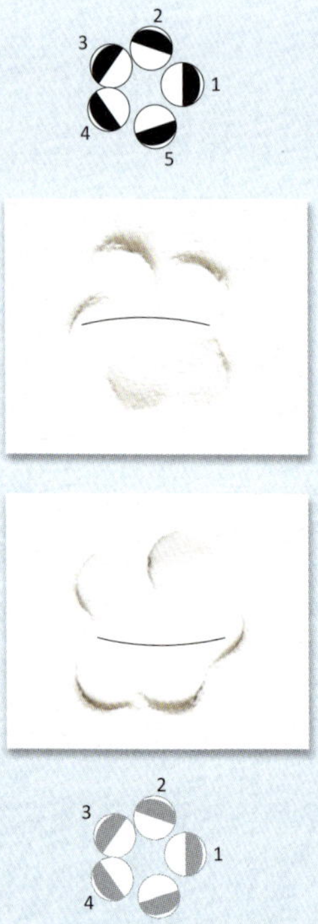

○

Schräg nach außen gestanzte Kreisprägungen bewirken eine Aufwölbung der Mitte.

03.33

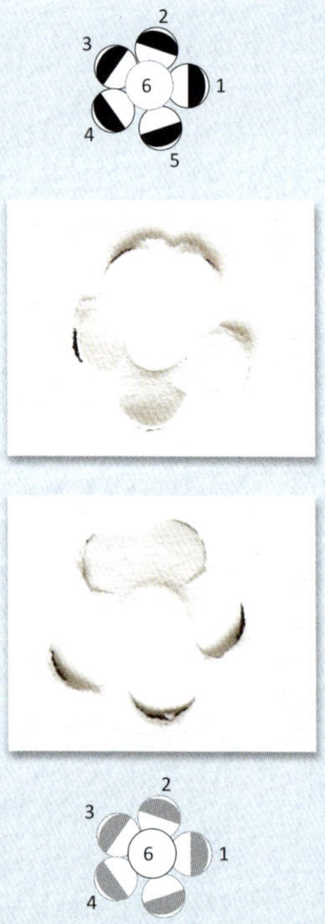

○

Ein gegengeprägtes Kreismotiv hebt die Spitzen der „Blütenblätter“ deutlich an.

03.34

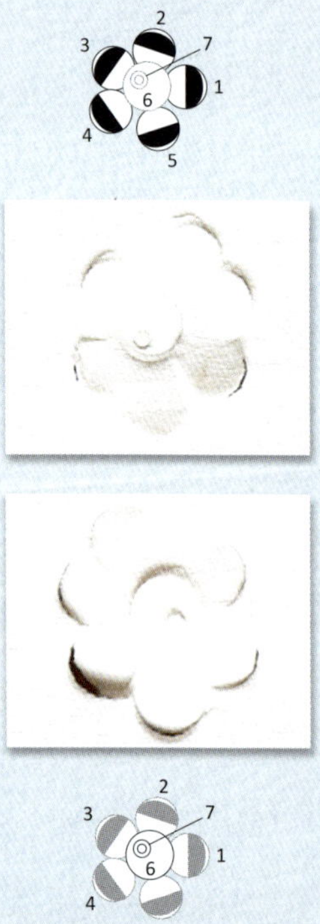

○◎

Eine zusätzliche Ringprägung im Tiefdruck prägt die Blütenmitte eine Ebene tiefer.

03.35

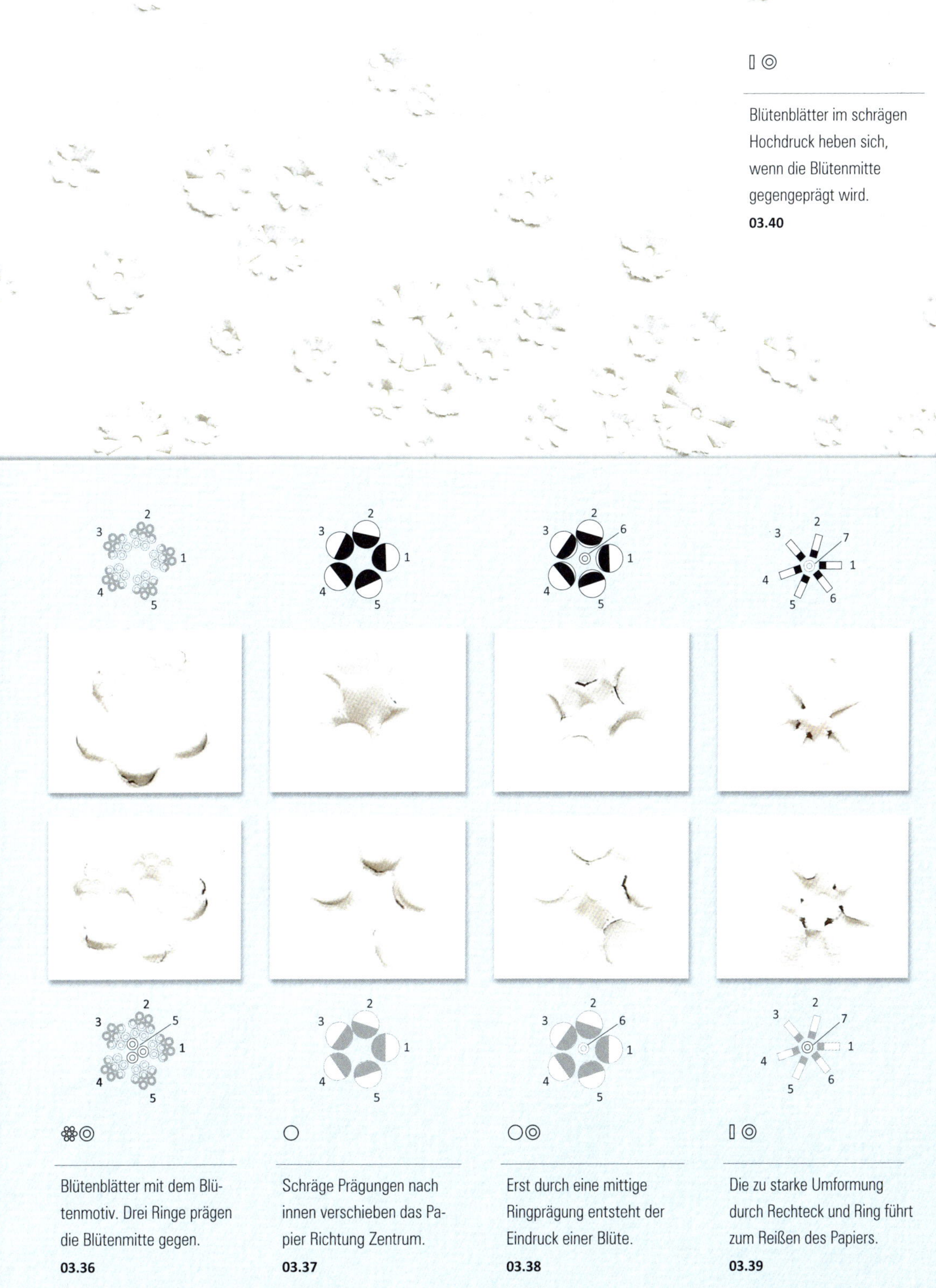

Blütenblätter im schrägen Hochdruck heben sich, wenn die Blütenmitte gegengeprägt wird.
03.40

Blütenblätter mit dem Blütenmotiv. Drei Ringe prägen die Blütenmitte gegen.
03.36

Schräge Prägungen nach innen verschieben das Papier Richtung Zentrum.
03.37

Erst durch eine mittige Ringprägung entsteht der Eindruck einer Blüte.
03.38

Die zu starke Umformung durch Rechteck und Ring führt zum Reißen des Papiers.
03.39

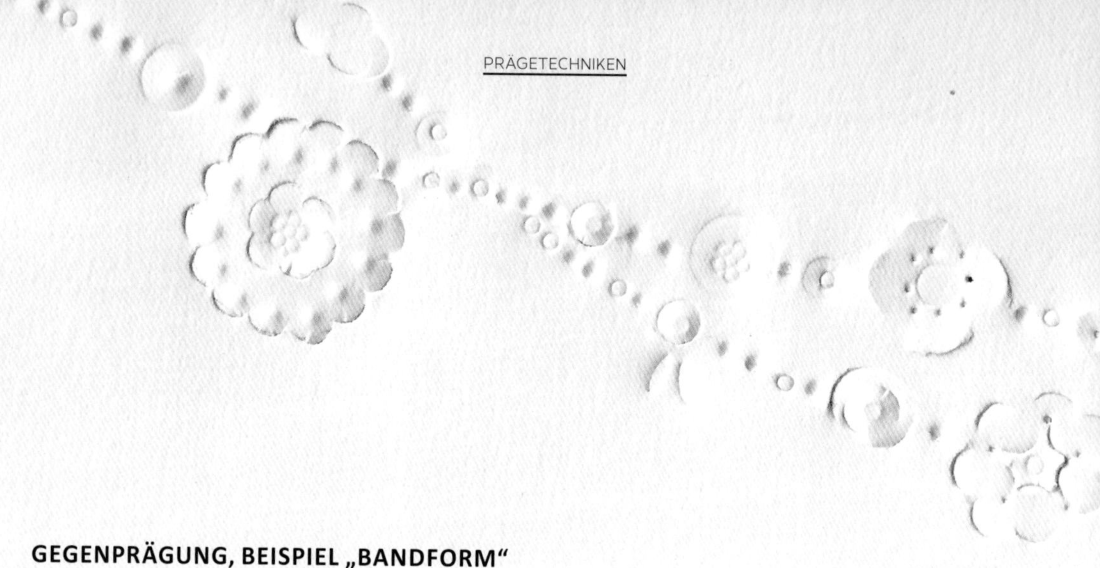

GEGENPRÄGUNG, BEISPIEL „BANDFORM"

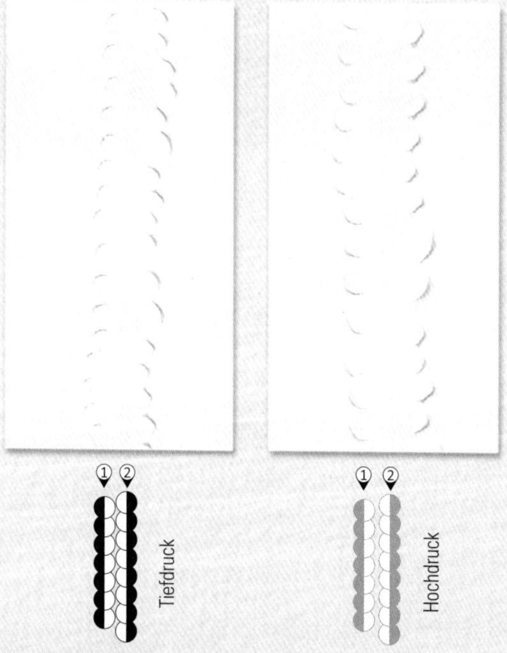

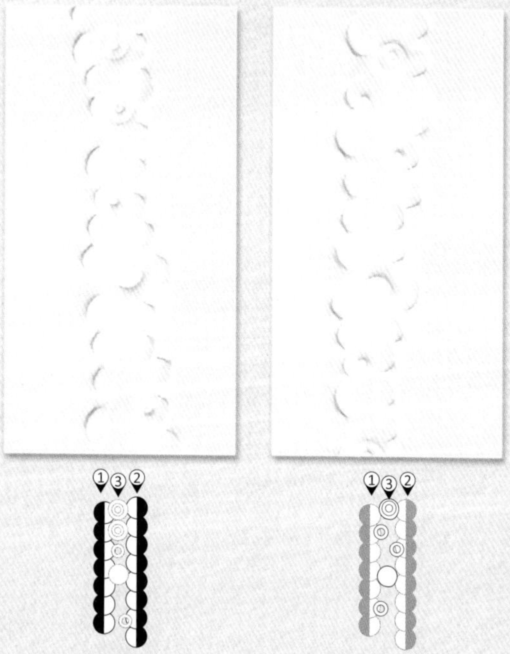

○

Schräge, unregelmäßige Prägungen nach außen erzeugen eine deutlich abgegrenzte Vertiefung, die im Hoch- und Tiefdruck wie eine höher oder tiefer liegende Ebene wirkt.

03.41

○◎

Durch mittige Gegenprägungen können weitere Details eingefügt werden. Besonders natürlich wirken unregelmäßige Prägungen, ausgeführt mit einer Arbeitsrichtung von oben nach unten.

03.42

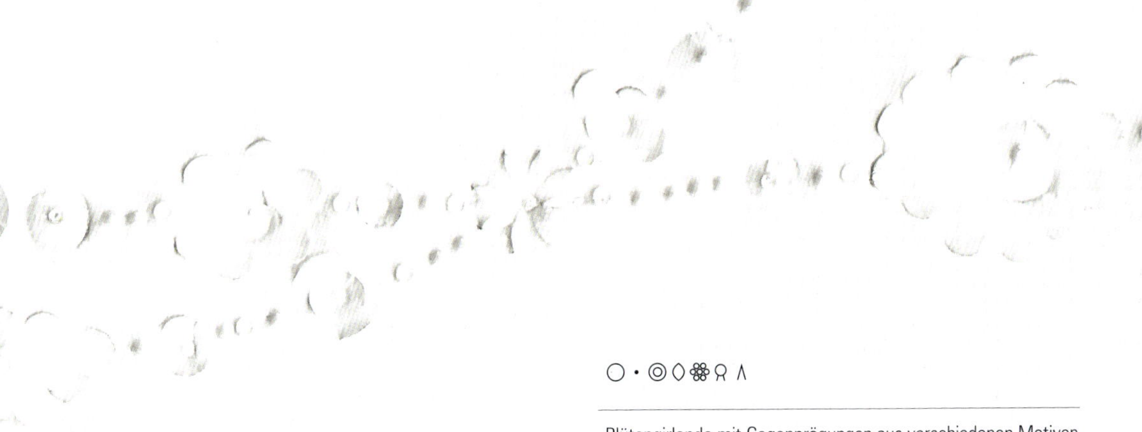

○ • ◎ ◊ ❀ ♀ ∧

Blütengirlande mit Gegenprägungen aus verschiedenen Motiven

03.45

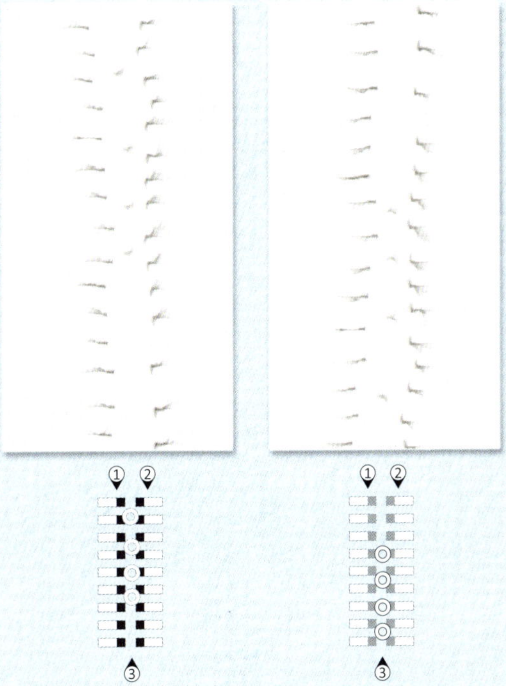

▯ ◎

Zwei gegeneinandergerichtete schräge Prägelinien mit dem Rechteckmotiv bilden die unregelmäßige Kontur einer tiefer liegenden Ebene.

03.43

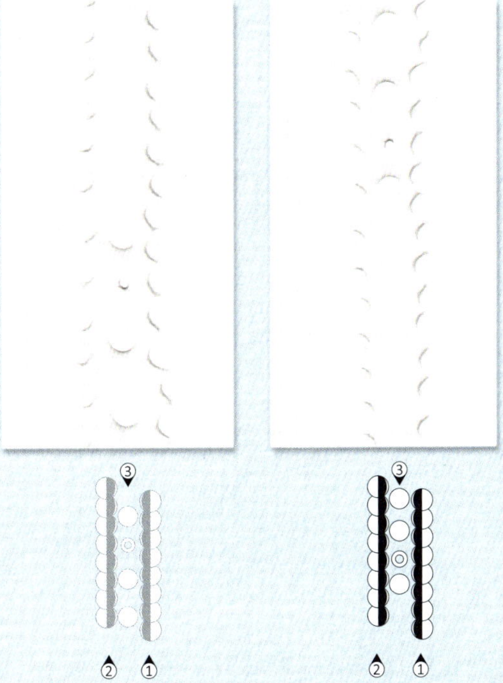

○◎

Eine geschlossene, regelmäßige Bogenkontur aus schräg nach innen geprägten Kreismotiven grenzt die mittlere Ebene nach außen hin ab.

03.44

PAPIER TREIBEN

Papiere können wie Metallbleche bis zu einem gewissen Grad „getrieben“ werden, um eine Wölbung zu erzeugen. Dabei wird das Blech oder in diesem Fall das Papier durch viele dicht aneinandergesetzte Schläge mit einem Hammer oder Meißel dünner geschlagen und geweitet. Hierfür eignen sich kantenlose Meißelmotive wie beispielsweise ein weich gerundeter Kreismeißel und Kugelpunzen sowie Bütten-Aquarellpapier besonders gut. Die Papierfasern werden beim Treiben vom Prägemittelpunkt aus zu allen Seiten nach außen gepresst, wobei Wölbungen und Auffaltungen entstehen, mit denen man materialtypische Strukturen und Texturen gestalterisch nachempfinden kann. Wichtig ist eine nachgiebige und nicht zurückfedernde Prägeunterlage, in die sich das Papier ideal aufweiten kann. Hierfür verwendet man am besten ein mindestens 3 bis 4 mm dickes, dreilagiges Pappelsperrholz oder eine mindestens 3 mm dicke Pappe als Unterlage (keinen Wellkarton).
Mit dieser Technik können Bildbereiche plastisch hervorgehoben werden und erhalten dadurch einen „lebendigen“ Schattenwurf ohne malerisches Anlegen von Schatten. Dieser Effekt ist besonders für weiße Bildelemente wie Schnee, weiße Blütenblätter und Konturen interessant, wie eine Umsetzung von Margeritenblüten im Bild 09.01 auf Seite 114 zeigt.

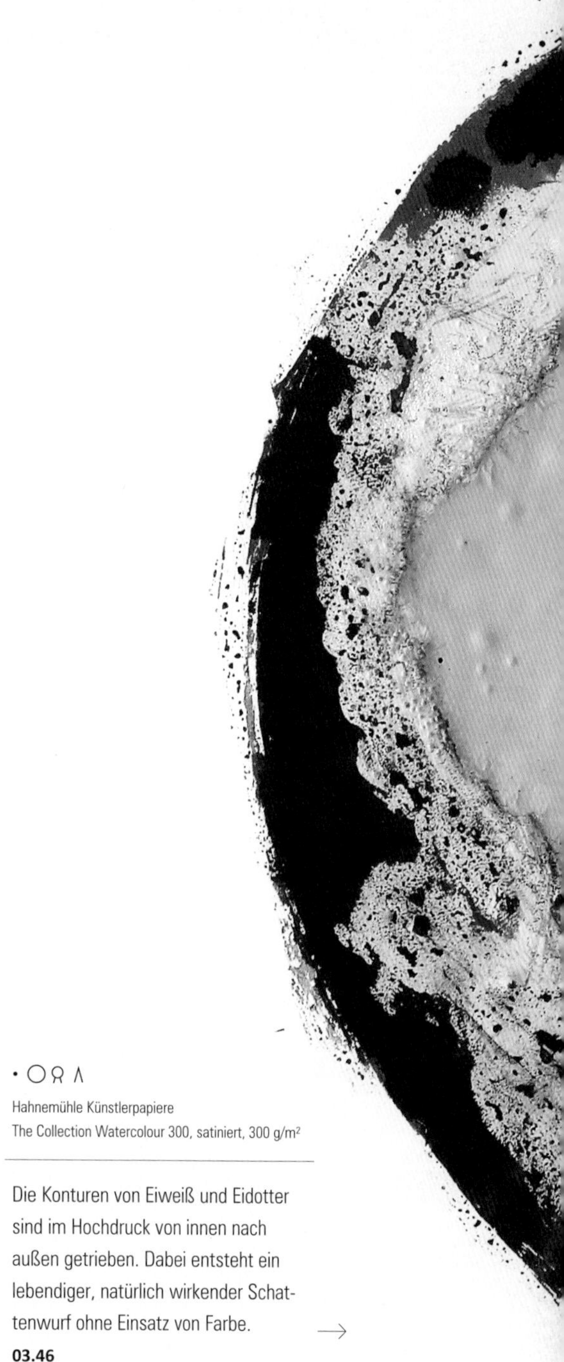

• ○ ጸ Λ

Hahnemühle Künstlerpapiere
The Collection Watercolour 300, satiniert, 300 g/m²

Die Konturen von Eiweiß und Eidotter sind im Hochdruck von innen nach außen getrieben. Dabei entsteht ein lebendiger, natürlich wirkender Schattenwurf ohne Einsatz von Farbe. →

03.46

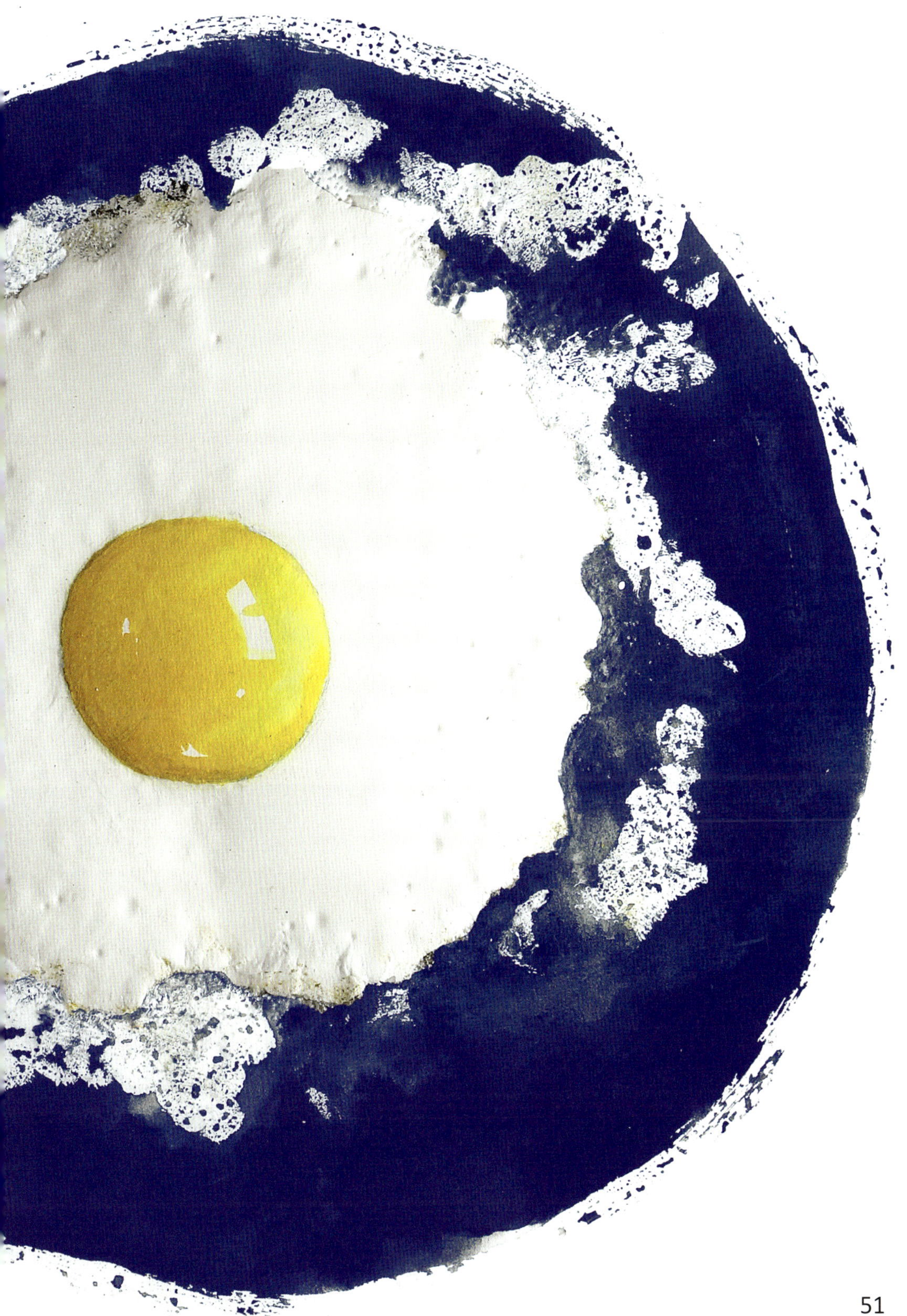

MUSTERKÄRTCHEN „PAPIER TREIBEN“

Mit gerundeten Prägewerkzeugen wie Kugelpunzen lassen sich weiche, gleichförmige Wölbungen umsetzen. Möchte man dagegen eine Strukturrichtung bzw. körnige, kantige oder sogar gebrochene und gerissene Strukturen erzeugen, lohnt das Experimentieren mit weiteren Motiven, wie zum Beispiel auf den abgebildeten Musterkärtchen. Die obere Reihe ist im Hochdruck-, die untere im Tiefdruckverfahren entstanden.

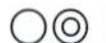

Die Kiemen des Fisches wurden mit einem gerundeten Kreismeißel vorgewölbt, Ringmeißel deuten die Schuppen und Linienmeißel die Flossenspitzen an. →
03.51

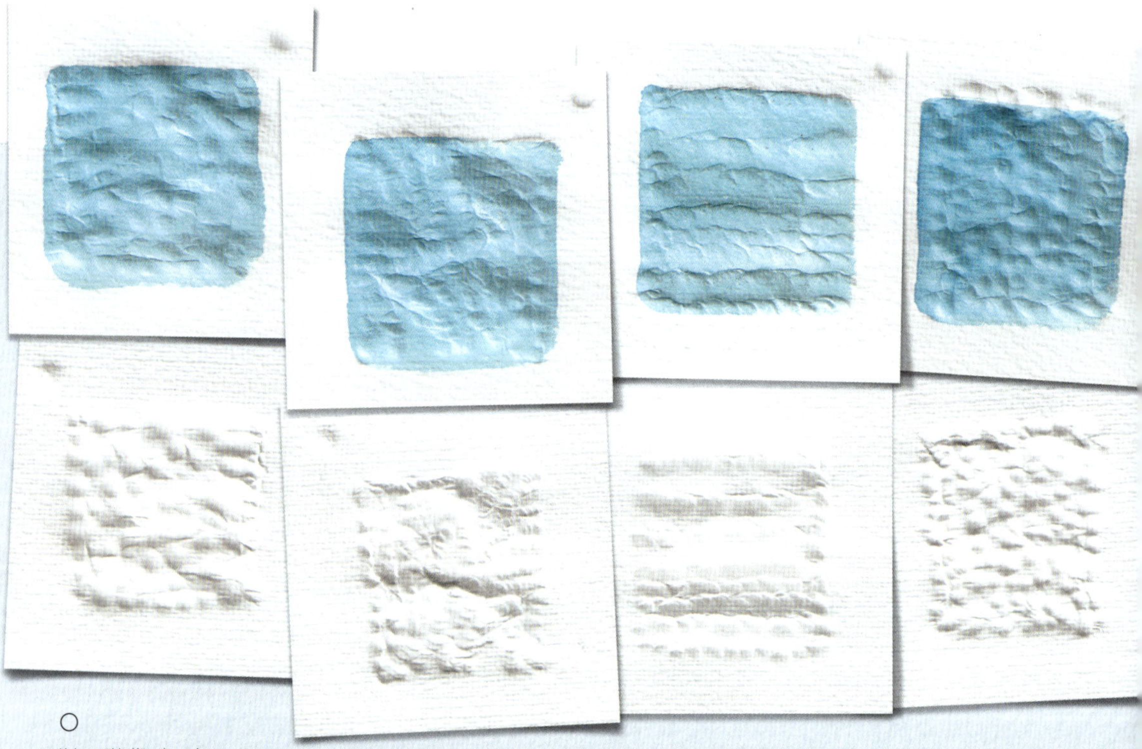

Hahnemühle Künstlerpapiere Hahnemühle 200, Echt-Bütten, rau, 200 g/m²

Richtungslos getriebenes Papier mit einem abgerundeten, weichen Kreismotiv-Meißel im Tiefdruck (Bild oben) und Hochdruck (Bild unten)
03.47

Dicht an dicht gesetzte Prägungen treiben das Papier Richtung Mitte, was zu deutlichen Verwerfungen der Papieroberfläche führt.
03.48

Horizontal aneinandergereihte Prägungen mit einem abgerundeten Kreismeißel wirken im Tiefdruck wie Meereswellen, im Hochdruck dagegen textilartig.
03.49

Treibprägungen mit Kugelpunzen erzeugen genoppte Oberflächen. Je dichter die Prägungen aneinandergesetzt werden, umso mehr Falten entstehen.
03.50

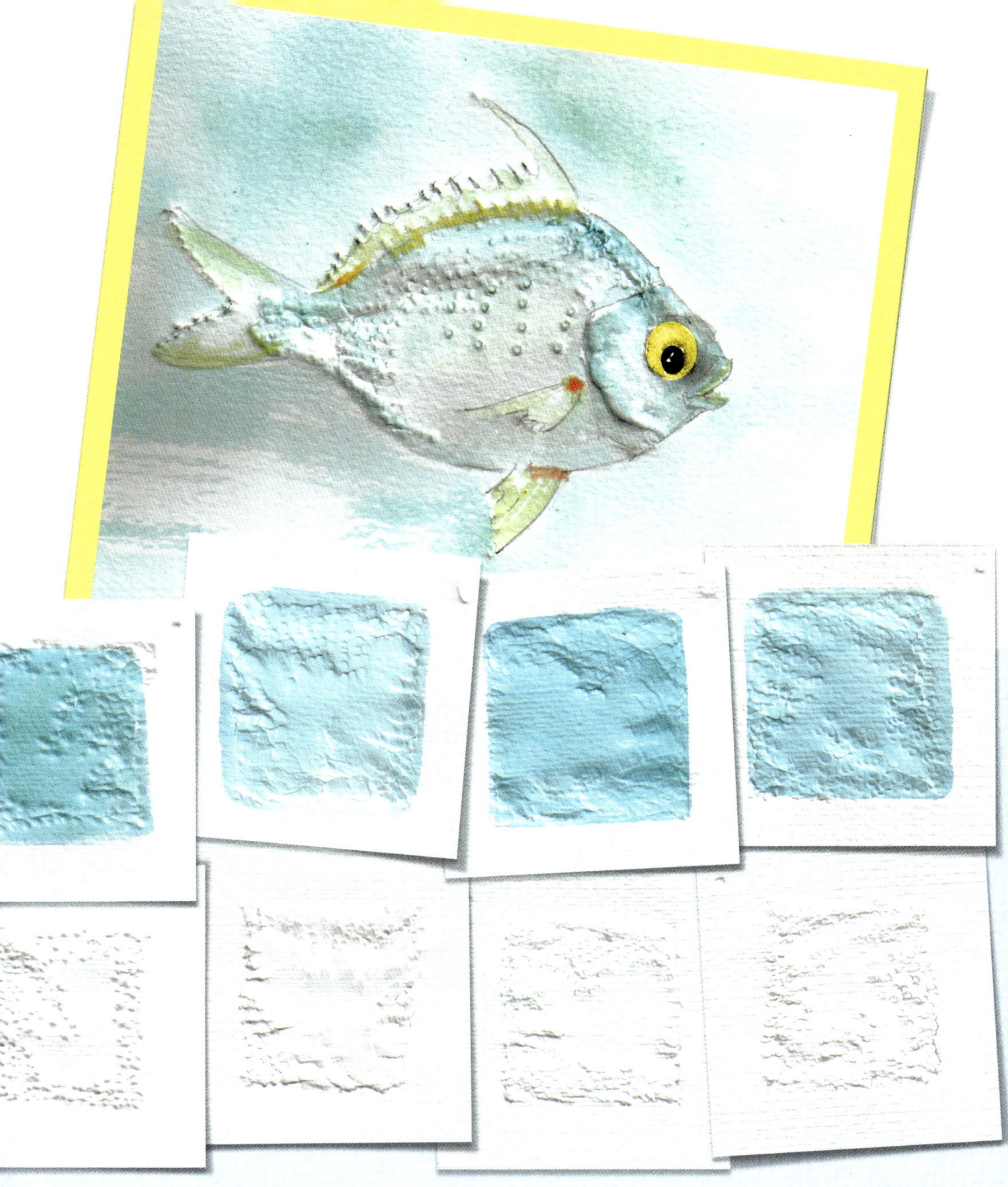

•

Viele kleine Punktprägungen bilden eine feine Noppenstruktur. Falten entstehen dabei interessanterweise hauptsächlich im Tiefdruck.
03.52

◊

Beim Treiben mit kantigen Motiven lassen sich Strukturrichtungen darstellen, es besteht jedoch die Gefahr, dass das Papier durchschlägt oder sogar reißt
03.53

❀

Mit dem filigranen Blumenmotiv erzielt man sehr feine Treibstrukturen, die im Hochdruck schuppen- oder frotteeartig wirken können.
03.54

◎

Zum Treibprägen mit dem kleinformatigen Ringmeißel sind am besten abgenutzte und dadurch abgerundete Werkzeugspitzen geeignet, um Löcher zu vermeiden.
03.55

KOPIER- UND SPIEGELPRÄGUNG

Bei dünnen, übereinandergelegten Papieren zeichnen sich Prägungen auch über mehrere Lagen hinweg gut ab. So erhält man in einem Arbeitsgang eine oder gleich mehrere geprägte Kopien. Dieser Effekt lässt sich auch für gespiegelte Muster und Strukturen nutzen: Die Knicklinie eines gefalteten Papierbogens wird dabei zur Spiegelachse einer Prägung. Streicht man den Knick nach dem Prägen wieder glatt, so erscheint die Prägearbeit auf einer Seite im Tiefdruck und gespiegelt im Hochdruck.
Bei der Bildkonstruktion ist es spannend, mit den Spiegelachsen zu experimentieren, die senkrecht, waagerecht oder in beliebigem Winkel angeordnet sein können.

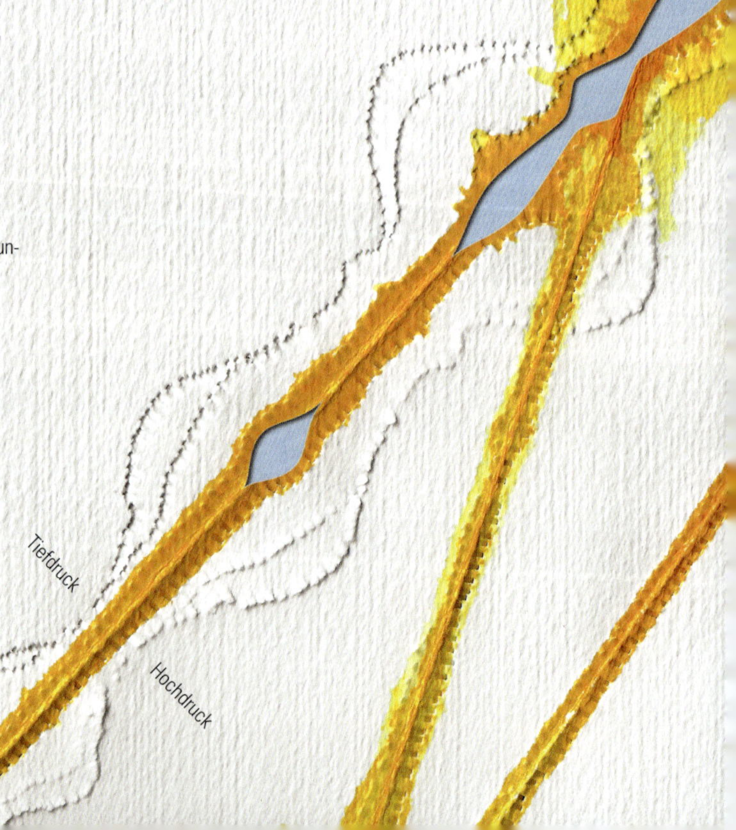

Hahnemühle Künstlerpapiere
Hahnemühle 200, Echt-Bütten, rau, 200 g/m²

Spiegelung von Farbe und Prägung an Papierfaltungen entlang:
Entlang eines Knicks aufgetragene Tinte verteilt sich spiegelbildlich innerhalb einer zusammengepressten Faltung. Nach dem Aufklappen, Glattstreichen und vollständigen Trocknen der Farbfläche wird der Papierbogen erneut gefaltet und über die Faltung hinweg spiegelgeprägt.
03.56

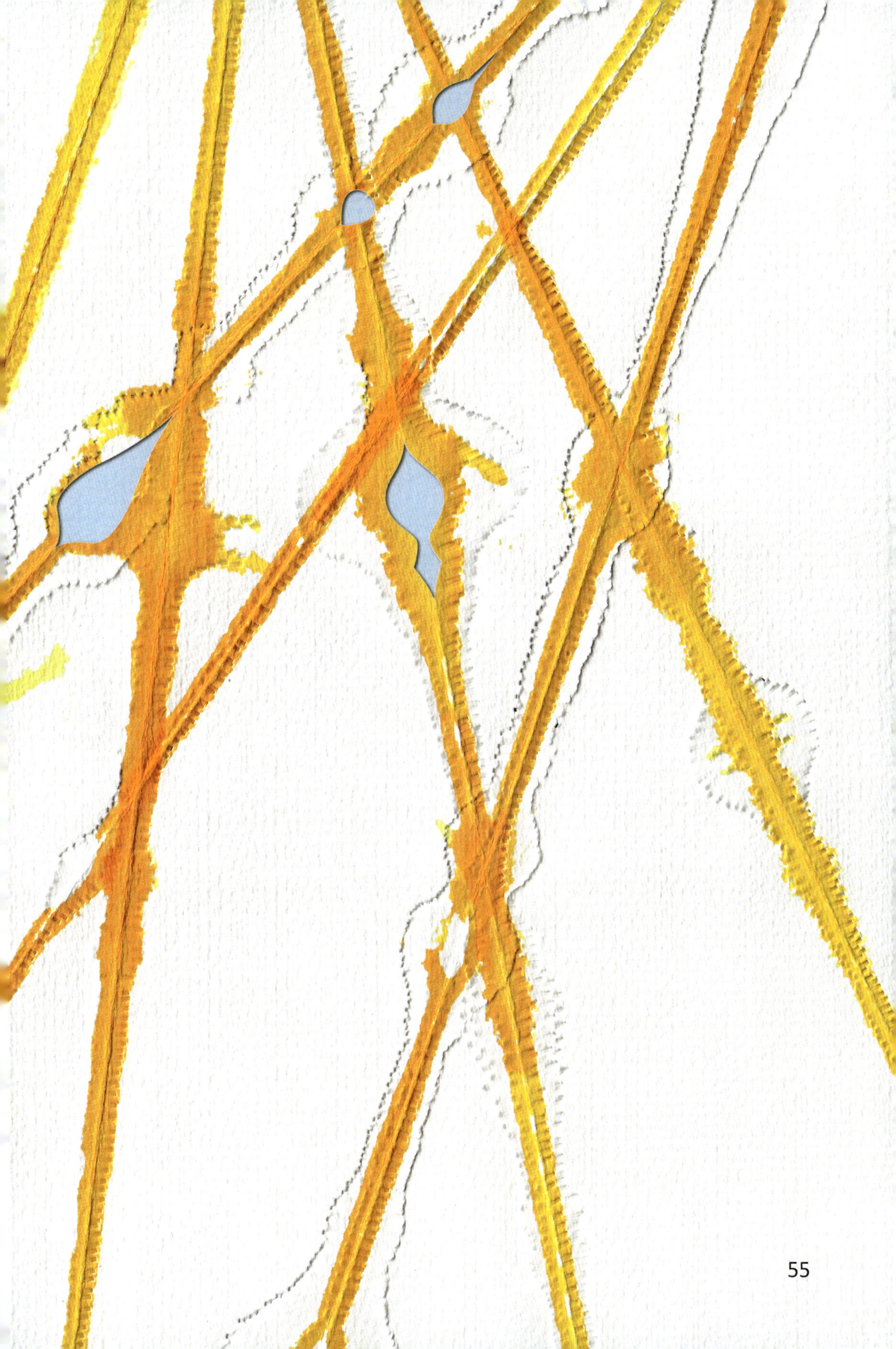

▯

Hahnemühle Künstlerpapiere
Hahnemühle 200, Echt-Bütten, matt, 200 g/m²

Halbe Arbeit, doppelter Effekt: Spiegelprägung entlang einer senkrechten Knickkante, rechts im Hoch- und links im Tiefdruck.

03.57

▯ I ◇○ • ◎◊ ∧

Gmund Papier, Gmund Colors Matt, 49, 200 g/m²

„Mandala" in Spiegelprägetechnik

03.58

→

KNICKPRÄGUNGEN

Falzungen und Knicke geben Papier Stabilität und ermöglichen unzählige Anwendungen – von einfachen Klappkarten über Schachteln bis zu kunstvollen Origamiarbeiten. Dabei können auch geprägte Linien und Konturen die Funktion eines Falzes übernehmen und eine gerade oder gebogene Knicklinie definieren. Der bisher rein funktionale Papierknick eröffnet so neue gestalterische und dekorative Möglichkeiten.
Auf der folgenden Doppelseite wird am Beispiel von kleinen „Kissenschachteln" die Wirkung von Knickprägungen im Zusammenspiel mit unterschiedlich strukturierten Papierqualitäten und Grammaturen dargestellt.

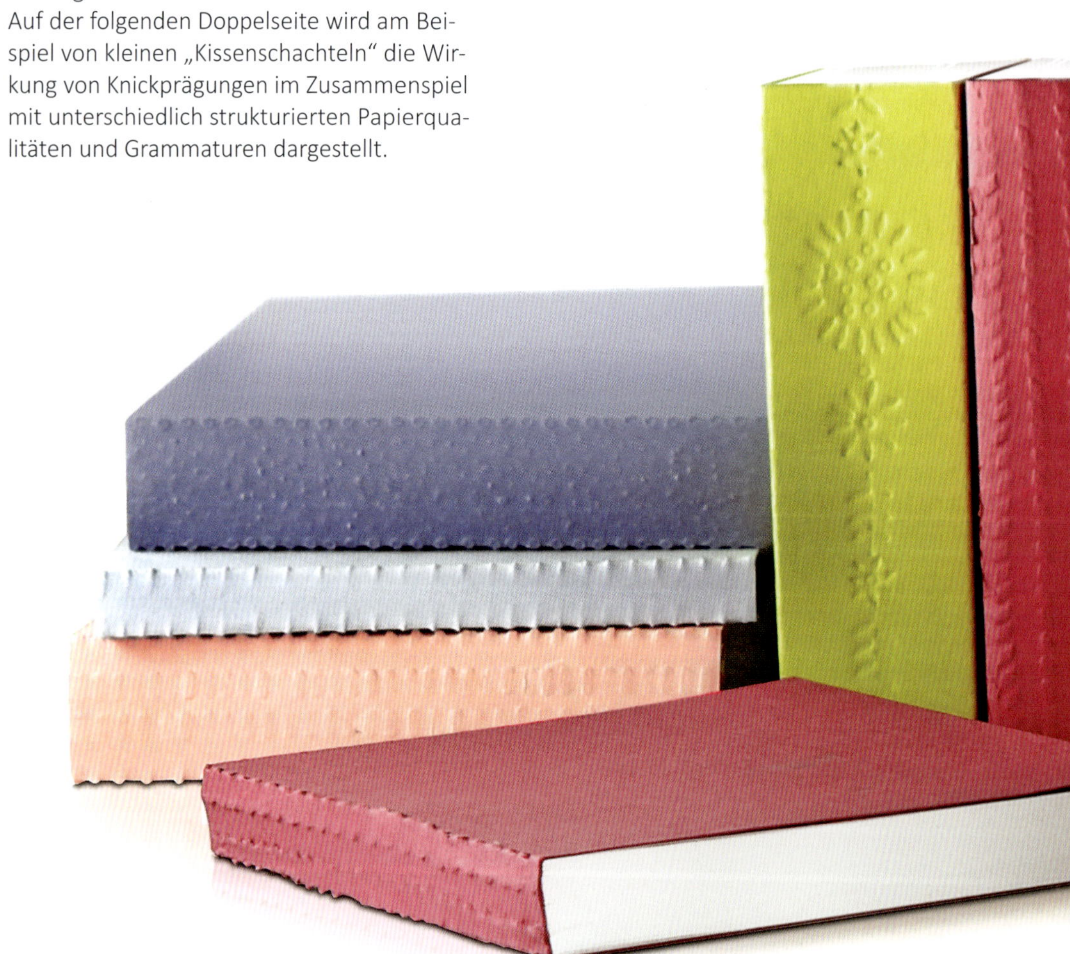

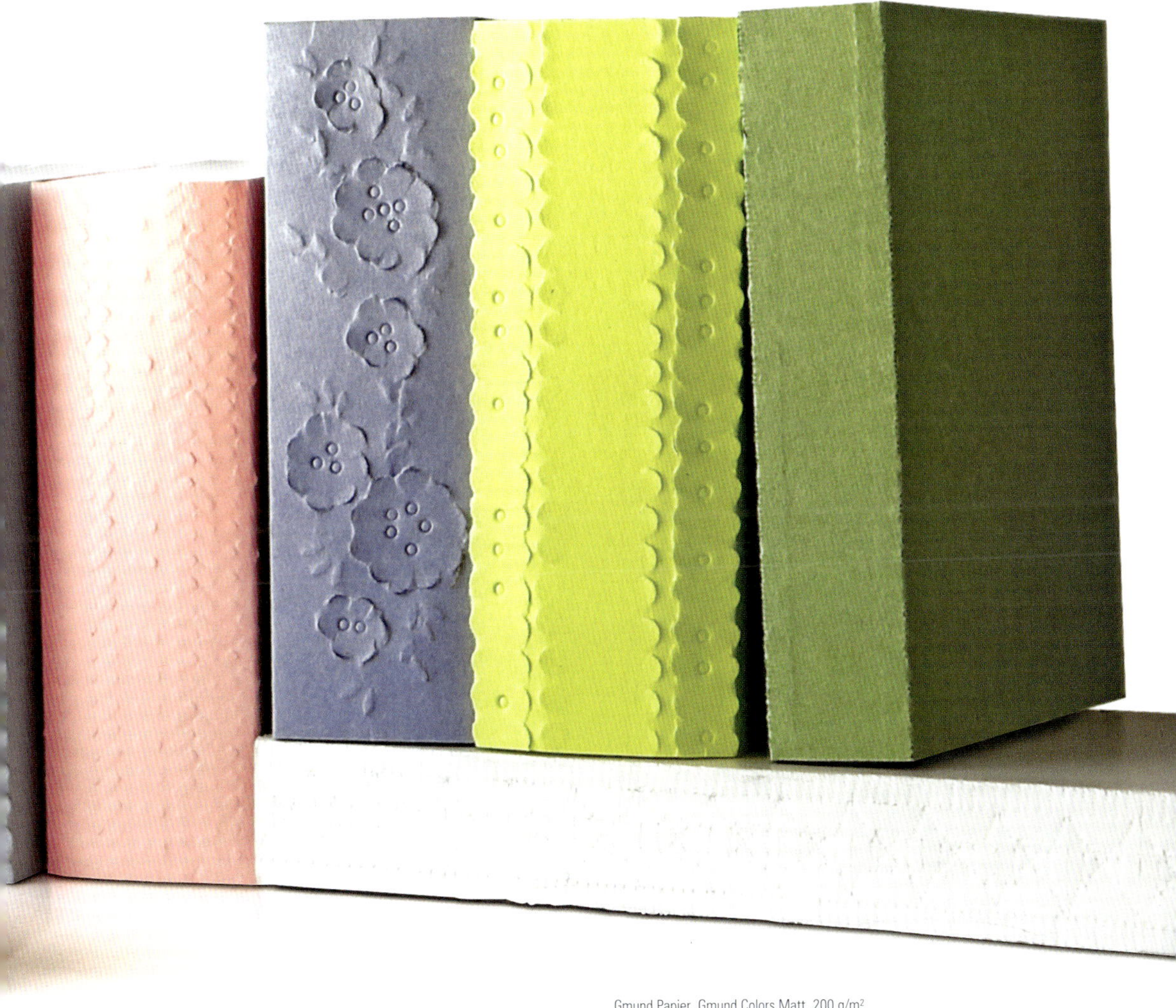

Gmund Papier, Gmund Colors Matt, 200 g/m²

Buchrücken mit geprägten Falzkanten und Flächen

03.59

MUSTERSCHACHTELN IN KNICKPRÄGUNG

▯

Gmund Papier
Gmund Colors Felt, Felt 49, 240 g/m²

03.60 ⟶

I

Gmund Papier
Gmund Colors Felt, Felt 50, 240 g/m²

03.64 - -⟶

○◎

Gmund Papier
Gmund Wood, Limba Solid, 300 g/m²

03.61 ⟶

○◎

Gmund Papier
Gmund Bio Cycle, Wheat, Stroh, 120 g/m²

03.65 - -⟶

▯ ◎

Gmund Papier
Gmund Heidi, Used White, 240 g/m²

03.62 ⟶

◎

Gmund Papier
Gmund Heidi, Used White, 240 g/m²

03.66 - -⟶

▯

Gmund Papier
Gmund Bio Cycle, Wheat, Stroh, 120 g/m²

03.63 ⟶

⬯

Gmund Papier
Gmund Colors Felt, Felt 50, 240 g/m²

03.67 - -⟶

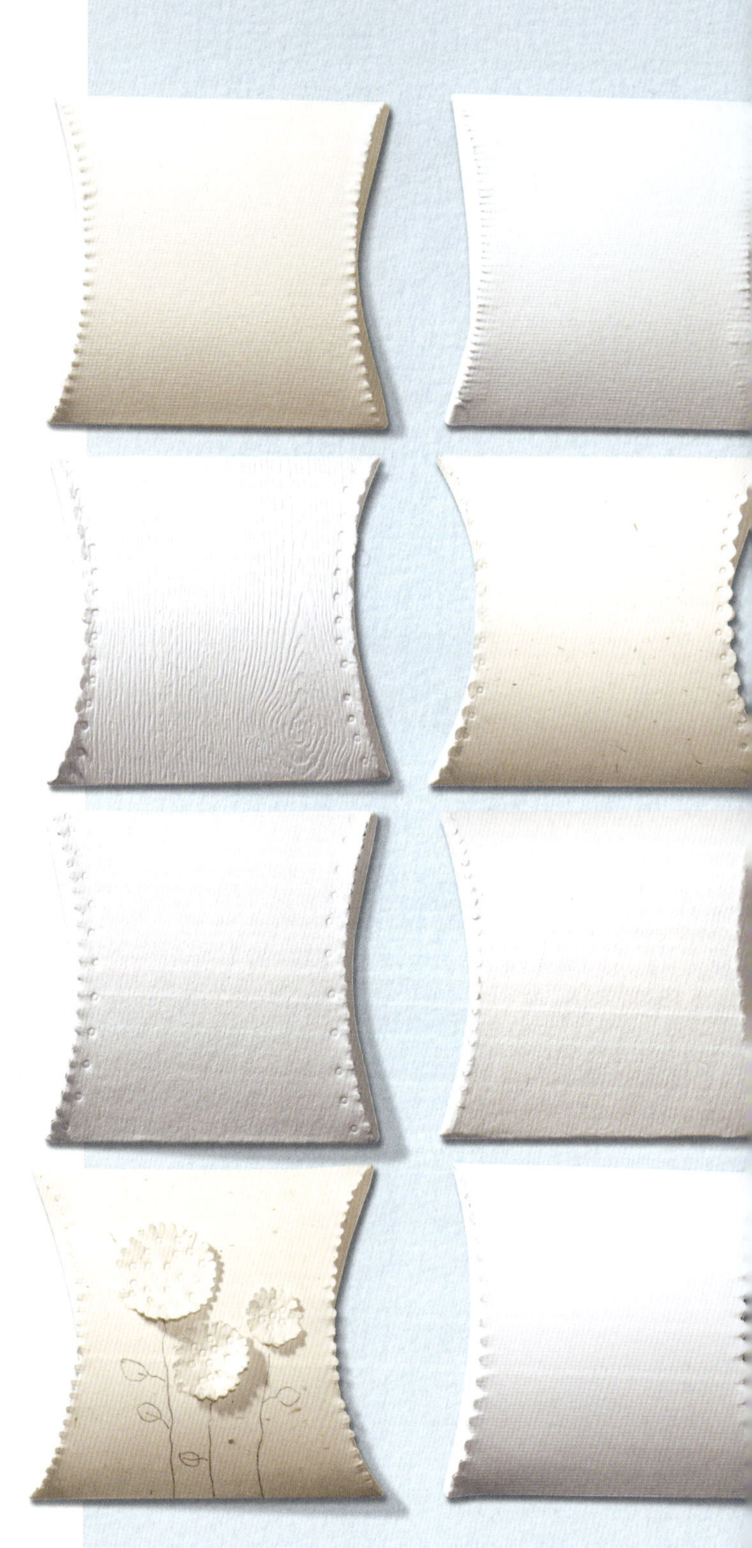

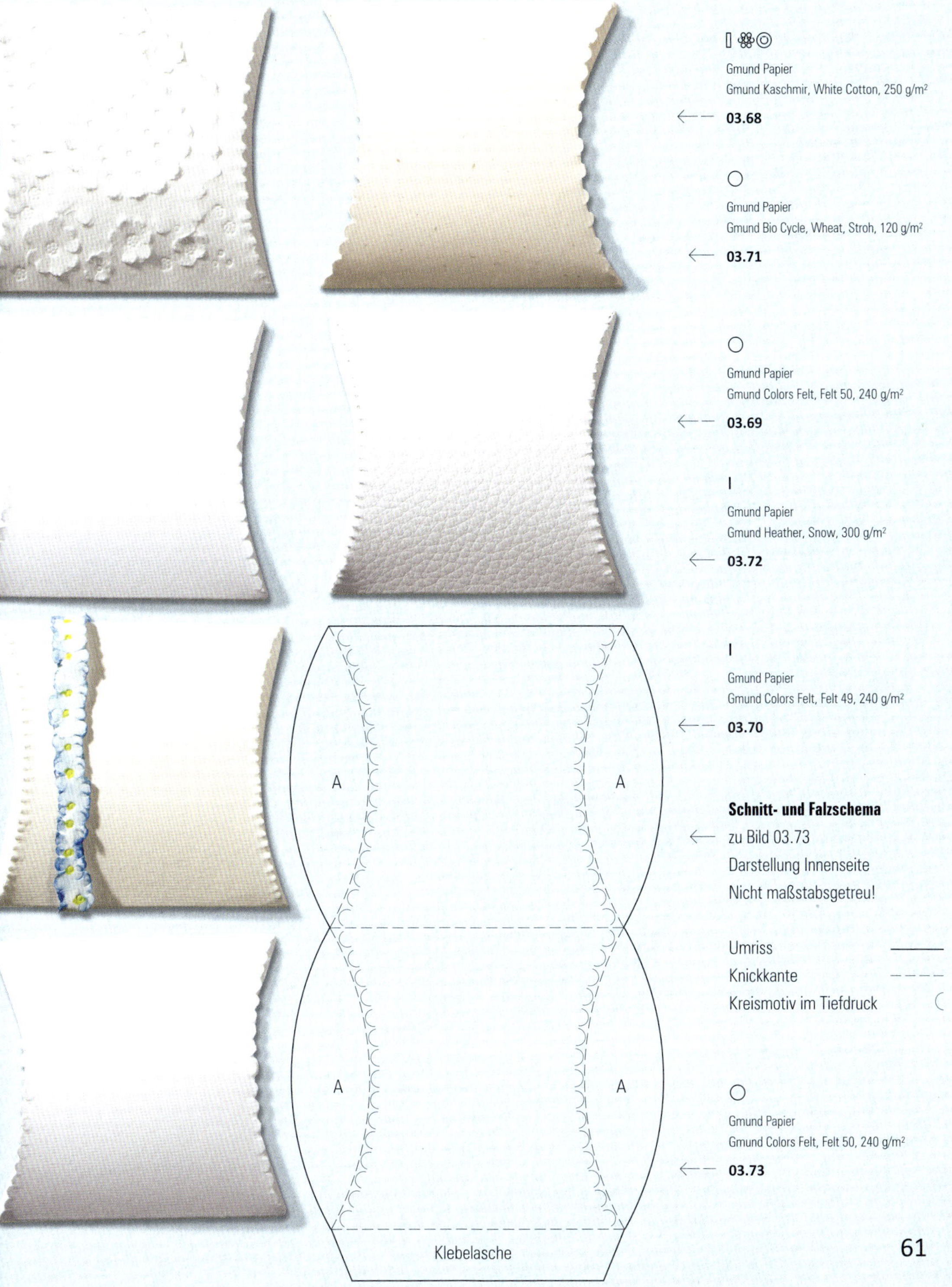

Gmund Papier
Gmund Kaschmir, White Cotton, 250 g/m²

03.68

Gmund Papier
Gmund Bio Cycle, Wheat, Stroh, 120 g/m²

03.71

Gmund Papier
Gmund Colors Felt, Felt 50, 240 g/m²

03.69

Gmund Papier
Gmund Heather, Snow, 300 g/m²

03.72

Gmund Papier
Gmund Colors Felt, Felt 49, 240 g/m²

03.70

Schnitt- und Falzschema
zu Bild 03.73
Darstellung Innenseite
Nicht maßstabsgetreu!

Umriss
Knickkante
Kreismotiv im Tiefdruck

Gmund Papier
Gmund Colors Felt, Felt 50, 240 g/m²

03.73

FALTKANTENPRÄGUNG

Die Faltkantenprägung kann als Gestaltungs-, Verbindungs- und Stabilisierungselement dienen und ermöglicht dadurch neue Faltkonstruktionen und Gestaltungen, beispielsweise für Origamiprojekte, Schachteln und Klappkarten.
Neben einer dekorativen Kantengestaltung erzielt man mit schrägen Prägungen eine Verzahnung und Verbindung von zwei Papierlagen. Dabei wird die obere Papierlage in die untere gepresst, verhakt sich in dieser und es entsteht eine zweilagige, feste Falzkante. Diese kann man wahlweise senkrecht stellen oder je nach Anwendung und gewünschtem Tief- oder Hochdruckbild nach rechts oder links biegen oder falzen. Der dabei entstehende „Kantensteg" bewirkt eine Stabilisierung, die man zur Versteifung von Papierflächen und Kanten einsetzen kann.

○◊ •

Hahnemühle Künstlerpapiere
The Collection Watercolour 300, satiniert, 300 g/m²

Faltschachteln in Faltkantenprägung mit rot bedruckter Innenfläche und einer Außenfläche mit Aquarellverlauf. Hier wurde darauf geachtet, dass die Frontfläche gerade in den Kantensteg übergeht, der im Anschluss nur einlagig in die Seite knickt, so wie bei Nahtkanten von Ledertaschen (siehe schematische Darstellung in der Aufsichtszeichnung rechts).

03.74

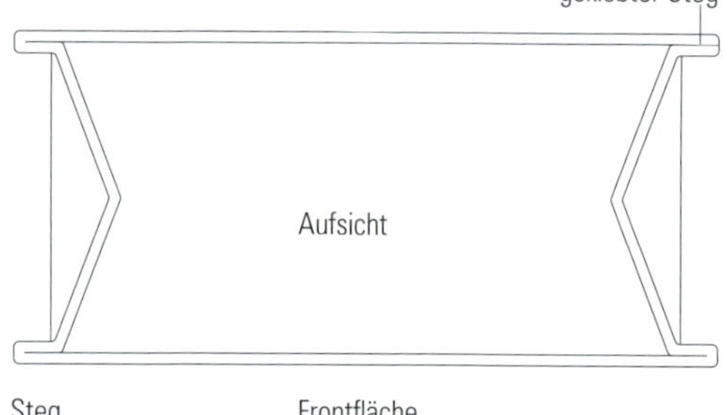

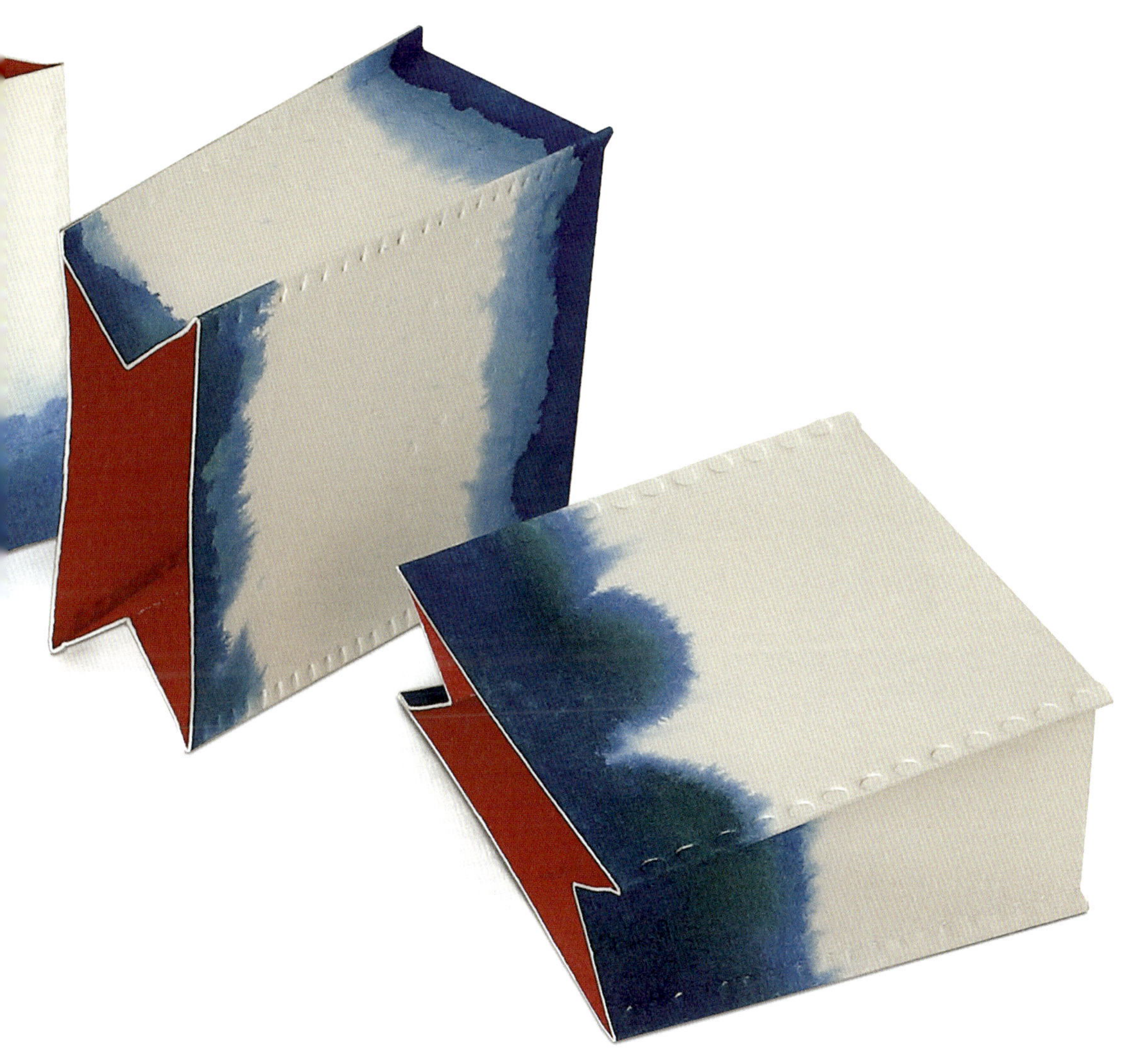

FALTKANTENPRÄGUNG – SO FUNKTIONIERT´S

Für eine Faltkantenprägung eignen sich Meißelmotive mit scharfen Werkzeugkanten, die sich gut über zwei Papierlagen hinweg abzeichnen bzw. in diese einschneiden können. Bei den unten dargestellten Beispielen zeigen die jeweils linken Musterstreifen (1) eine senkrecht geschlagene Prägelinie entlang einer gefalteten Papierkante. Dabei können die Meißelmotive ganz oder nur teilweise abgebildet werden. Klappt man diese Prägung auf und streicht das Papier flach, so entsteht ein symmetrisches Prägemuster entsprechend den Nummern. Hier erscheint die linke Seite neben der Knickkante im Tiefdruck, die rechte im Hochdruck (2).
Bei schräger Prägung verhaken sich die Papierlagen ineinander. Diese Verbindung kann senkrecht gestellt einen funktionalen

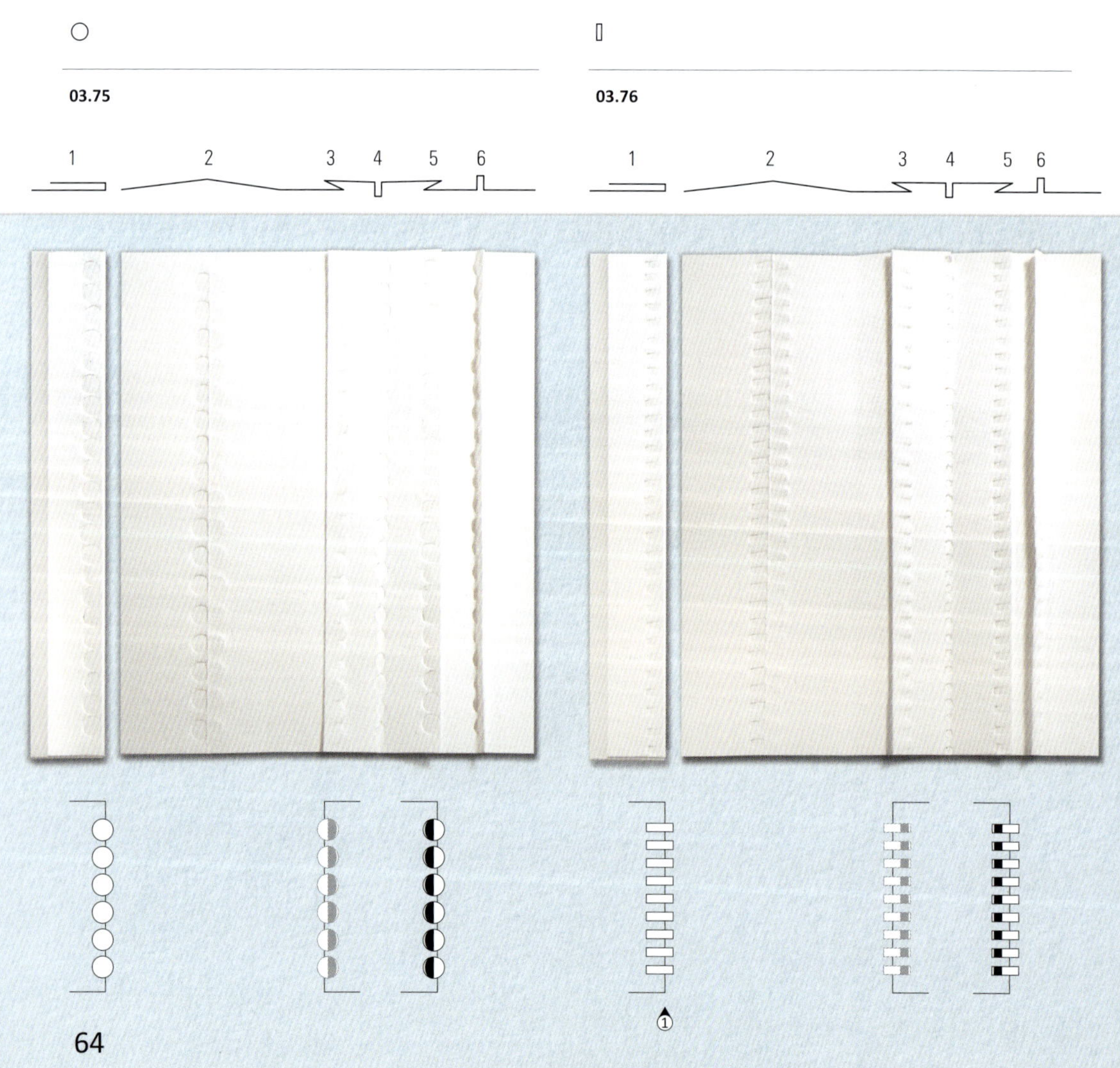

Steg bilden (6), der eine biegsame Papierfläche stabilisieren oder nach links (3) oder rechts (5) gefalzt werden kann. Auch die Rückseiten eines stehenden oder liegenden Stegs können interessante Muster aufweisen (4).

1 Senkrechte Prägung entlang einer gefalzten Kante
2 Die aufgefaltete Prägereihe (1), links im Tiefdruck und rechts im Hochdruck
3 Steg nach links gefalzt
4 Rückansicht eines Stegs
5 Steg nach rechts gefalzt
6 Stehender Steg

△

03.77

◎

03.78

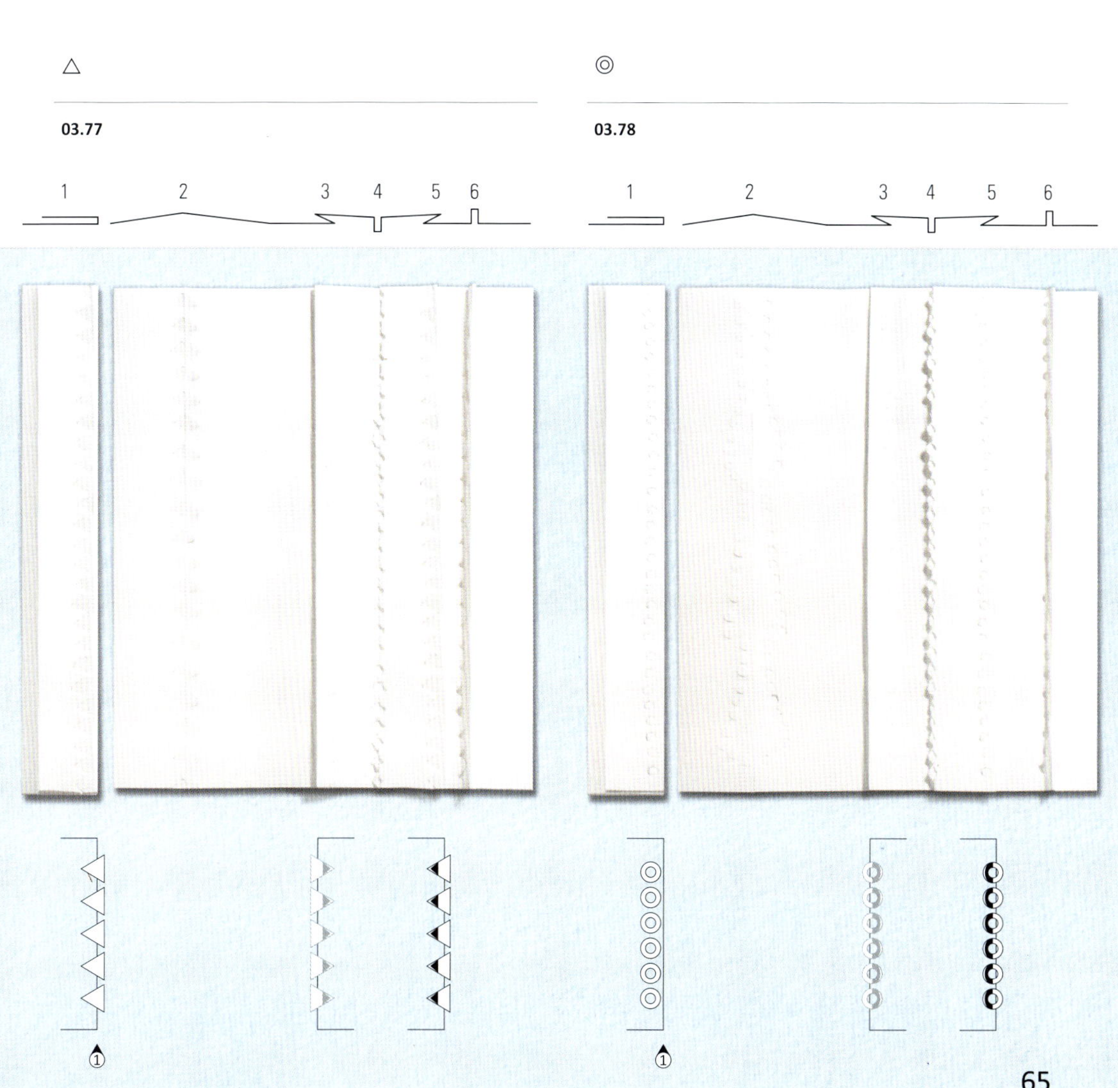

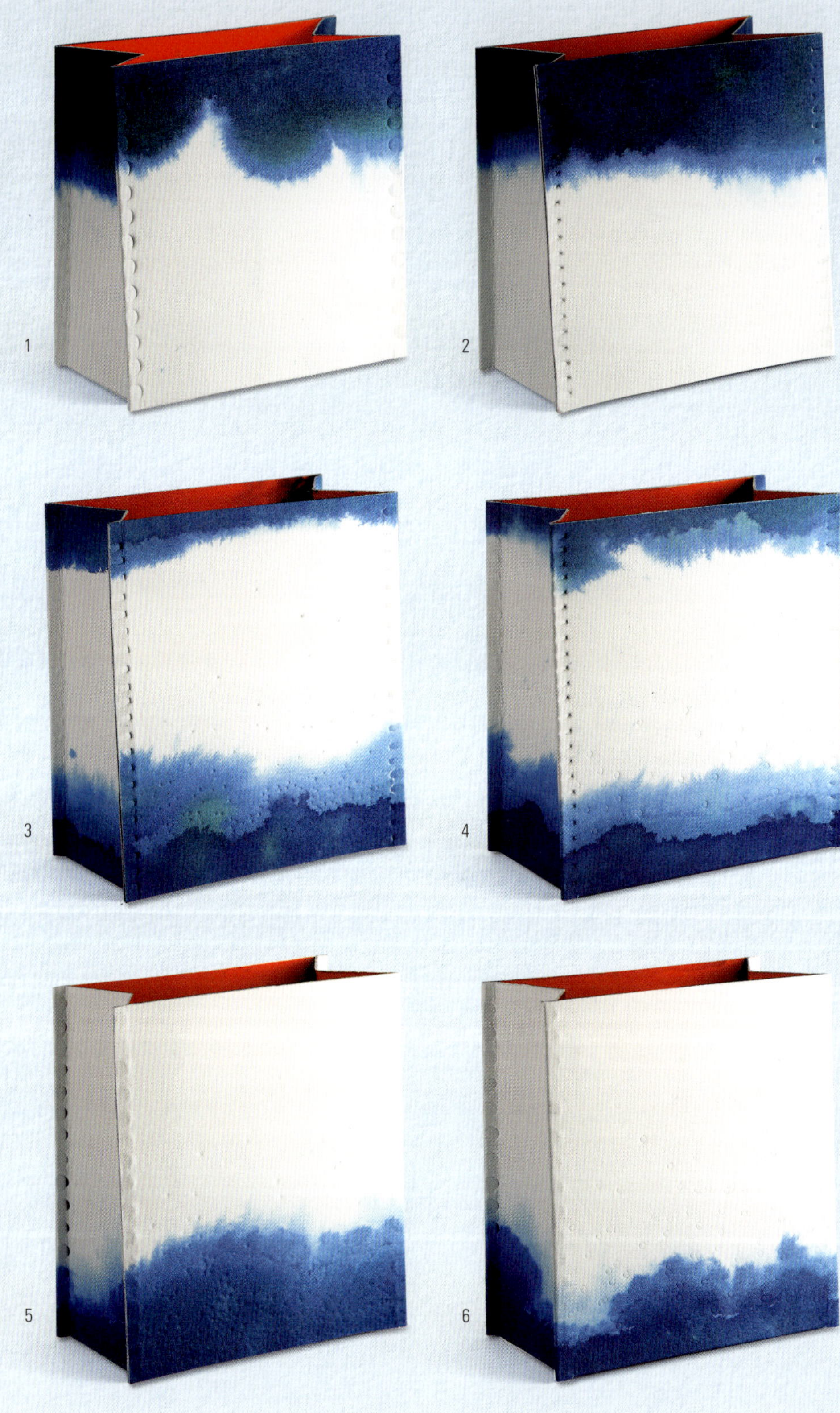
1
2
3
4
5
6

KLEINE MUSTERSCHACHTELN IN FALTKANTENPRÄGUNG

Kantungen verleihen einer normalerweise zu allen Seiten hin biegsamen Papierfläche Stabilität und können auf diese Weise belastbare und robuste Schachteln bilden. Schräg geprägte, somit verzahnte Papierstege können diesen stabilisierenden Effekt verstärken. Bei den hier vorgestellten kleinen Beispielboxen steht jedoch die dekorative Kantengestaltung im Vordergrund. Ähnlich einer Naht, wie man sie aus der Stoff- und Lederverarbeitung kennt, säumen Prägungen im Hoch- oder Tiefdruck die Kanten.
Zuerst wird das Schnittmuster ausgedruckt und aquarelliert. Nach dem Trocknen der Farbe kann der Umriss ausgeschnitten und können die Stege gefalzt sowie die offenen Kanten (A) zusammengeklebt werden. Beim darauffolgenden schrägen Prägen ist zu beachten, dass die Hoch- bzw. Tiefdruckprägung immer zur selben Seite hin zeigt.

Hahnemühle Künstlerpapiere
The Collection Watercolour 300
satiniert, 300 g/m²

1 ○
2 ⬯
3 ▯ •
4 ▯ ◎
5 ○ •
6 ○◎

← **03.79**

Schnitt-, Falz- und Prägeschema
zu Bild 03.79, Nr. 1, 5 und 6
Schnitt- und Falzschema
Skalierung 50 %

Umriss
Falzkante Richtung 1
Falzkante Richtung 2
Kreismotiv im Tiefdruck
Kreismotiv im Hochdruck

03.80

↓

A

A

STANZPRÄGUNGEN

Mit stanzenden Prägungen lassen sich beliebig geformte Innen- und Außenkonturen von Bändern und Formen im Hoch- und Tiefdruck gestalten.
Wie bei einer Perforation wird durch Lochungen oder Stanzungen eine Trennlinie definiert, an der entlang sich ein Papierstreifen ohne Schere abtrennen lässt. Dies gelingt am besten mit schrägen, einseitig durchgeschlagenen Prägungen. Dazu setzt man die einzelnen Schläge so dicht aneinander, dass sich die Kontur schon während des Arbeitsvorgangs löst oder anschließend leicht herauszulösen ist.
Eine möglichst sauber umrissene Kontur lässt sich mit einem scharfkantigen Meißelmotiv erzielen, beispielsweise Kreis, Quadrat und Rechteck oder angeschärfte Linienmeißel. Diese Formen stanzen oder durchschneiden das Papier, während fein detaillierte, stumpfe und abgerundete Werkzeuge wie etwa das Blumen- oder Ringmotiv fasrig weiche und unscharfe Kanten erzeugen – was auch ein gestalterisches Ziel sein kann.
Für ein optimales Ergebnis empfiehlt es sich außerdem, eine ungebrauchte Prägeunterlage aus Karton zu verwenden, damit das Papier beim Stanzprägen gleichmäßig anliegt und dadurch möglichst sauber abgegrenzte Konturen entstehen.

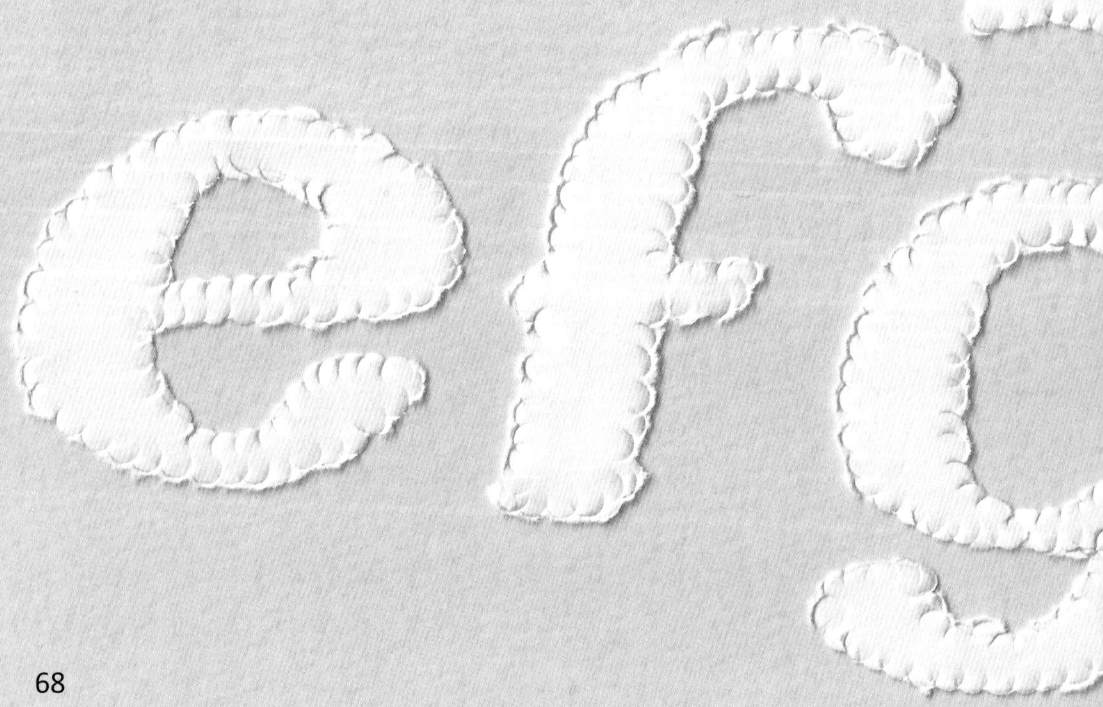

○

Gmund Papier, Gmund Cotton, Natural Beige, 110 g/m^2 und
Gmund Papier, Gmund Colors, Matt, 86, 240 g/m^2

Bei den Buchstaben wurden zur Gestaltung der konturnahen Fläche mit einem Kreismeißel schräg geprägte Bögen im Tiefdruck erzeugt.

03.81

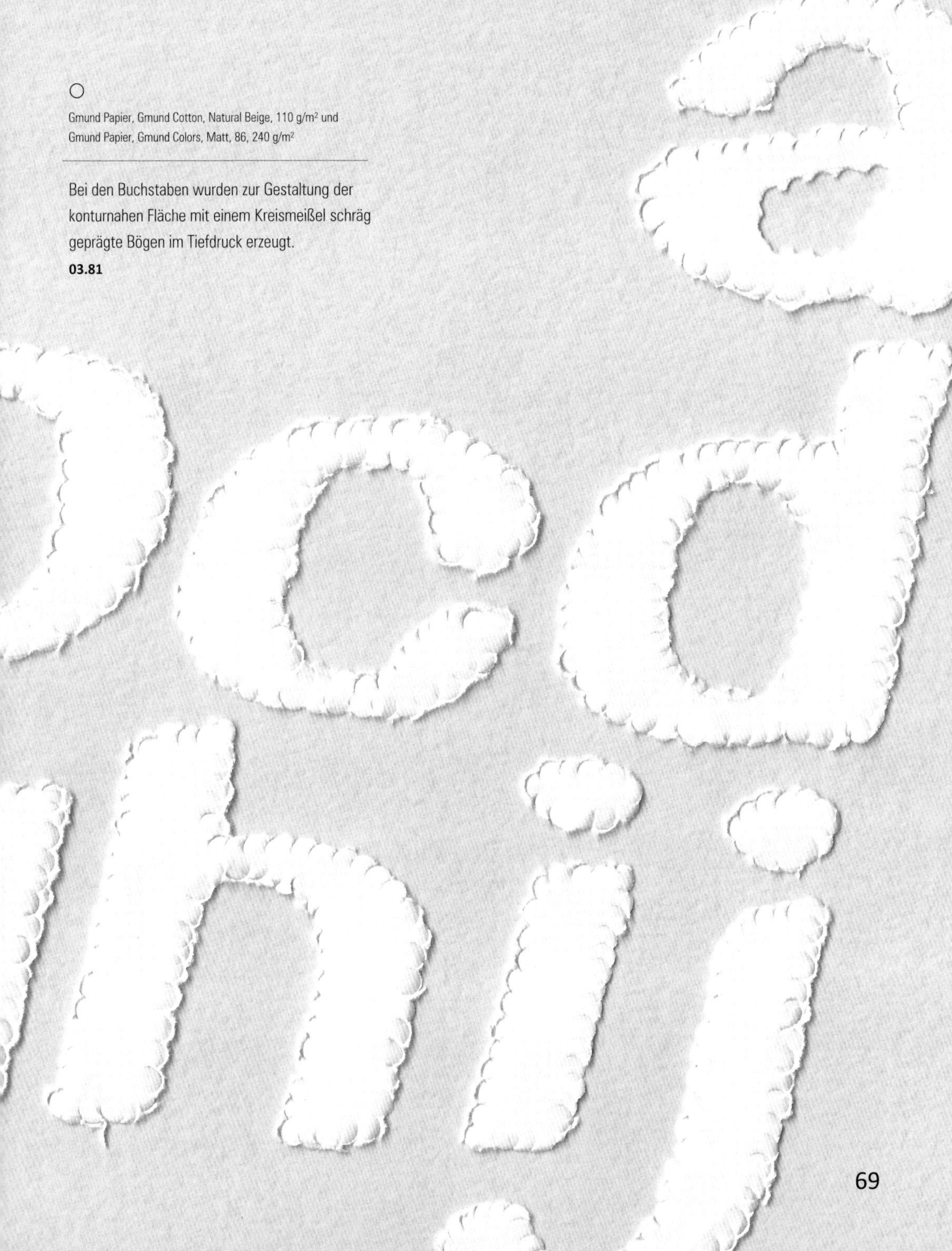

BÄNDER IN STANZPRÄGUNG

Durch Stanzprägung können Bänder auf vielfältige Weise gestaltet werden. Die Beispiele zeigen unterschiedliche Meißelmotive und Konturverläufe im Zusammenspiel mit Papierstrukturen.

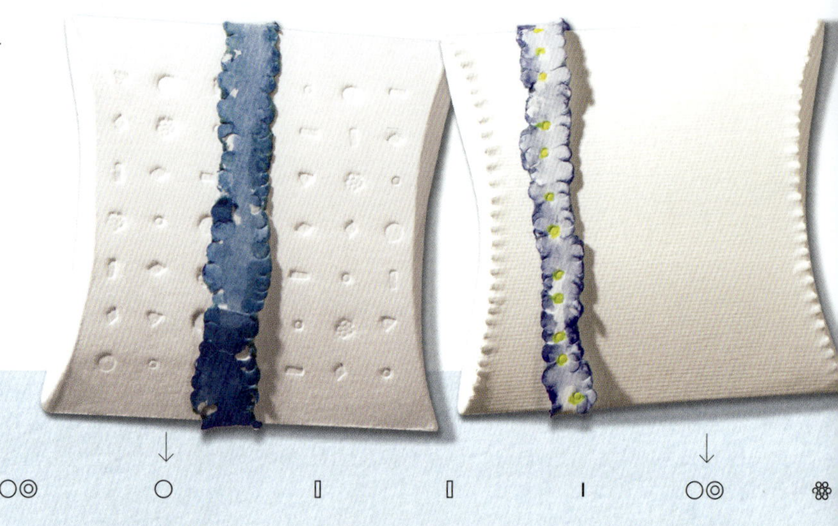

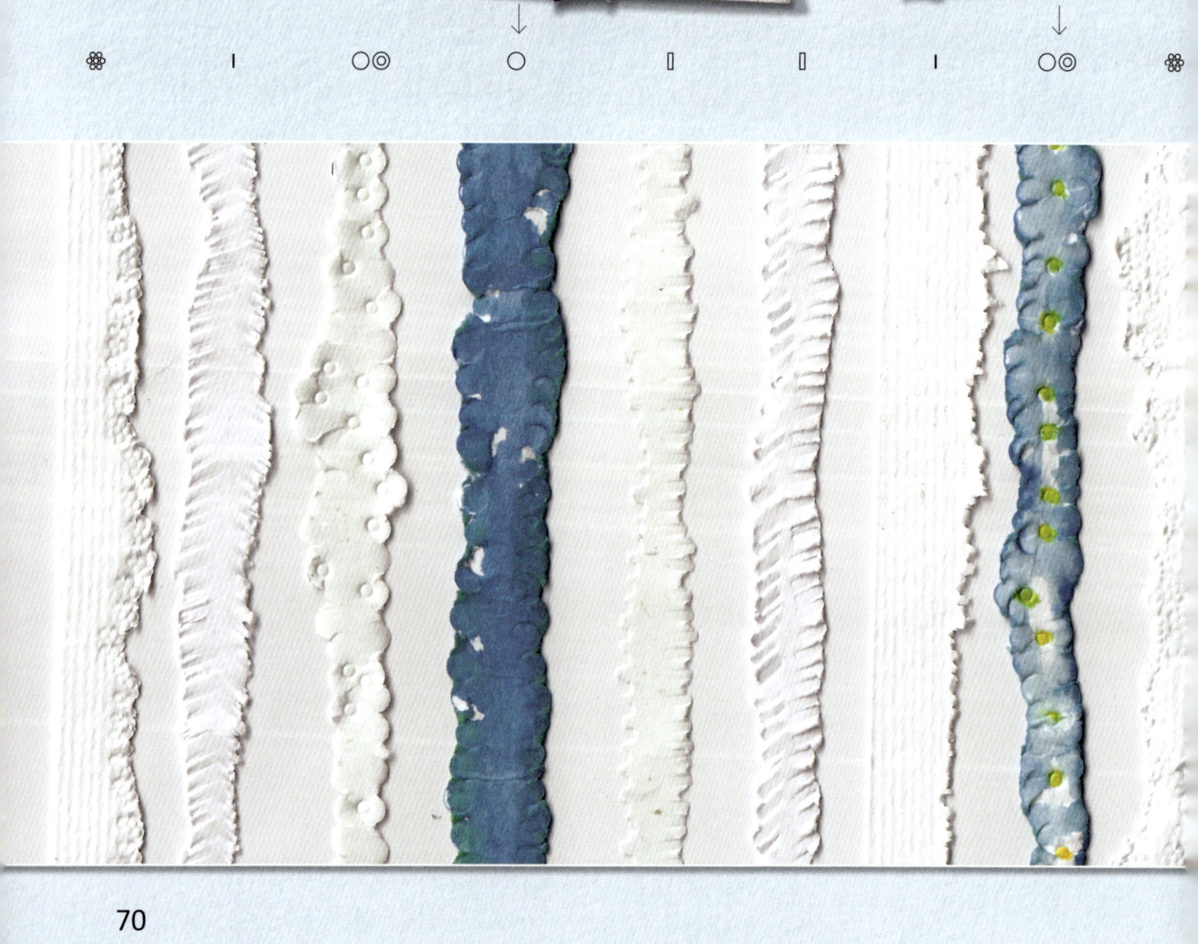

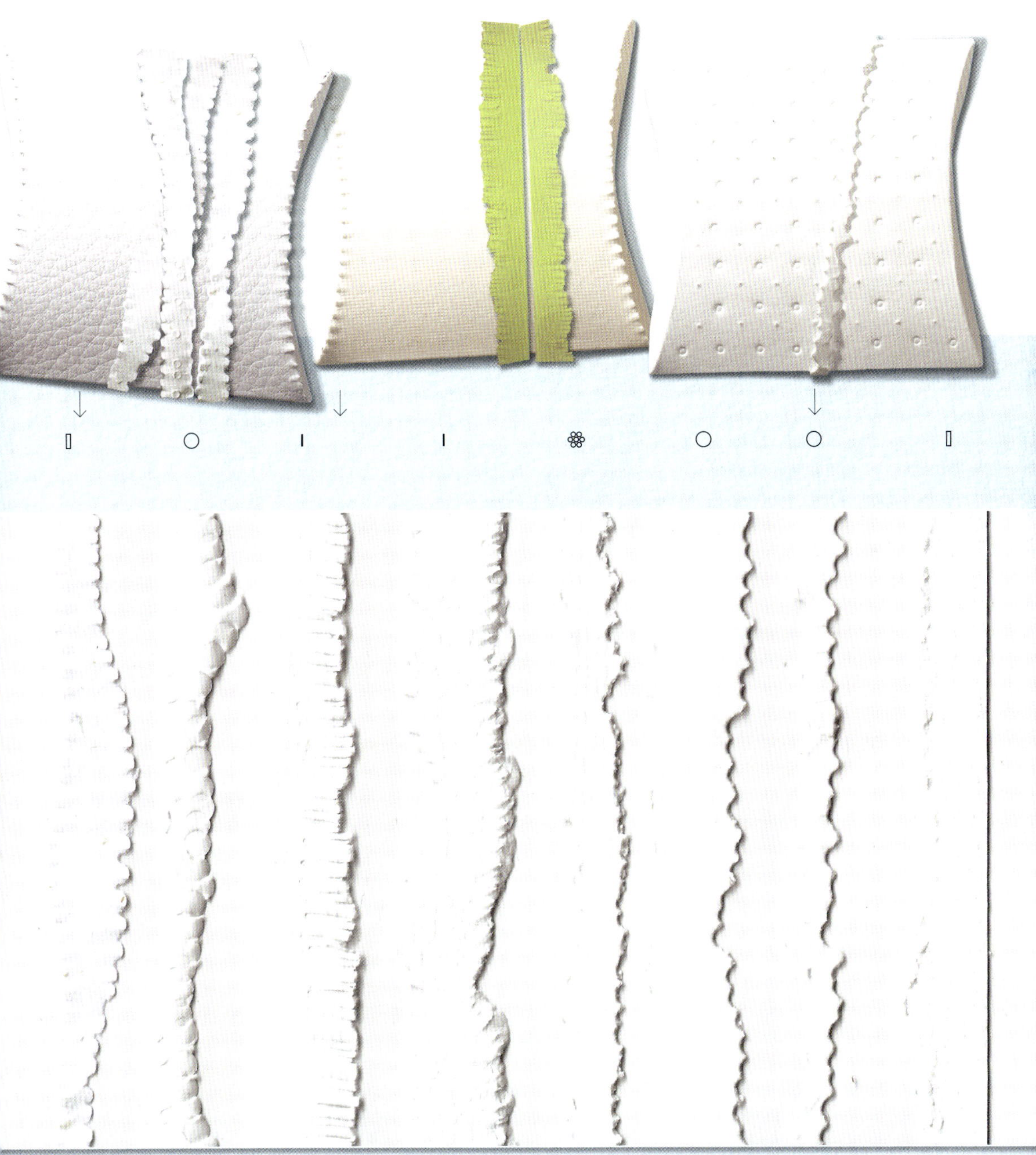

04 PUNKTE

Ein „Punkt“ lässt sich auf verschiedene Arten definieren. Während der Mathematiker darunter eine Position, eine imaginäre Stelle ohne Länge, Breite oder Höhe versteht, ist ein Punkt in der Grafik und Kunst eine meist zweidimensionale, beliebig große runde Fläche. Durch Prägungen erobert der Punkt die dritte Dimension und erhält hiermit kurzerhand die gestalterische Freiheit, sich in verschiedensten Formen als kleinste Einheit darzustellen: als Wölbung, Kreis, Rechteck oder Dreieck, jeweils entweder im senkrechten oder schrägen Hoch- bzw. Tiefdruck.
Da ein einziger kleiner Prägepunkt in gestalterischer Hinsicht sehr einsam ist, lohnt es sich, Gruppierungen und Verbünde von Punkten zu erzeugen. Deren Abstände und Ausrichtung zueinander können variiert werden, um Flächen, Formen, Muster und Bilder entstehen zu lassen.

○

Hahnemühle Künstlerpapiere
The Collection Watercolour 300, matt, 300 g/m²

„Punkt²“: Viele kleine Punkte in unregelmäßiger Platzierung innerhalb einer Kreiskontur bilden einen großen Punkt oder eine schattierte Kugelform.
04.01

MUSTERKÄRTCHEN „PUNKT“

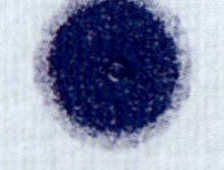
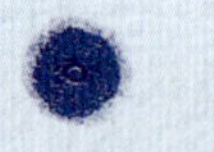
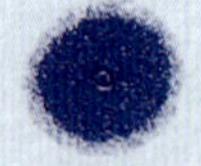
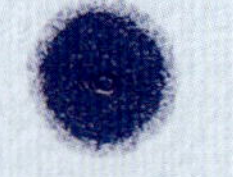
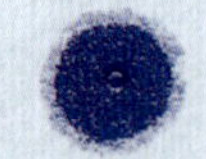

ᴙ

Ein Prägepunkt markiert die Kreuzung zwischen zwei ins Papier geknickten Linien.
04.02

∧

Unregelmäßig verteilte feine Einstichpunkte auf einer Fläche
04.03

ᴙ

Locker gestreute, gleich große Punktwölbungen im Hochdruck
04.04

ᴙ

Gleich große Punkte in unregelmäßiger Verteilung im Hoch- und Tiefdruck
04.05

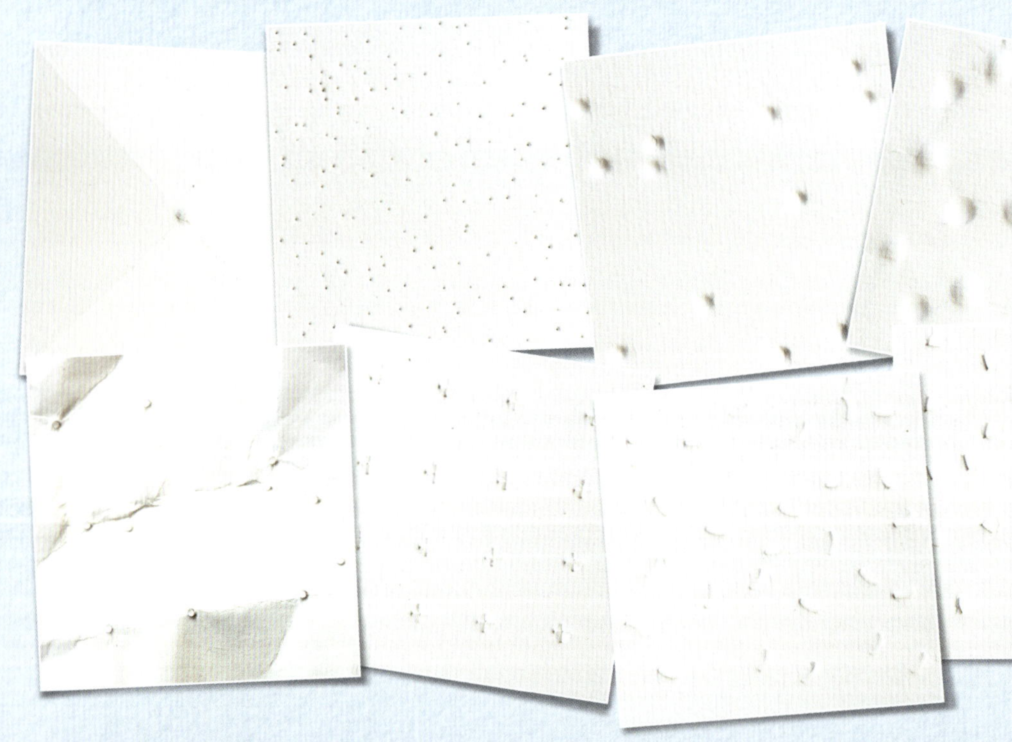

◎

Knicklinien und Kreuzungen einer Knitterfläche bestimmen die Anordnung der Punkte in Ringprägung.
04.06

I

Kreuze aus zwei Linienprägungen bilden einen „Punkt“ auf regelmäßigem Raster.
04.07

☽

Ein „Motivpunkt“ in Form eines Bogens dreht sich in unregelmäßiger Streuung um die eigene Achse.
04.08

△

Gestreute und in sich gedrehte Dreiecke füllen eine Fläche „chaotisch“, aber dennoch gleichmäßig wirkend.
04.09

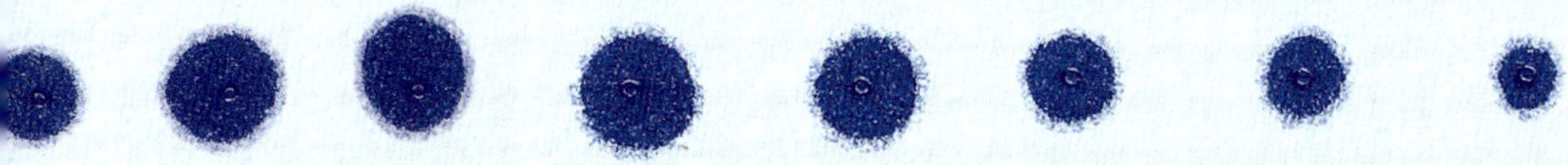

Hoch- und Tiefdruck, ein Spiel von konvex und konkav gewölbten Punkten
04.10

Flächenfüllende Punkte in Ringprägung auf regelmäßigem Raster
04.11

Kreis„punkte" im Hochdruck mit gleichmäßigen Abständen zueinander
04.12

Gleich große Wölbungen, hoch- und tiefgeprägt mit einer Kugelpunze
04.13

Unregelmäßige Streuung geprägter Dreieckspunkte, im Hoch- und Tiefdruck geprägt
04.14

Ausschnitt einer Musterprägung aus um 90 Grad zueinander gedrehten Rautenmotiven
04.15

Bunte, fröhliche „Konfettipunkte" mit acht verschiedenen Motiven in regelmäßiger Streuung
04.16

Weite, regelmäßige Punktabstände mit verschiedenen Motiven, im Tiefdruck geprägt
04.17

05 LINIEN

Wenn sich Punkte zu mehr oder weniger dichten Linienformationen aneinanderreihen, entstehen Linien und Konturen, die einen durchgehenden Strich bilden oder hinsichtlich Abständen und Breiten variieren können. Die Beispiele auf den folgenden Seiten zeigen, wie vielgestaltig sich das Thema Linie interpretieren lässt.

Tipp: Die Erstellung von kleinen Musterkärtchen mit Prägeversuchen und interessanten Effekten lohnt sich. Mit der Zeit entsteht dadurch eine Bibliothek von Ideen, auf die man bei einem passenden Projekt zurückgreifen kann.

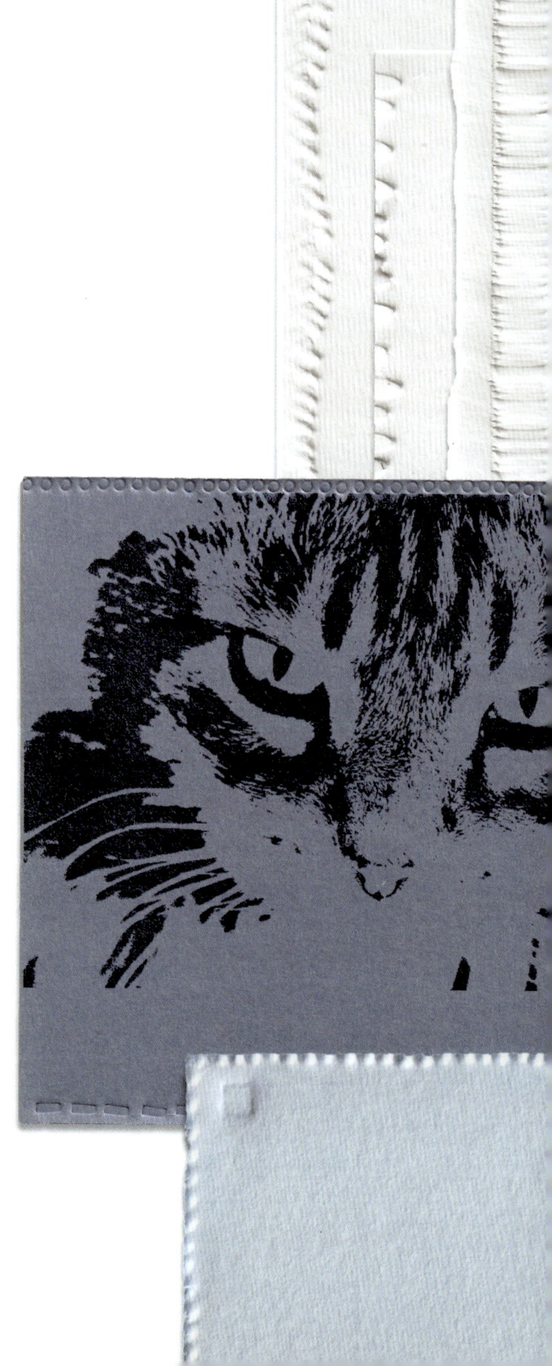

Gmund Papier, Gmund Colors Matt, 200 g/m²

Beispiele für Randgestaltungen mit vollständigem oder teilweisem Meißelabdruck entlang von geschnittenen oder gerissenen Kanten

05.01

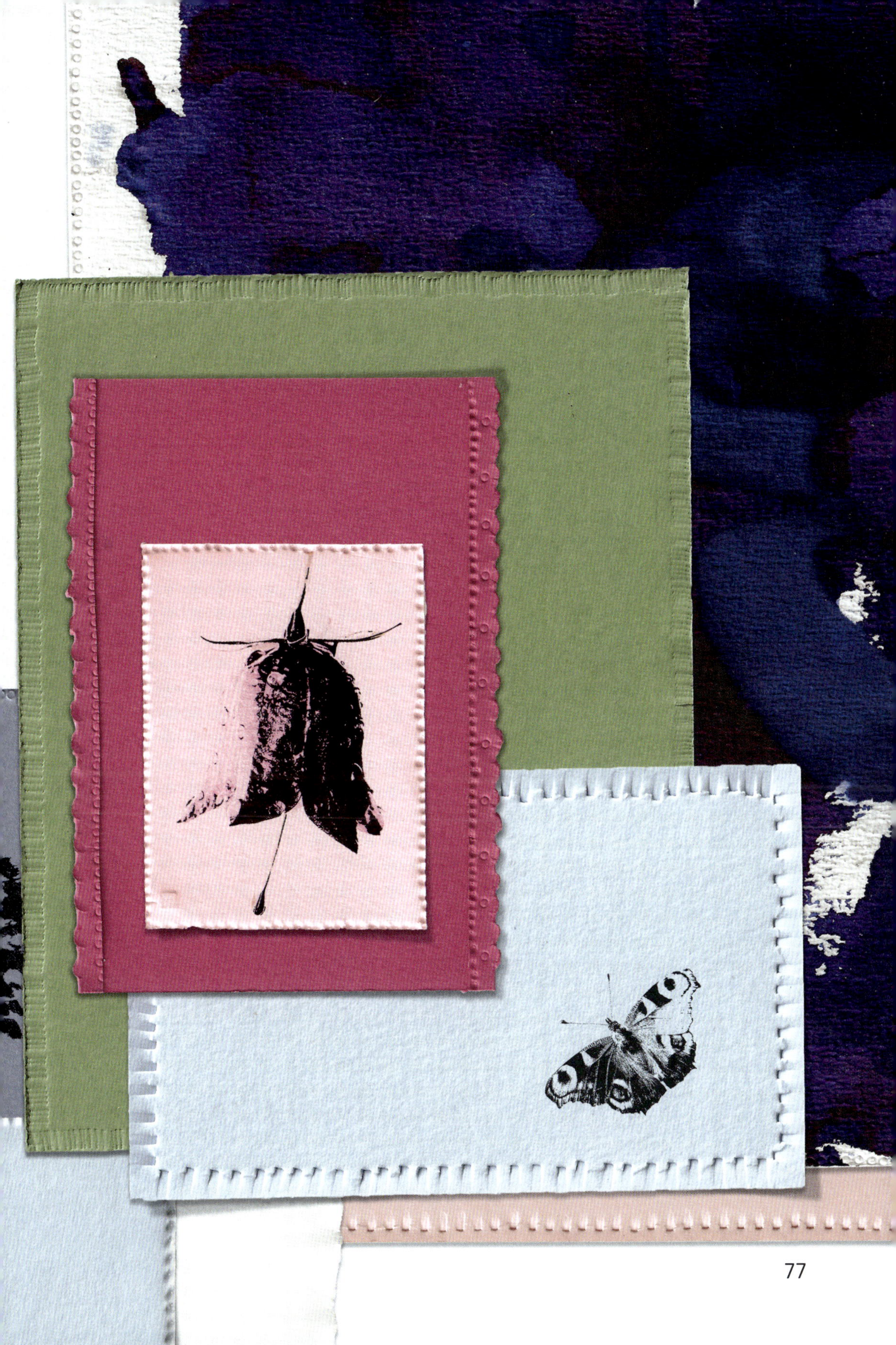

MUSTERKÄRTCHEN „LINIEN"

Mit längs, quer oder mehrreihig verwendeten Meißelmotiven lassen sich unterschiedlich breite Konturen und Linien prägen.
Die Musterkärtchen zeigen Beispielpaare mit verschiedenen Meißelmotiven, bei denen immer jeweils links die Ansicht im Hochdruck und rechts die Rückseite im Tiefdruck zu sehen ist.

Tipp: Einen besonders natürlich wirkenden Linienverlauf erzielt man, indem man zügig und ohne Hilfslinien arbeitet.

Zwei mit dem Linienwerkzeug erzeugte sich kreuzende Prägereihen säumen eine gerissene Papierkante. →

05.05

Schrift als Linie: der Schriftzug „Circumcaesura" (lat. Kontur) aus dichten, durchgehend parallel orientierten Prägungen mit dem Linienmotiv →

05.06

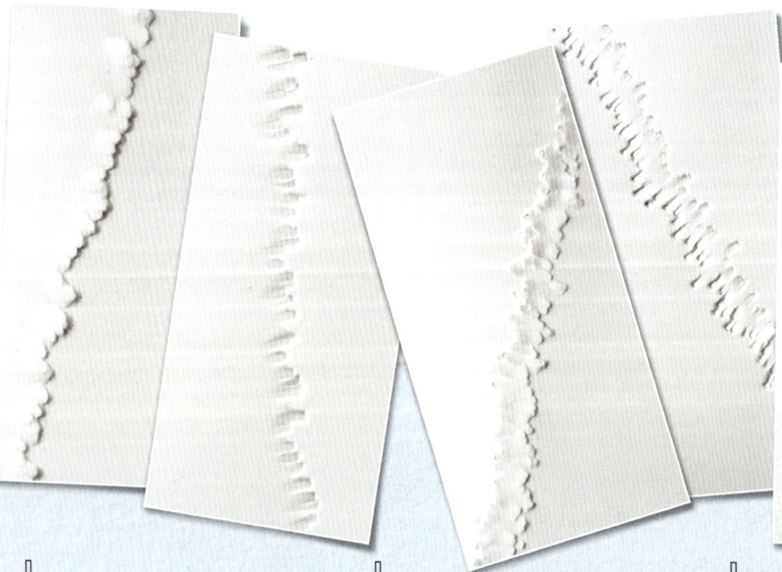

Dichte, tiefe, schräge Prägungen wirken wie eine Perforation. Das Papier wird teilweise durchtrennt und kann der Kante entlang gerissen und geknickt werden.

05.02

Das Konturband entsteht durch zwei nach außen gerichtete schräge Prägelinien und wirkt im Hochdruck wie eine strukturierte, erhabene Ebene.

05.03

Zwei übereinanderliegende, dichte Reihen quer geschlagener Rechtecke bilden eine lebhafte, zu einer Seite hin ausgerichtete Kontur.

05.04

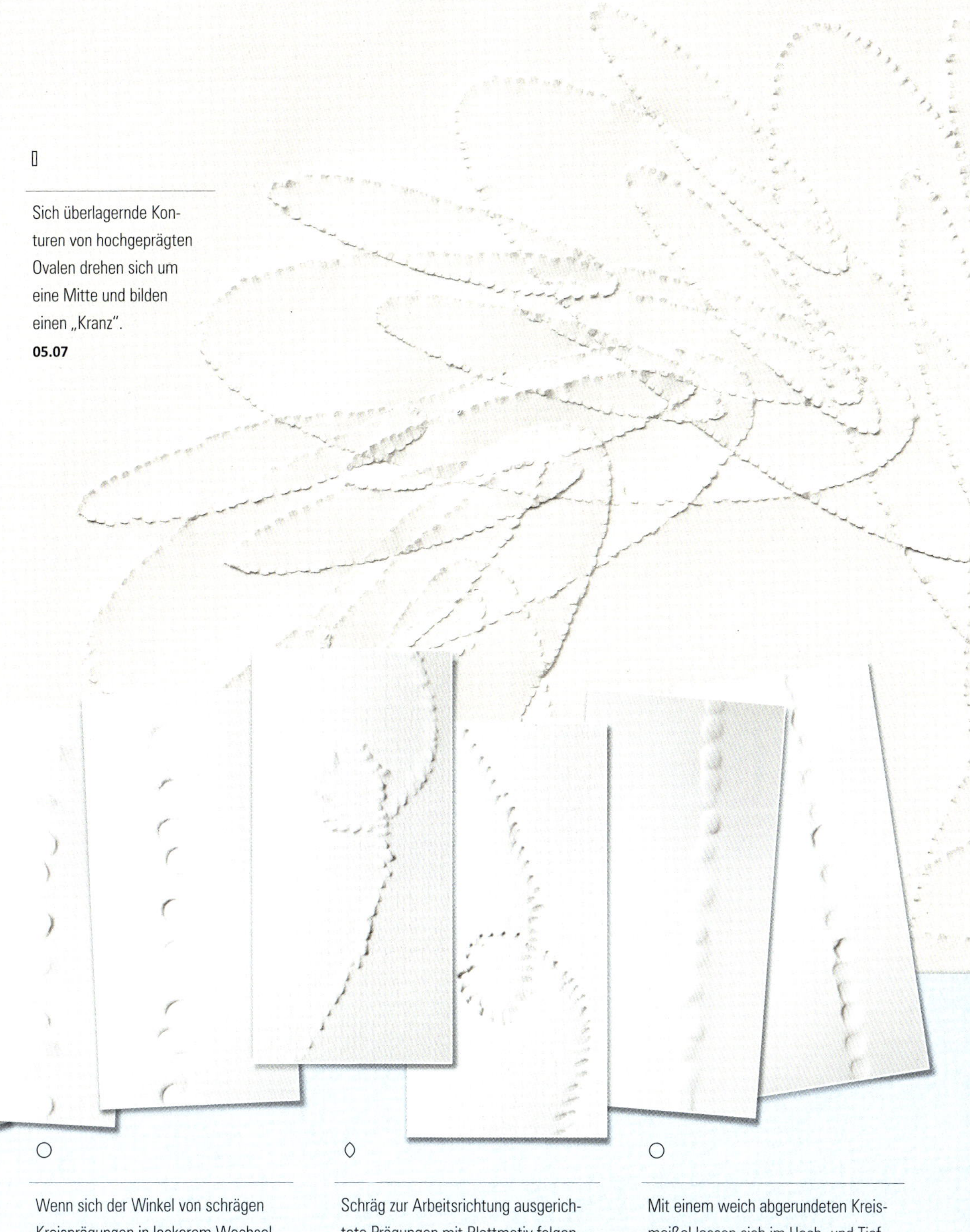

Sich überlagernde Konturen von hochgeprägten Ovalen drehen sich um eine Mitte und bilden einen „Kranz".
05.07

Wenn sich der Winkel von schrägen Kreisprägungen in lockerem Wechsel im Linienverlauf ändert, entstehen fröhlich hüpfende „Konfettilinien".
05.08

Schräg zur Arbeitsrichtung ausgerichtete Prägungen mit Blattmotiv folgen einer Schleife. Bei engen Kurven sollte man das Papier beim Prägen drehen.
05.09

Mit einem weich abgerundeten Kreismeißel lassen sich im Hoch- und Tiefdruck weiche, undeutlich verschwimmende Punktlinien erzeugen.
05.10

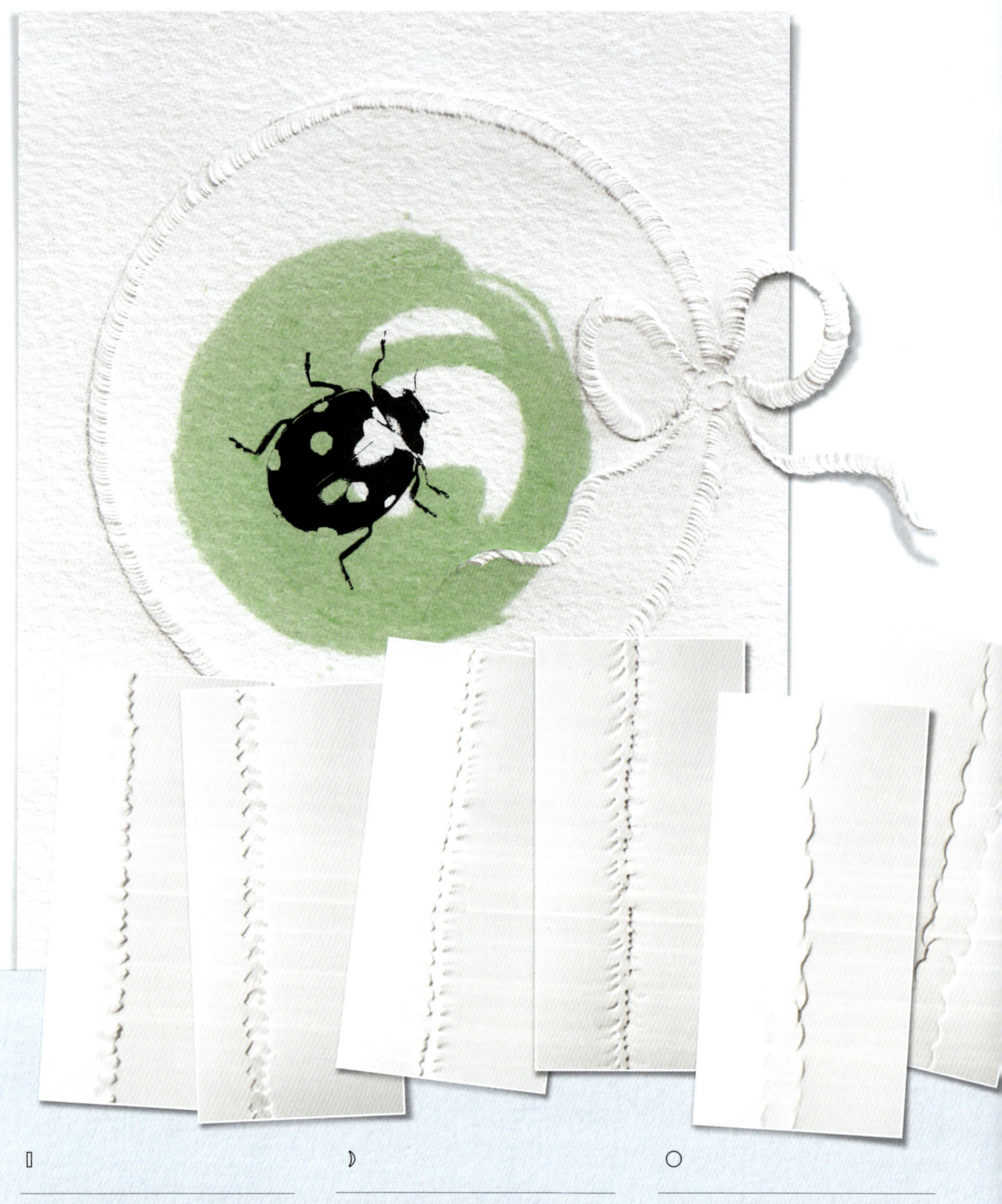

▯

Schräg nach außen ausgerichtete Prägungen bilden eine Linienstruktur. Das Werkzeug wird beim Prägen nach jedem Schlag um 90 Grad geschwenkt.

05.11

☽

Zwei parallel und mit Abstand zueinander verlaufende schräge Prägelinien. Die Kontur läuft durch die schräg zur Mitte gerichtete Prägung außen sanft aus.

05.12

○

Durch locker nebeneinandergesetzte, sich überlappende Kreismotive entsteht eine unregelmäßige, raupenartige Kontur mit leicht strukturiertem Grund.

05.13

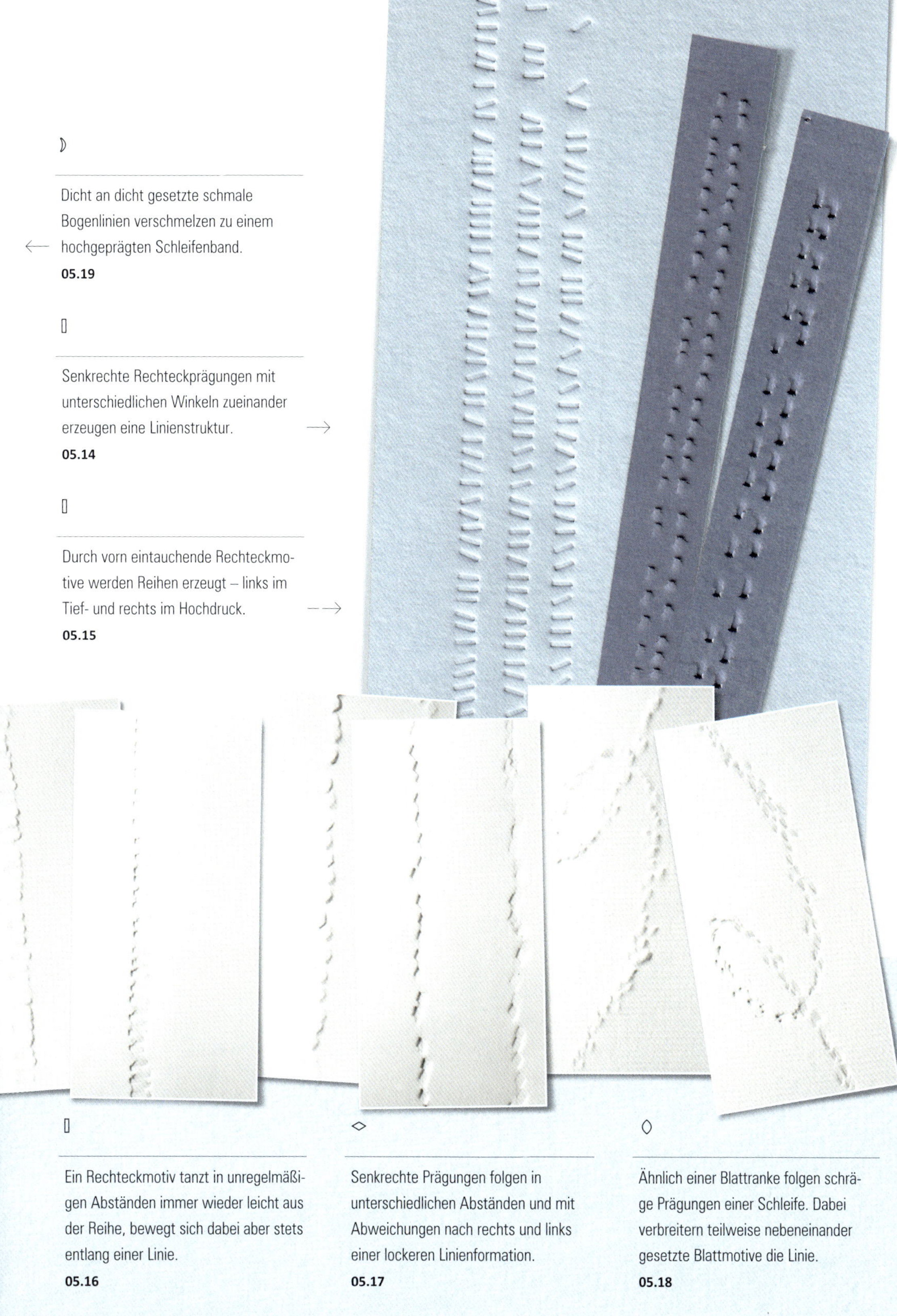

☽

Dicht an dicht gesetzte schmale Bogenlinien verschmelzen zu einem hochgeprägten Schleifenband. ←

05.19

▯

Senkrechte Rechteckprägungen mit unterschiedlichen Winkeln zueinander erzeugen eine Linienstruktur. →

05.14

▯

Durch vorn eintauchende Rechteckmotive werden Reihen erzeugt – links im Tief- und rechts im Hochdruck. - - →

05.15

▯

Ein Rechteckmotiv tanzt in unregelmäßigen Abständen immer wieder leicht aus der Reihe, bewegt sich dabei aber stets entlang einer Linie.

05.16

◇

Senkrechte Prägungen folgen in unterschiedlichen Abständen und mit Abweichungen nach rechts und links einer lockeren Linienformation.

05.17

◯

Ähnlich einer Blattranke folgen schräge Prägungen einer Schleife. Dabei verbreitern teilweise nebeneinander gesetzte Blattmotive die Linie.

05.18

„PERLENLINIEN“

Durch Addieren mehrerer Punkte entsteht der Eindruck einer Reihe, Linie oder Kette, die gerade oder beliebig geschwungen sein kann. Auf den Bildern rechts und unten werden die gebogenen „Perlenlinien“ zu einer neuen Form, einem Kreis oder „Wollknäuel“, zusammengefasst. Hierbei sollte man genügend Abstand zwischen den Linien einplanen, damit der Linienverlauf deutlich erkennbar ist.

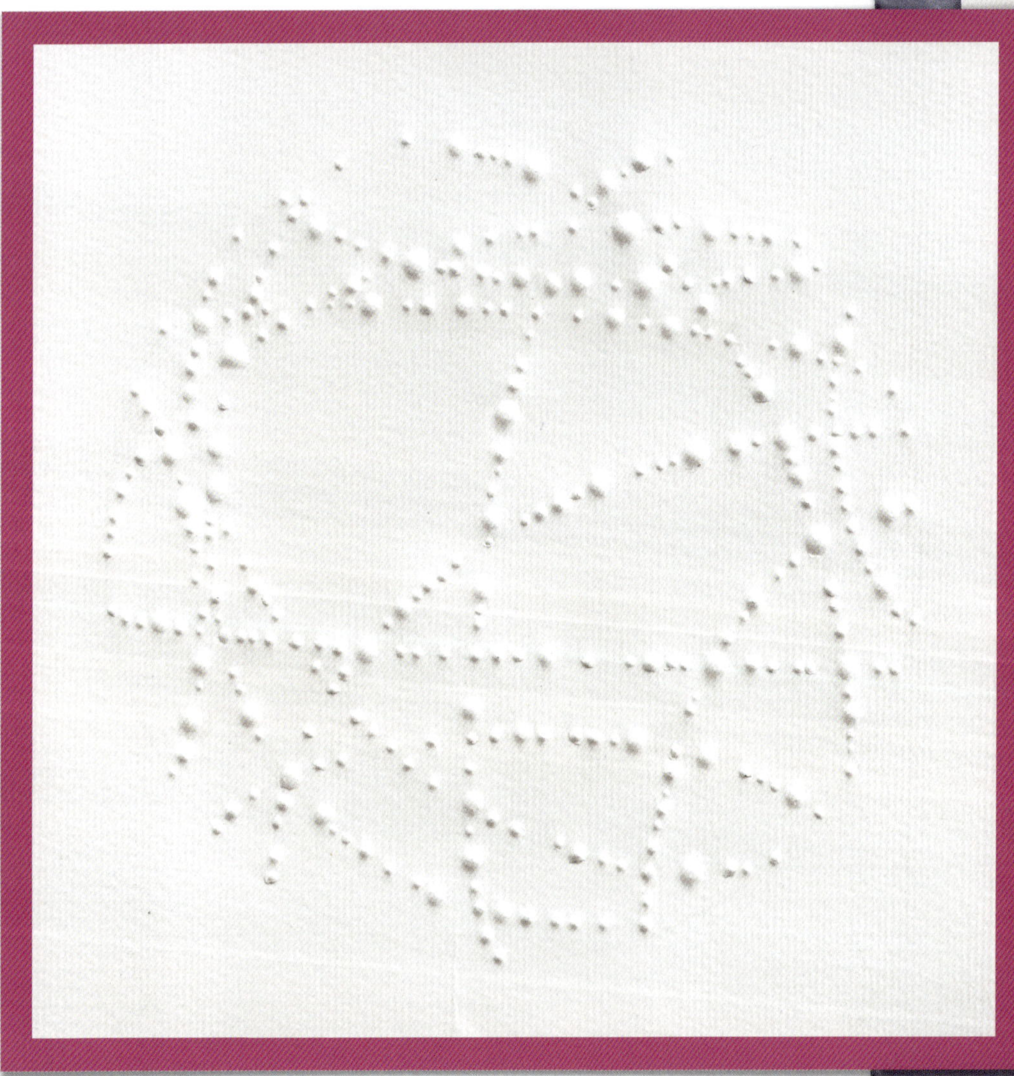

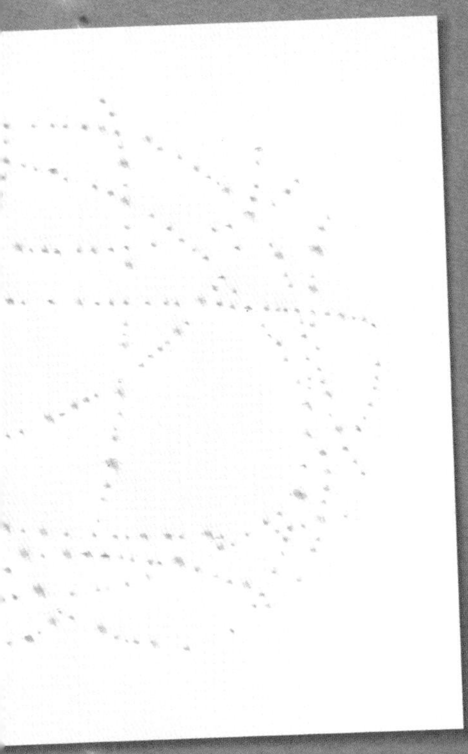

Gmund Papier, Gmund Kaschmir, White Cotton, 250 g/m²

Wie lebhaft prickelnde Perlen reihen sich konvex oder konkav gewölbte Punkte in beliebiger Abfolge aneinander und bilden zusammen ein neues Bild. Ein Wollknäuel?

05.20

Gmund Papier, Gmund Colors Matt, 44, 200 g/m²

Gerade verlaufende Linien aus verschieden großen Kugelwölbungen kreuzen sich in unterschiedlichen Winkeln und gliedern eine Fläche.

05.21

„HUMMELFLUG“

Ob sanft geschwungen, gewellt, gezackt, in Schlaufen gelegt oder verknotet – geprägte Linien können vielfältige Formen annehmen. Die hier gezeigten Beispiele veranschaulichen die unterschiedlichen Wirkungen von Linien aus einheitlichen Punktreihungen und „bunten“ Motivmischungen.

• ∧ ◎

Hahnemühle Künstlerpapiere
The Collection Watercolour 300, matt, 300 g/m²

Looping im Tiefdruck.
Bei engen Linienschwüngen und geringen Radien empfiehlt es sich, mit kleinen Prägemotiven zu arbeiten, damit die Prägelinien keine holperigen „Ecken“ erhalten.
05.22

◇◎

„Linienknoten" mit nur zwei Motiven im Hochdruck

05.23

↓

◇ • ◎ ◊ ❀ ∧

Schwünge mit verschiedenen tiefgeprägten Motiven

05.24

↓

• ∧

Linie in Herzform und eingefügten grafischen Elementen

05.25

↓

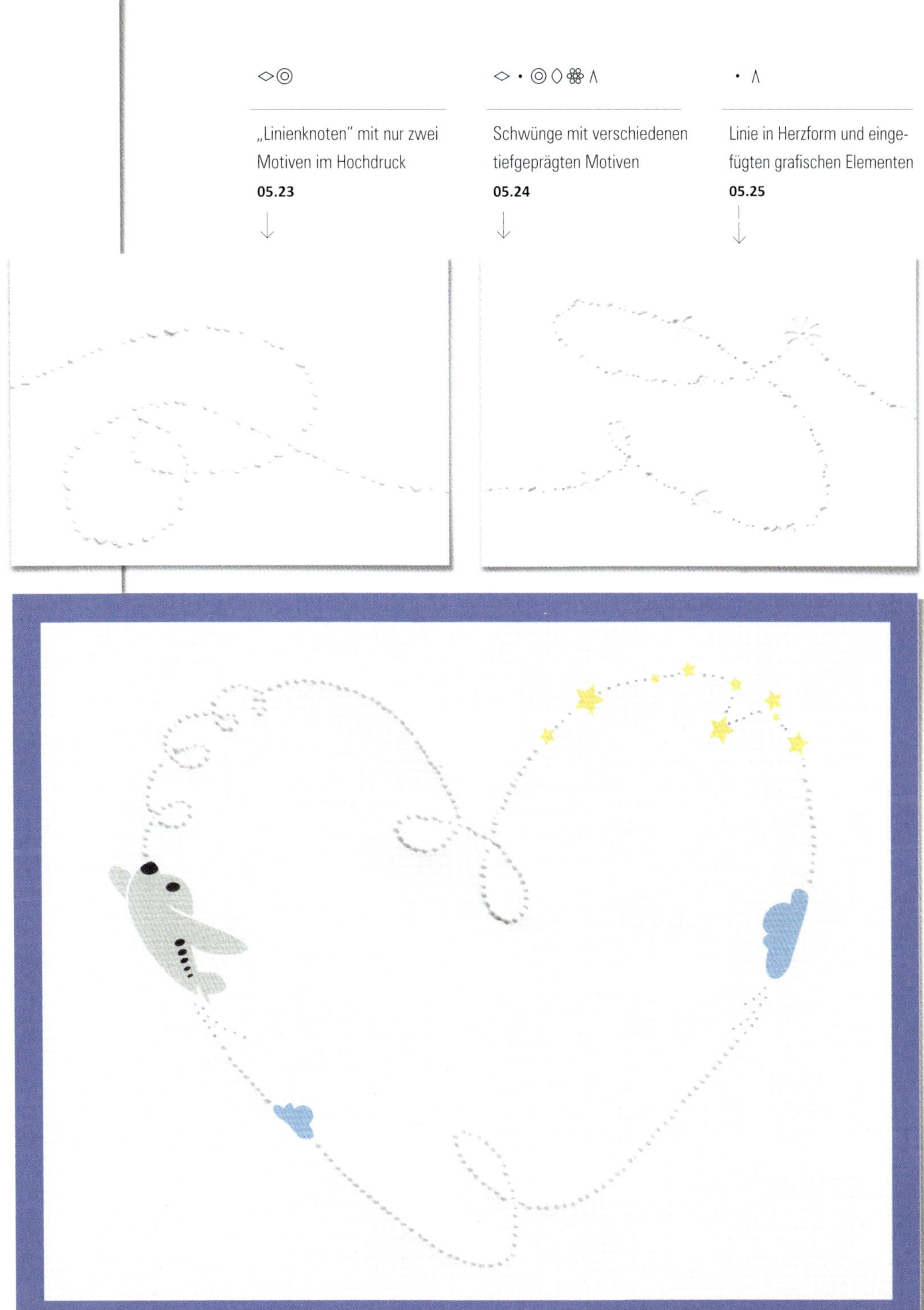

RAHMEN UND KONTUREN

Neben dekorativen Rahmen ermöglichen Prägungen auch Konturen, welche die charakteristische Struktur eines Objektes interpretieren. So lassen sich spezifische Oberflächen und Materialien, beispielsweise die raue Rinde eines Baumes, Grasspitzen, struppiges Fell, Federn oder Haare, über Konturen andeuten.

I

Die Kontur interpretiert die raue Rinde eines Baumes in schräg geprägter Hochdruckprägung. →

05.26

I

„Netzstrukturen" aus zweireihiger Konturenprägung in schrägem Hochdruck

05.27

↓

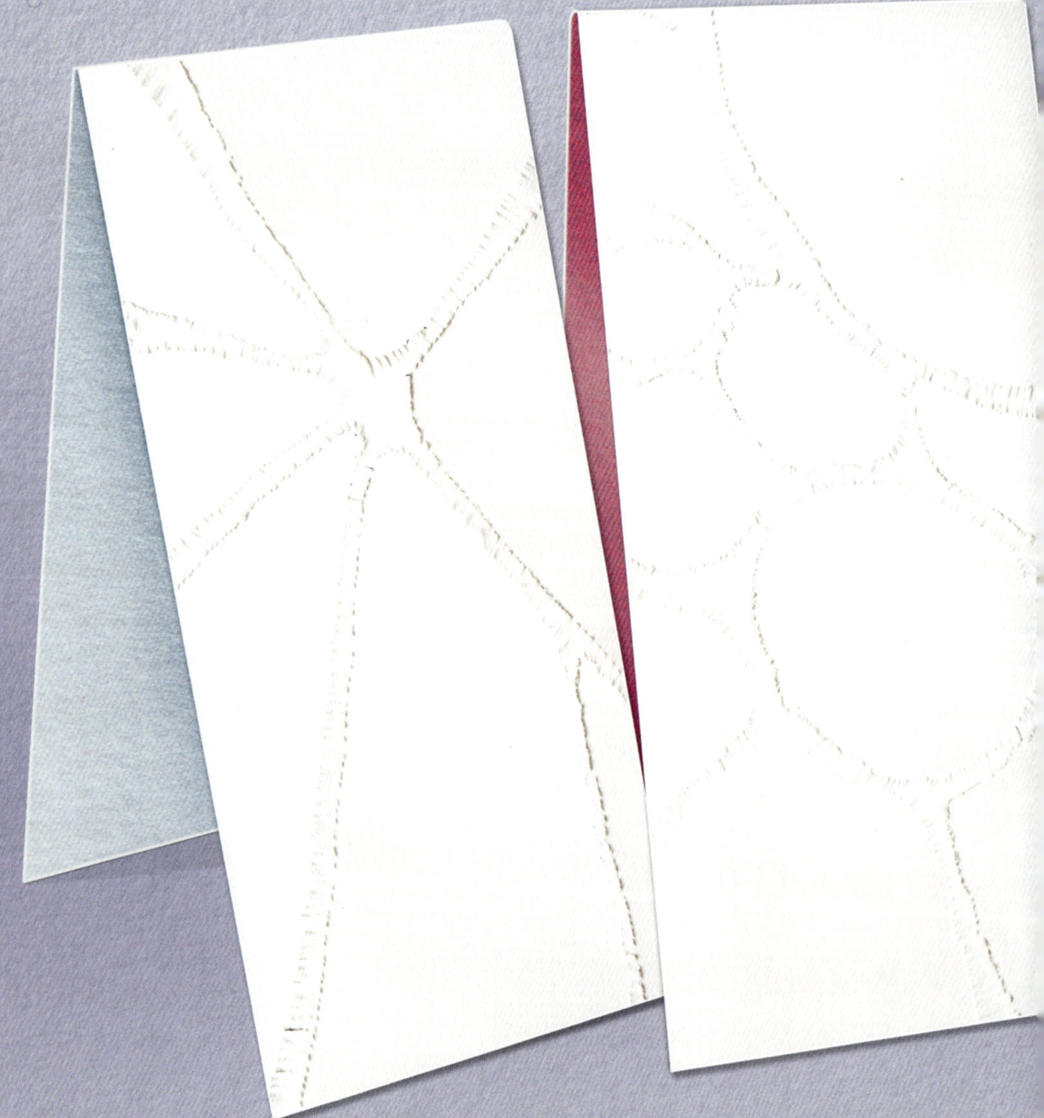

BEISPIELKÄRTCHEN „RAHMEN UND KONTUREN“

Λ

Gmund Papier, Gmund Bio Cycle Rag, Baumwolle, 300 g/m²

Nadelfeine „Prickel“-Punkte im Hochdruck

05.28

❀

Gmund Papier, Gmund Colors Matt 50, 200 g/m²

Schräg nach außen geprägtes Blumenmotiv im Tiefdruck

05.29

▯

Gmund Papier, Gmund Urban Architekt Dust, 240 g/m²

Schräg nach außen geprägtes Rechteckmotiv im Hochdruck

05.30

☽

Gmund Papier, Gmund Bio Cycle Rag, Baumwolle, 300 g/m²

Blattartig gegeneinandergeprägte Bögen im Hochdruck

05.31

△

Gmund Papier, Gmund Colors Felt Felt 50, 240 g/m²

Senkrecht geprägte Dreiecke im Hochdruck

05.32

▯

Gmund Papier, Gmund Urban Cement Dust, 250 g/m²

Schräger Tiefdruck mit schmalem Rechteckmotiv

05.33

☽

Gmund Papier, Gmund Colors Matt 50, 200 g/m²

Bogenförmiges Linienmeißel-Motiv im Hochdruck

05.34

☽

Gmund Papier, Gmund Colors Matt 50, 200 g/m²

Zweireihig geprägtes Bogenmotiv im Hochdruck

05.35

•

Gmund Papier, Gmund Urban
Architekt Dust, 240 g/m²

Hochgeprägte Linie aus Punkten mit regelmäßigen Abständen

05.36

◇

Gmund Papier, Gmund Heidi
Used White, 330 g/m²

Schräg nach außen hochgeprägte Rautenmotive

05.37

◇

Gmund Papier, Gmund Urban
Architekt Dust, 240 g/m²

„Schnurlinie" aus senkrecht hochgeprägten Rauten

05.38

Gmund Papier, Gmund Colors Matt
50, 200 g/m²

Im Hochdruck schräg nach außen geprägtes Blumenmotiv

05.39

I

Gmund Papier, Gmund Colors Matt
50, 200 g/m²

Senkrecht geprägtes Linienmotiv im Hochdruck

05.40

I

Gmund Papier, Gmund Urban
Architekt Dust, 240 g/m²

Schräg nach außen gerichtete Hochdruckprägung

05.41

▯

Gmund Papier, Gmund Bio Cycle
Rag, Baumwolle, 300 g/m²

Schräge Rechteckprägung im Tiefdruck

05.42

◎

Gmund Papier, Gmund Bio Cycle
Rag, Baumwolle, 300 g/m²

Regelmäßige Ringprägung im Hochdruck

05.43

06 BÄNDER

Geschwungene Bänder lassen sich mit verschiedenen Prägetechniken gerade und liegend, aber auch dreidimensional in Form von Schleifen, Spiralen oder Windungen darstellen. Der plastische Bandcharakter kommt besonders gut durch dekorative schräge Konturprägungen zur Geltung.

○ ◊ ◎ ∧ ▯

Hahnemühle Künstlerpapiere
Hahnemühle 200, Echt-Bütten, rau, 200 g/m²

Verschiedene mit Aquarellfarbe kolorierte Bänder mit nach außen geprägter Zierkante. Die Prägungen unterstützen den räumlichen Eindruck des Spiralverlaufs: von kräftig und mit großen Abständen konturierend bis sanfter und enger werdend in den Kehrungen zum Hintergrund hin.

1 ○
2 ◊ ◎
3 ◎ ∧
4 ▯
5 ▯

06.01

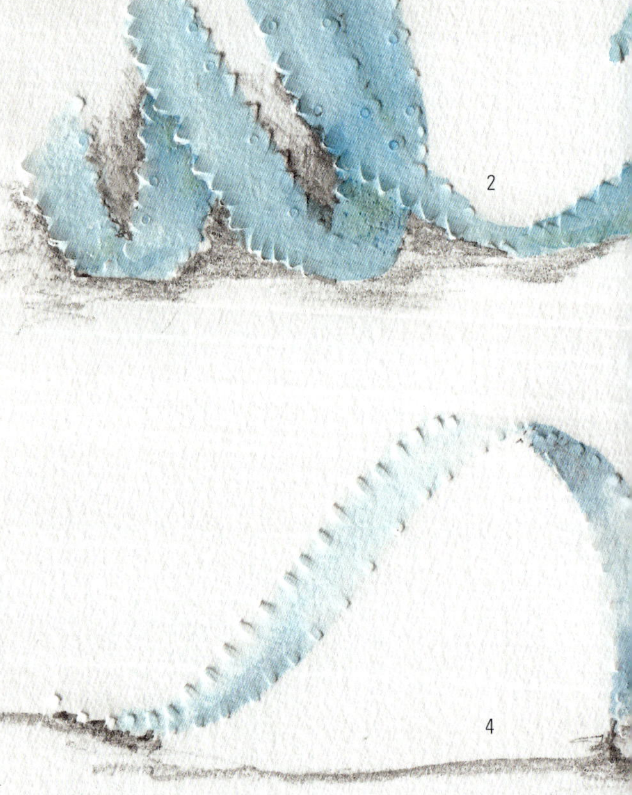

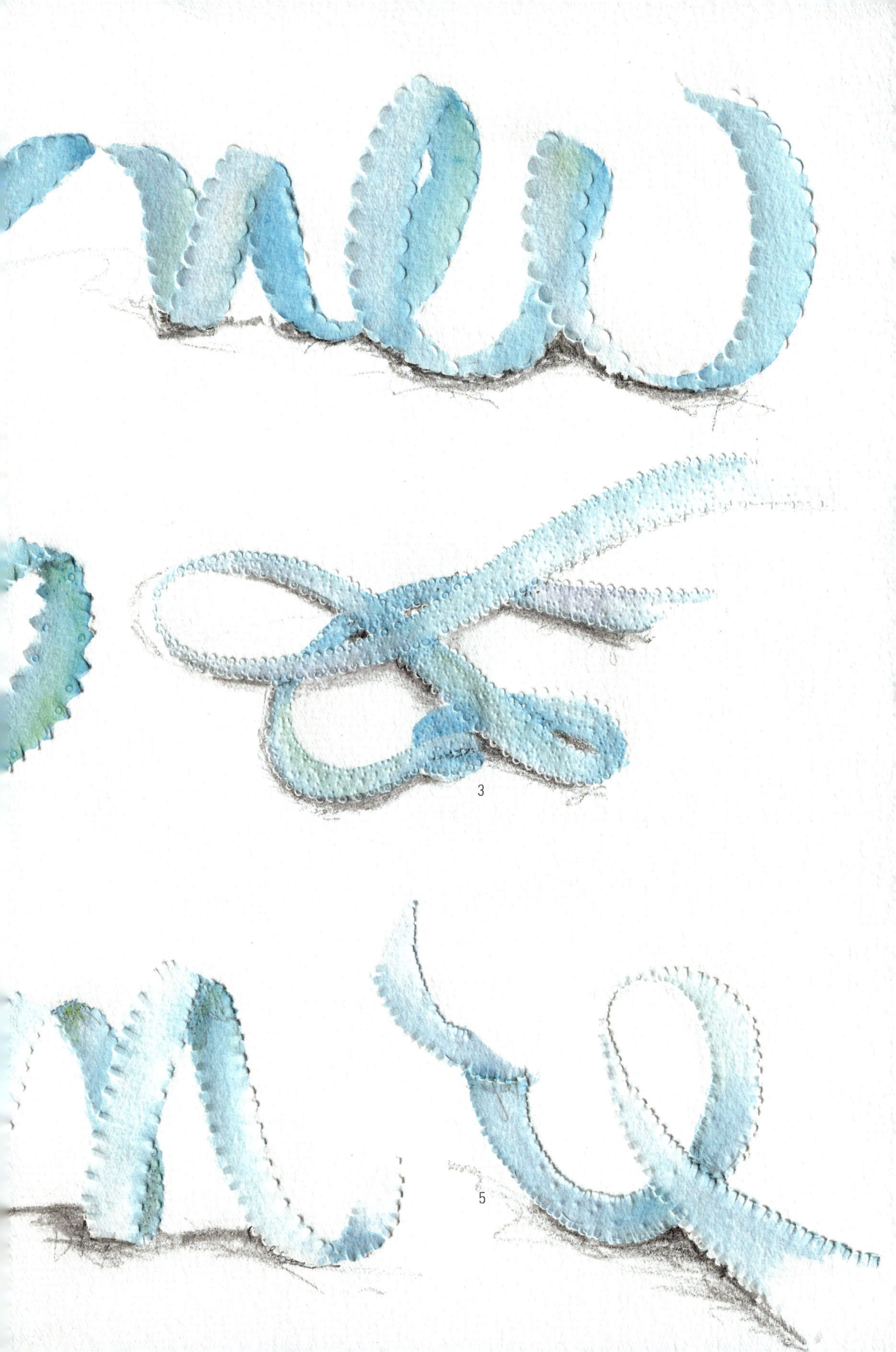
3
5

MUSTERBEISPIELE „GEGENGEPRÄGTE BÄNDER“

Musterbänder von nur wenigen Zentimetern Länge genügen, um in kürzester Zeit vielfältige Kombinationen an Prägemotiven und Techniken auszuprobieren. Die dabei entstehenden Bandtypen können dann als Inspirationsquelle für neue Bilder und Dekore dienen.

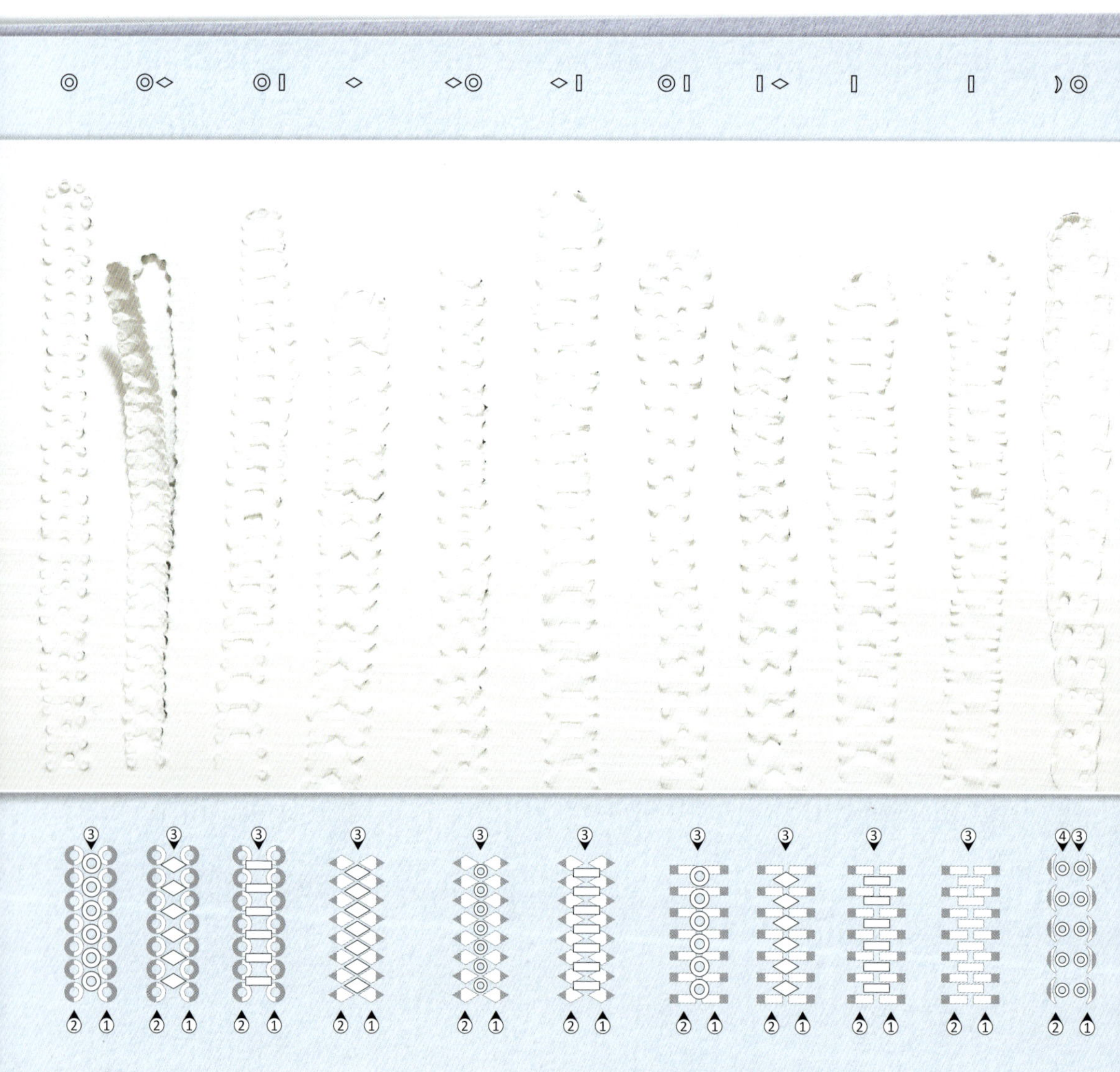

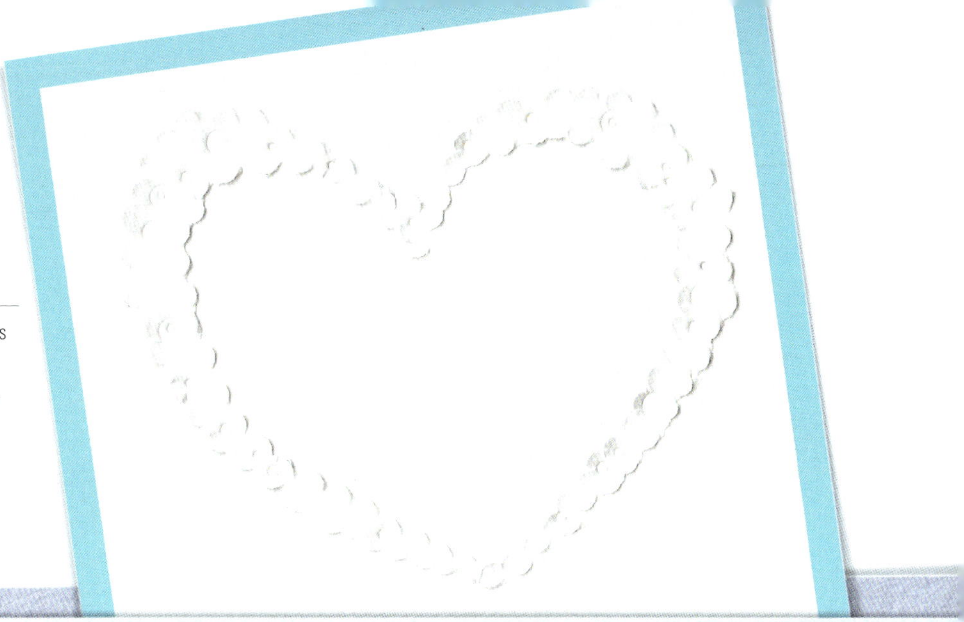

○◎

Ein schräg geprägtes Konturenband, das mit Kreis- und Ringmotiven gegengeprägt wurde, bildet eine Herzform.
06.02

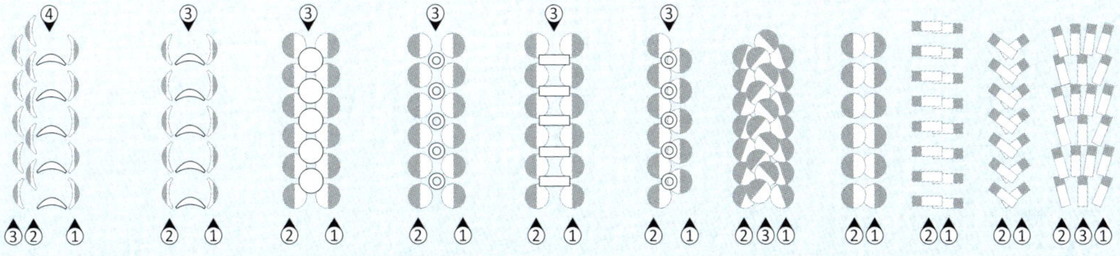

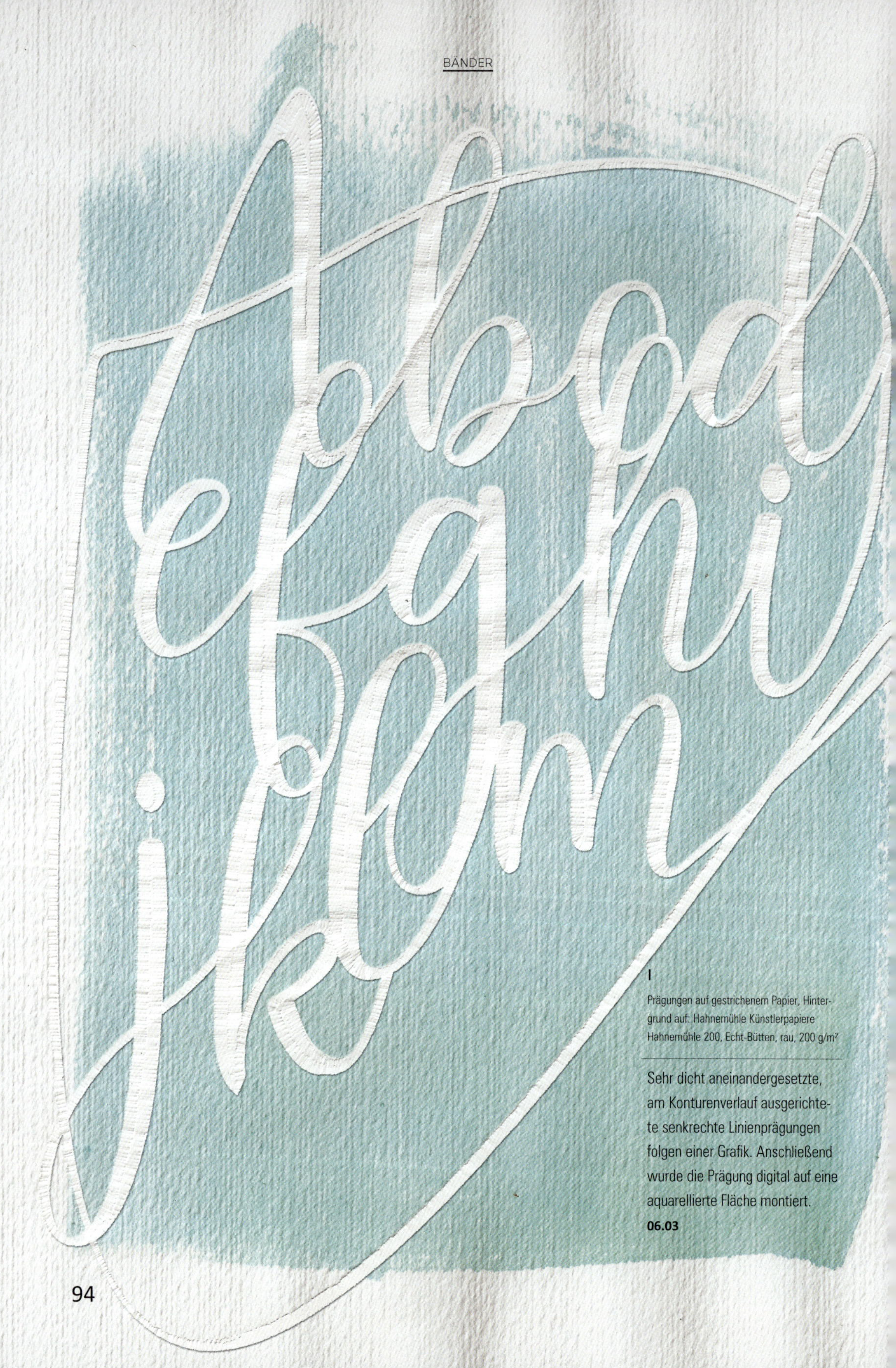

I

Prägungen auf gestrichenem Papier, Hintergrund auf: Hahnemühle Künstlerpapiere Hahnemühle 200, Echt-Bütten, rau, 200 g/m²

Sehr dicht aneinandergesetzte, am Konturenverlauf ausgerichtete senkrechte Linienprägungen folgen einer Grafik. Anschließend wurde die Prägung digital auf eine aquarellierte Fläche montiert.

06.03

▯ ❀ ♀ △ ◎

Breite Bandflächen mit unterschiedlichen Prägemotiven überlagern sich an einem Kreuzungspunkt.
06.04

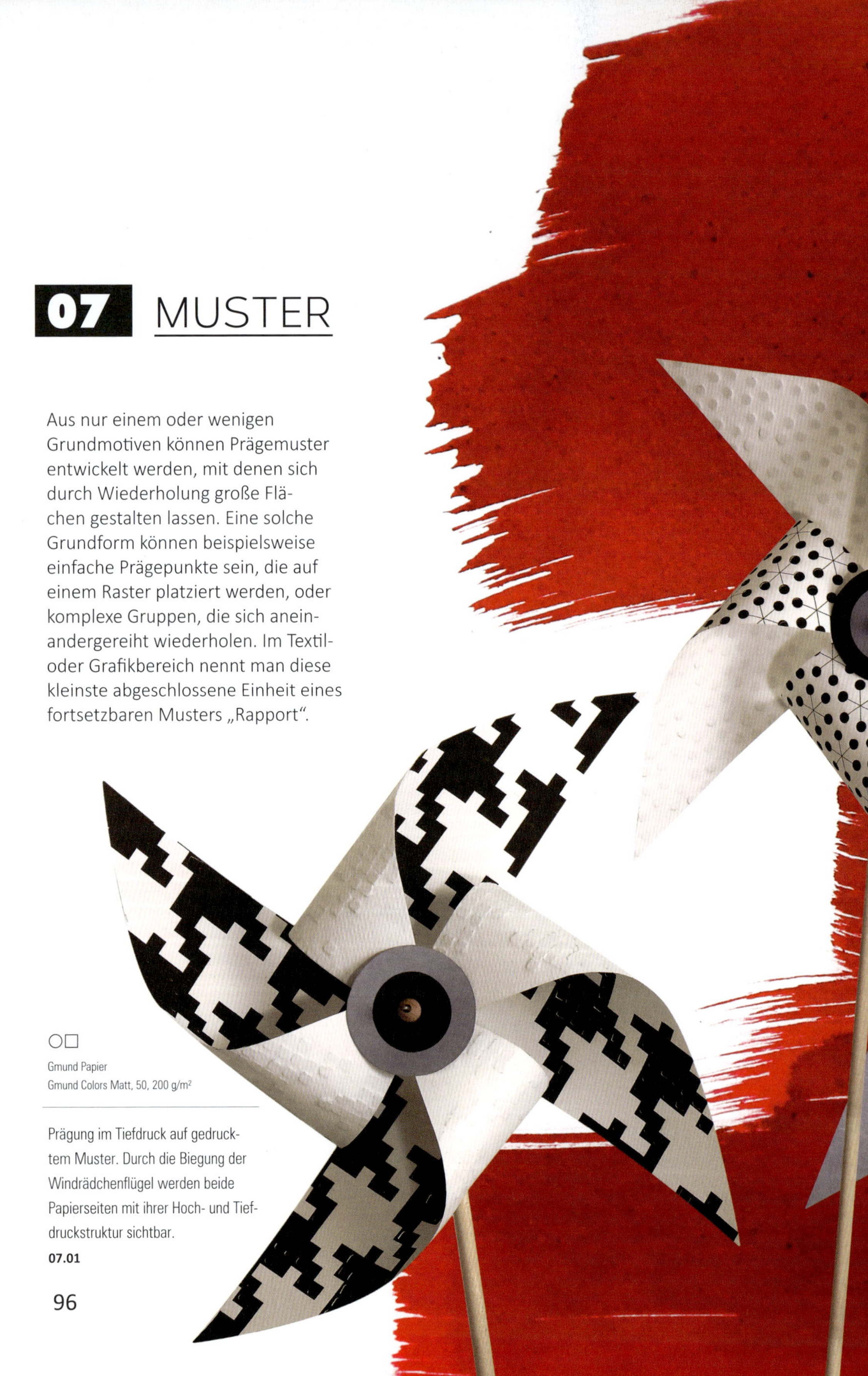

07 MUSTER

Aus nur einem oder wenigen Grundmotiven können Prägemuster entwickelt werden, mit denen sich durch Wiederholung große Flächen gestalten lassen. Eine solche Grundform können beispielsweise einfache Prägepunkte sein, die auf einem Raster platziert werden, oder komplexe Gruppen, die sich aneinandergereiht wiederholen. Im Textil- oder Grafikbereich nennt man diese kleinste abgeschlossene Einheit eines fortsetzbaren Musters „Rapport".

○□

Gmund Papier

Gmund Colors Matt, 50, 200 g/m²

Prägung im Tiefdruck auf gedrucktem Muster. Durch die Biegung der Windrädchenflügel werden beide Papierseiten mit ihrer Hoch- und Tiefdruckstruktur sichtbar.

07.01

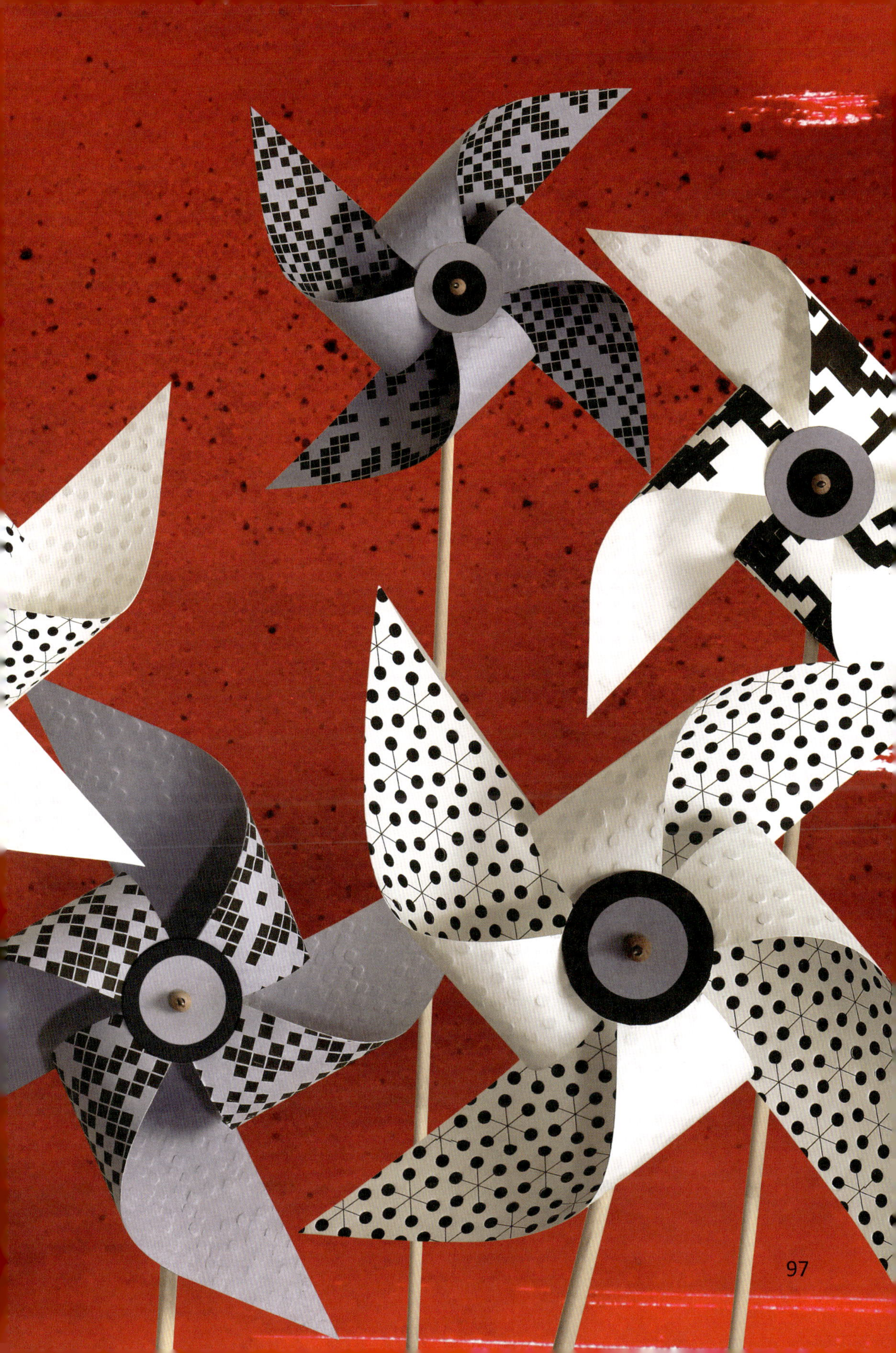

MUSTER ERZEUGEN – SO FUNKTIONIERT'S

Raster oder Vorlagen unterstützen bei einer präzisen Umsetzung von Mustern. Die einfachste Möglichkeit ist, mit radierbarem Bleistift leicht vorzuzeichnen oder, wenn das Papier es ermöglicht, untergelegte Mustervorlagen abzupausen. Hilfslinien und Grafikvorlagen können auch unsichtbar auf der Rückseite aufgebracht werden, wodurch man aber nur Bilder im Hochdruck erhält. Die Kombination von Prägung und Vorlagendruck bietet einen weiteren gestalterischen Ansatz, wie auf dieser Doppelseite zu sehen.

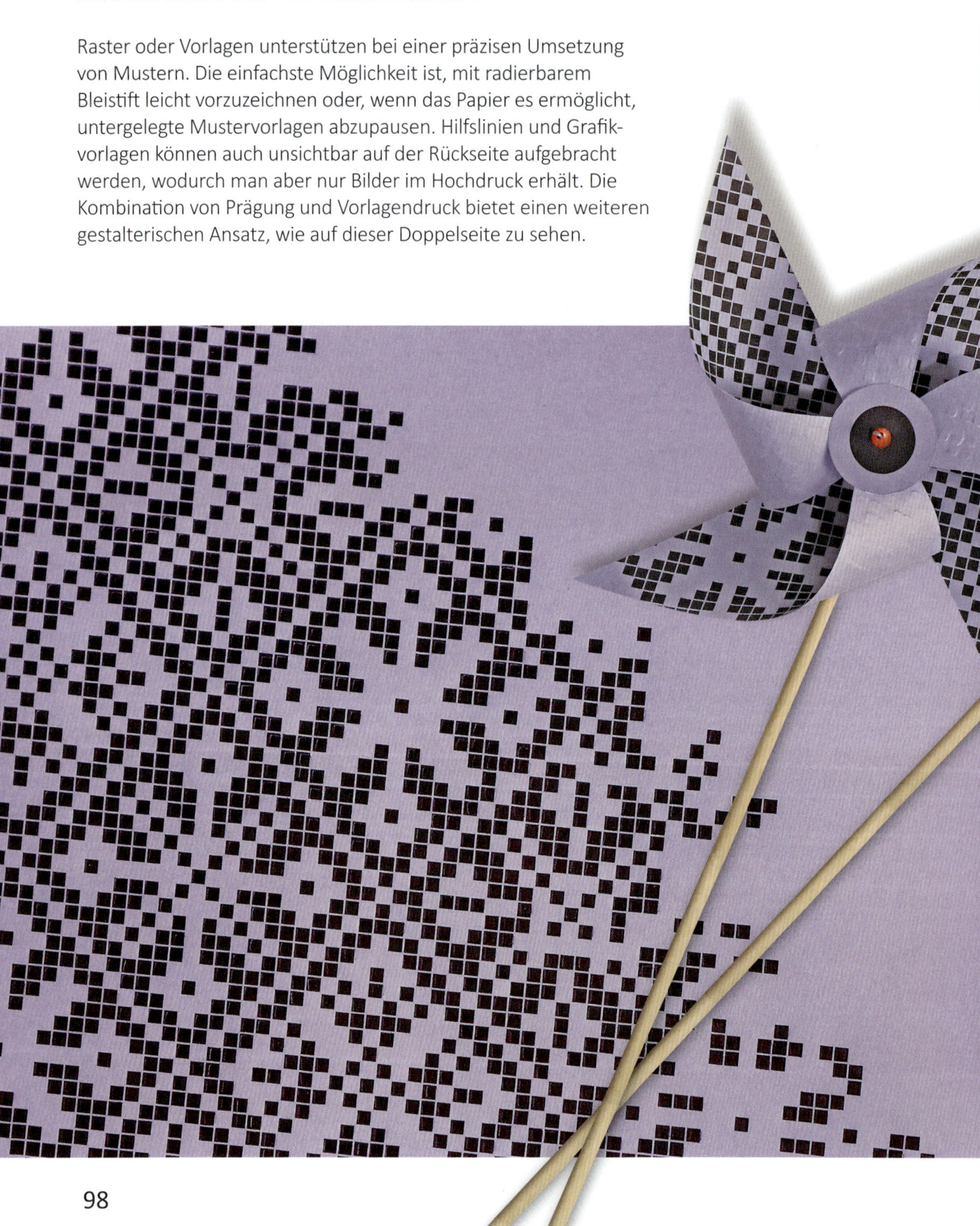

□

Gmund Papier, Gmund Colors Matt, 50, 200 g/m²

Muster im Tiefdruck (linke Seite), die Rückseite im Hochdruck (rechte Seite)

07.02

↓

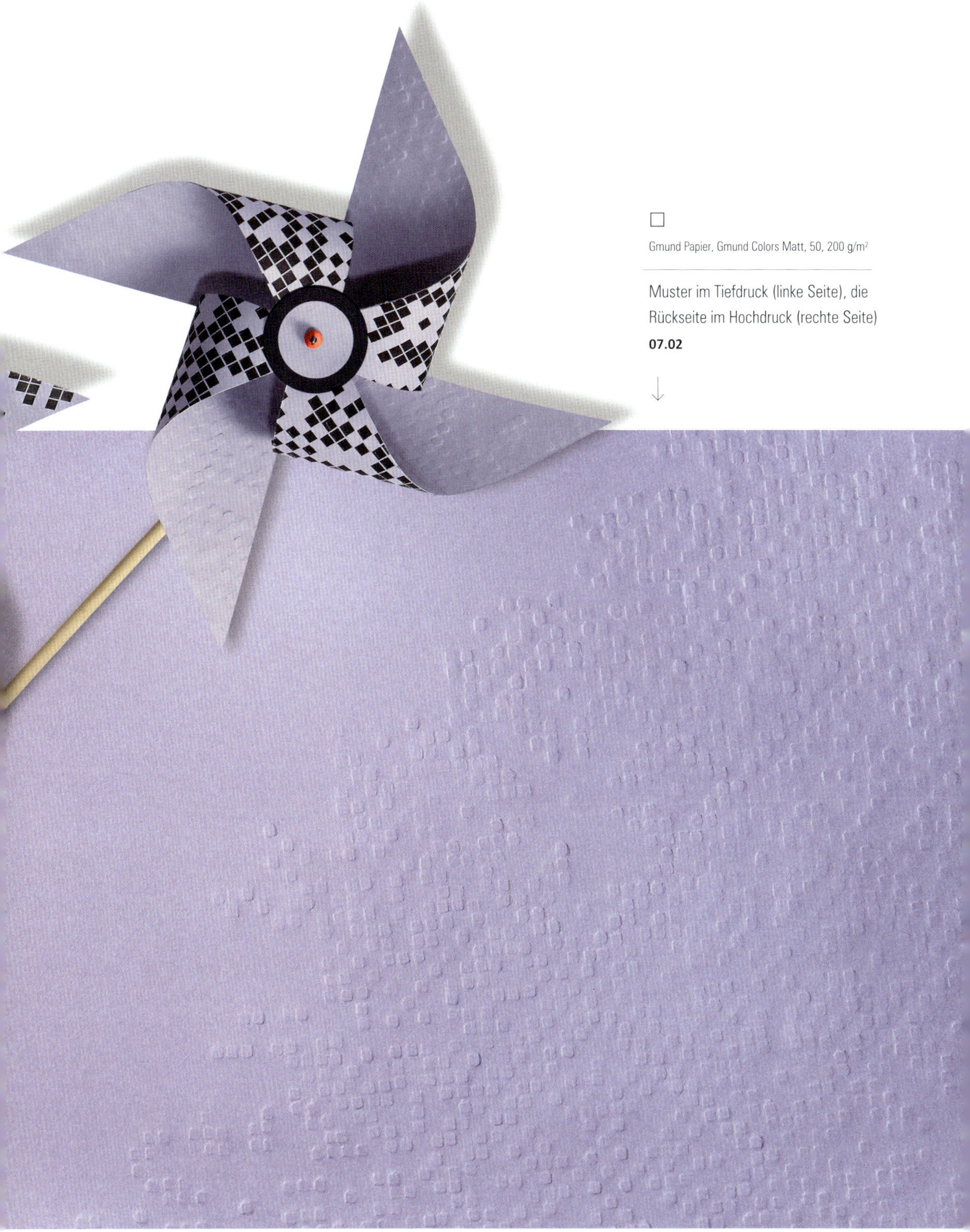

BEISPIELRINGE „MUSTER“

Bei vielen Mustern genügen einige Hilfslinien in Form von einfachen Kreisen und Linien, die zur Orientierung mit Zirkel oder Bleistift gezogen werden. Für aufwendigere Muster empfiehlt sich die Arbeit mit einem Grafikprogramm und ein Ausdruck in feinen Haarlinien. In hellem Grau angelegt sind diese Orientierungshilfen kaum noch sichtbar, sobald sie mit den Prägungen überarbeitet werden. Auf diese Weise lassen sich auch doppelseitige Arbeiten wie die dargestellten frei hängenden Ringe exakt prägen.

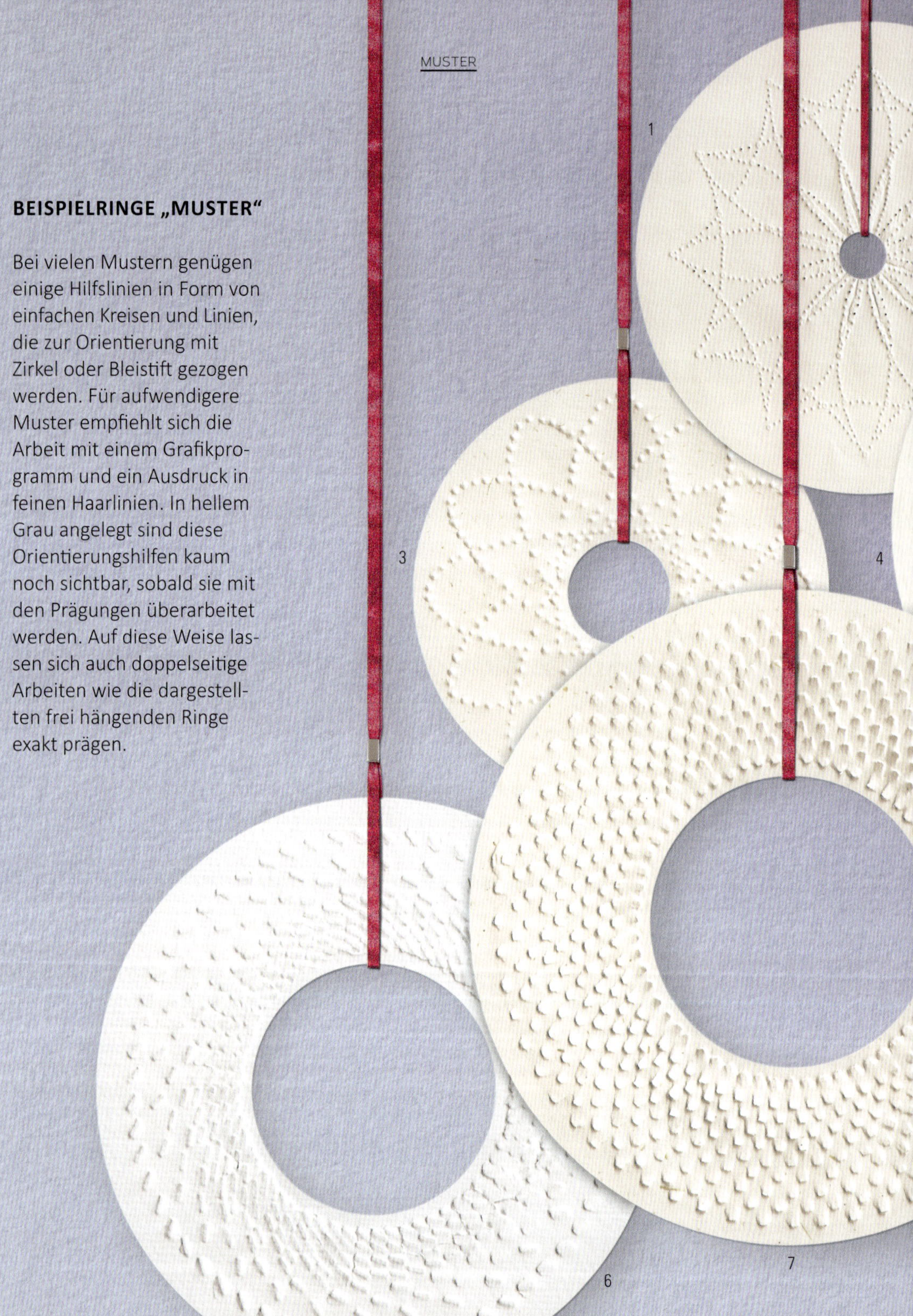

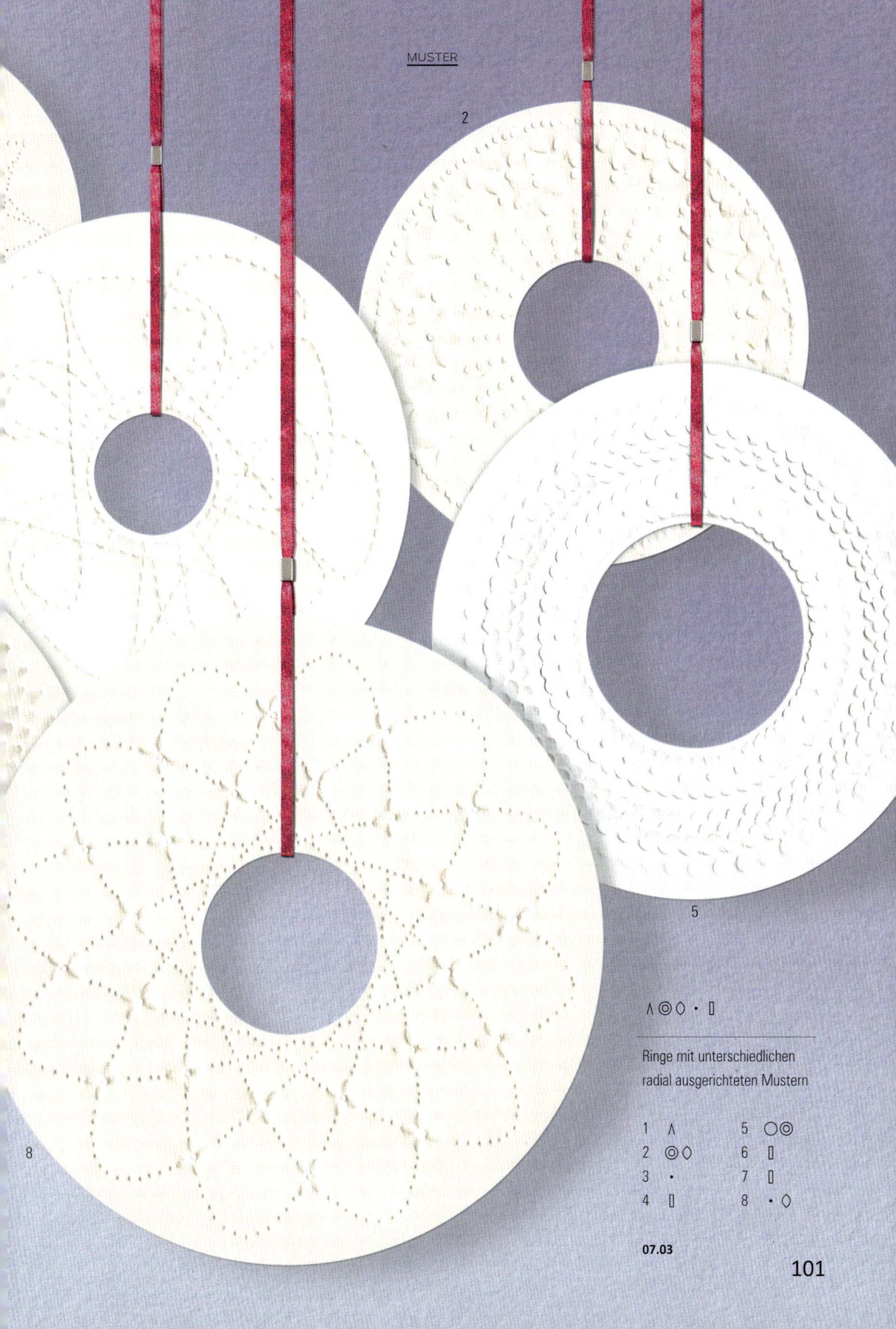

∧ ◎ ◊ • ▯

Ringe mit unterschiedlichen radial ausgerichteten Mustern

1	∧	5	○◎
2	◎◊	6	▯
3	•	7	▯
4	▯	8	• ◊

07.03

REGELMÄSSIGES PRÄGEBILD

Durch die Wiederholung von immer gleichen, aneinandergereihten Musterelementen werden Unterschiede bei der Werkzeughaltung und Prägetiefe sichtbar. Ein Beispiel hierfür sind „Punktegruppen", die in einem Zug mit ähnlicher Werkzeughaltung erzeugt wurden (siehe Markierung in Bild 07.04). Erkennbar ist auch, wenn das Papier bei der Bearbeitung gedreht wurde. Prinzipiell stellen solche changierenden Bereiche in Mustern keinen Fehler da. Im Gegenteil, sie können eine Prägearbeit beleben.
Wenn aber eine sehr regelmäßige Oberfläche gewünscht ist, empfiehlt es sich, von nur einer Seite zu arbeiten. Außerdem sollten die Prägepunkte nicht grüppchenweise, sondern in einem „chaotischen System" über die ganze Fläche verteilt werden. Damit werden Unregelmäßigkeiten gestreut und bilden in ihrer Gesamtheit eine ausgeglichene Oberfläche.

○

Gmund Papier, Gmund Colors Matt, 50, 200 g/m²

Sechs Punkte bilden die kleinste Mustereinheit. In diesem Fall wurde immer eine Gruppe in einem Zug geprägt, was man am Lichtspiel erkennen kann (siehe Bleistiftmarkierung). →

07.04

□

Für das Hahnentrittmuster im Hochdruck dient ein Ausdruck auf der Rückseite als Orientierungshilfe.

07.05 →

◊

Als Rastergrundlage für das Musterband dient ein um 45 Grad gedrehtes Karopapier.

07.06

↓

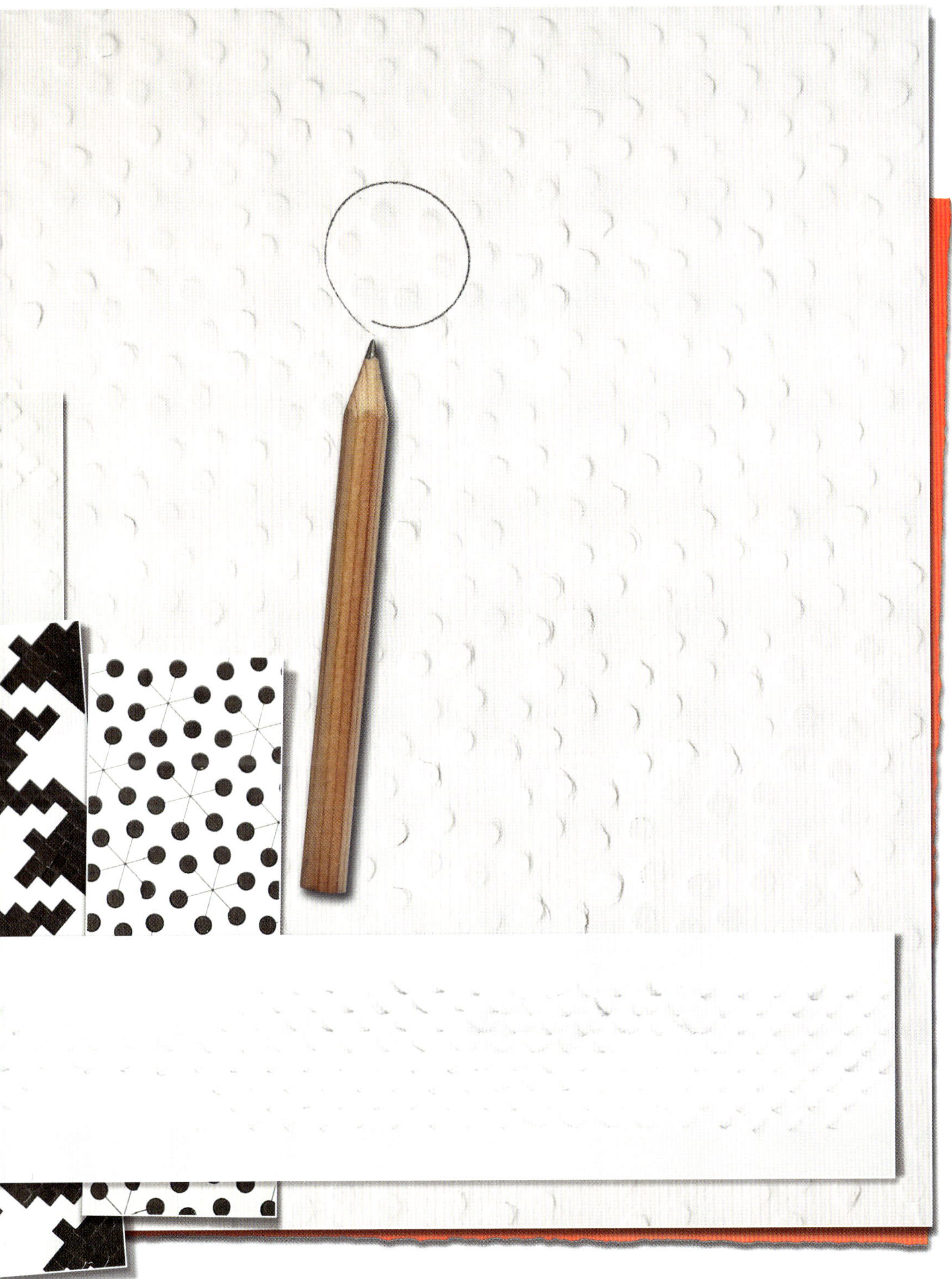

MUSTERKÄRTCHEN „MUSTER UND PAPIERSTRUKTUREN“

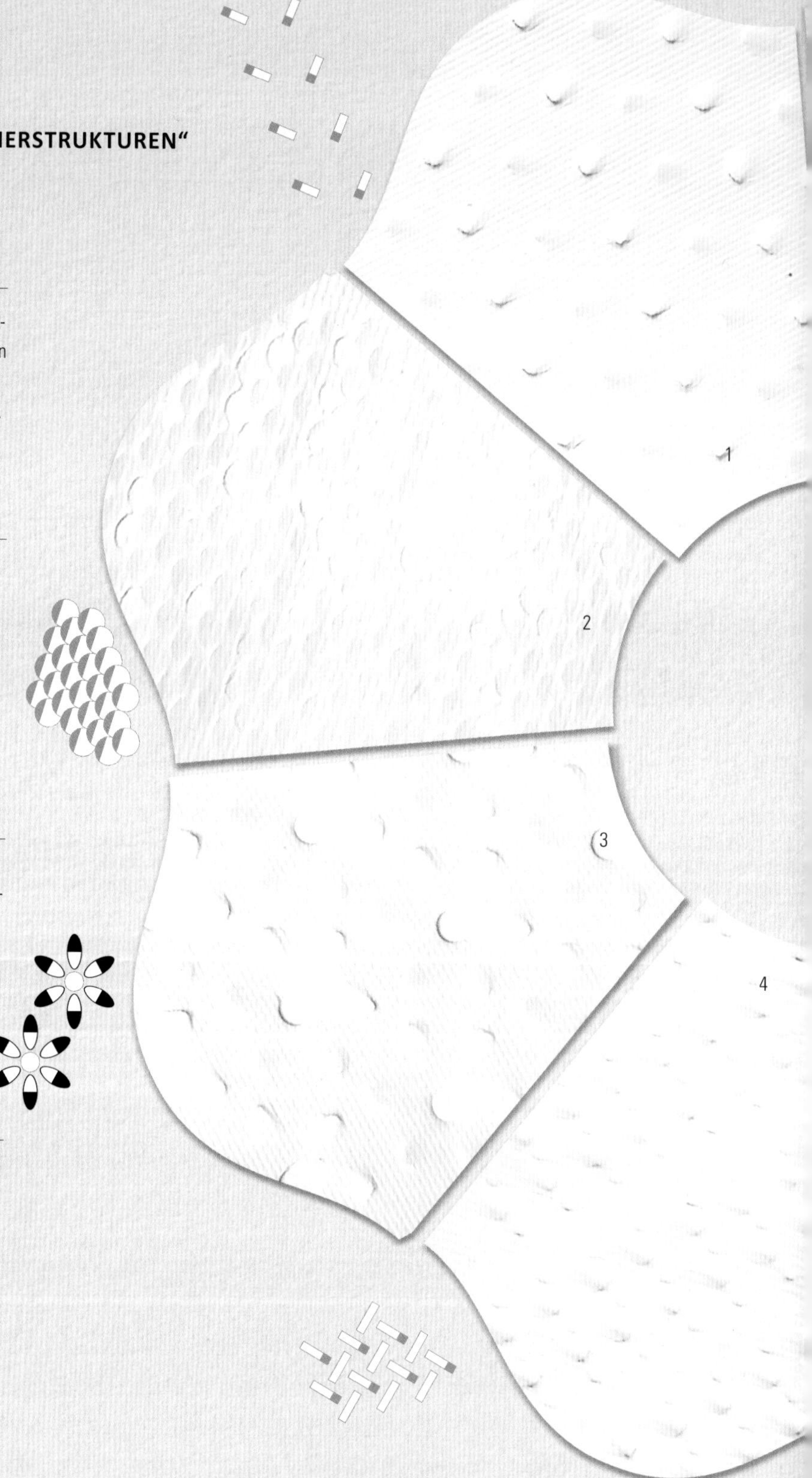

▯

Gmund Papier
Gmund Colors Felt, Felt 50, 240 g/m²

---

1 Schräg geprägte Rechteckmotive im Hochdruck wechseln die Richtung und erzeugen ein lebhaftes Licht-Schatten-Spiel.
07.07

○

---

2 Dachziegelartig reihen sich hochgeprägte Halbkreise aneinander. Das Papier wellt sich und bricht stellenweise – der Grund sind zu kleine Abstände zwischen den Prägungen.
07.08

◊○

---

3 Tiefgeprägte Blütenblätter mit gegengeprägtem Kreismotiv. Trotz Überlagerung durch die Papierstruktur bleiben die Blüten gut erkennbar.
07.09

▯

---

4 Allein durch den Wechsel von senkrechten und schrägen Prägungen können auf einem schlichten Karoraster überraschende Muster entstehen.
07.10

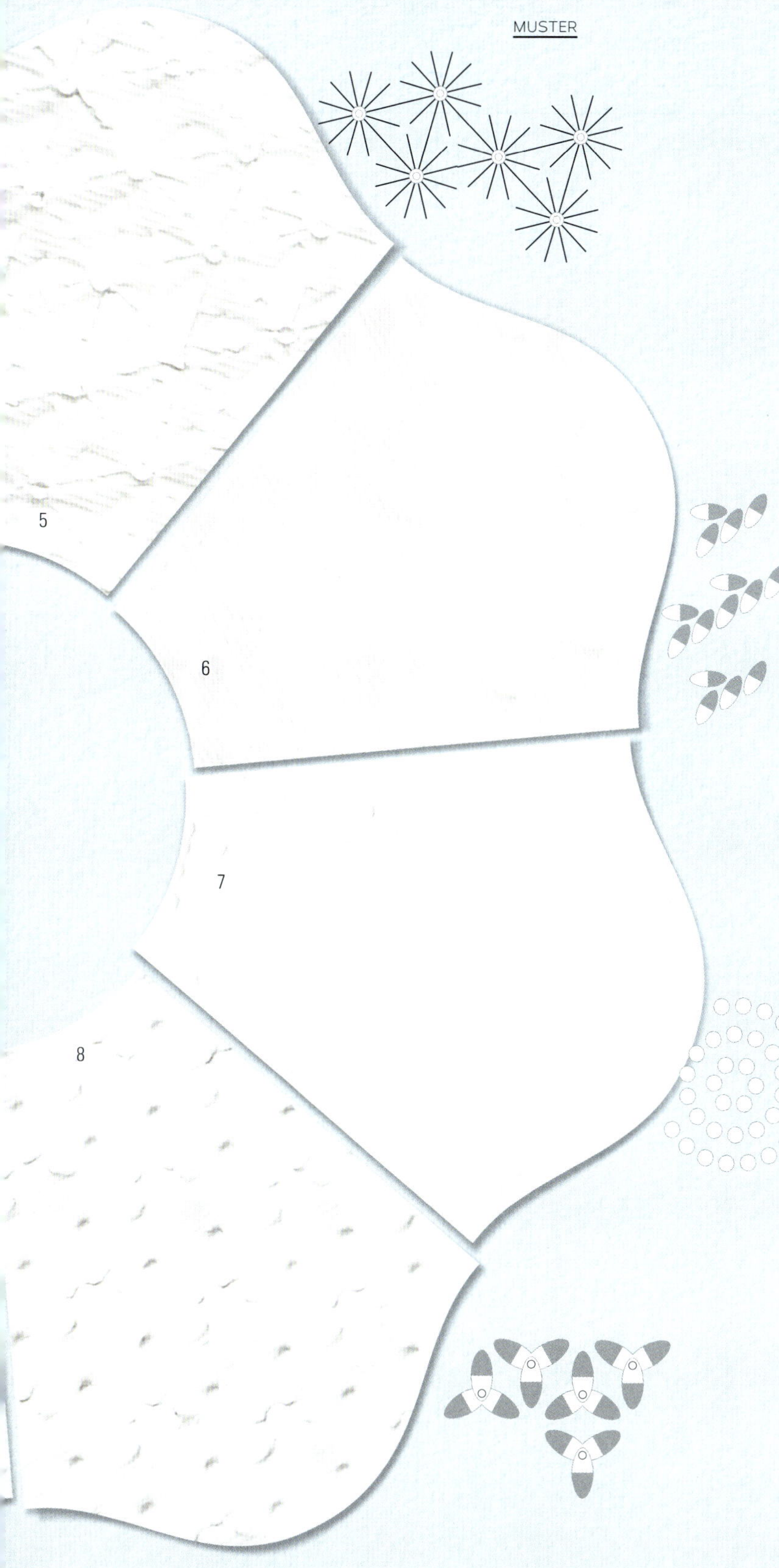

I ◎

Gmund Papier
Gmund Colors Felt, Felt 50, 240 g/m²

5 Ein tiefgeprägtes Linienmotiv konkurriert mit der Linienstruktur des Papiers.
07.11

◊

6 Gegeneinandergeprägte Motive im Hochdruck brauchen Abstand zueinander, damit die einzelnen Spitzen gut erkennbar bleiben.
07.12

♀

7 Für die Prägung der Punkte genügen mit dem Zirkel gezogene Hilfslinien, um ein gleichmäßiges Bild zu erzeugen.
07.13

◊ ♀

8 Jeweils drei schräge, mit dem Blattmeißel erzeugte Hochdruckprägungen und eine Punkt-Gegenprägung bilden ein Grundelement des Musters.
07.14

08 FLÄCHEN

Regelmäßige Strukturen, Muster und Verläufe prägen – im wahrsten Sinne des Wortes – Oberflächen, von kräftig-dominant bis hin zu subtil-zurückhaltend. Wie bei der grafischen Flächengestaltung sind Bündelung, Reihung, Rhythmus, Überlagerung und Symmetrie auch bei Prägungen Möglichkeiten, um eine Fläche zu gestalten.

Hahnemühle Künstlerpapiere
The Collection Watercolour 300, satiniert, 300 g/m²

Musterartige bis verlaufende Strukturierung am Beispiel von Wölkchen
08.01

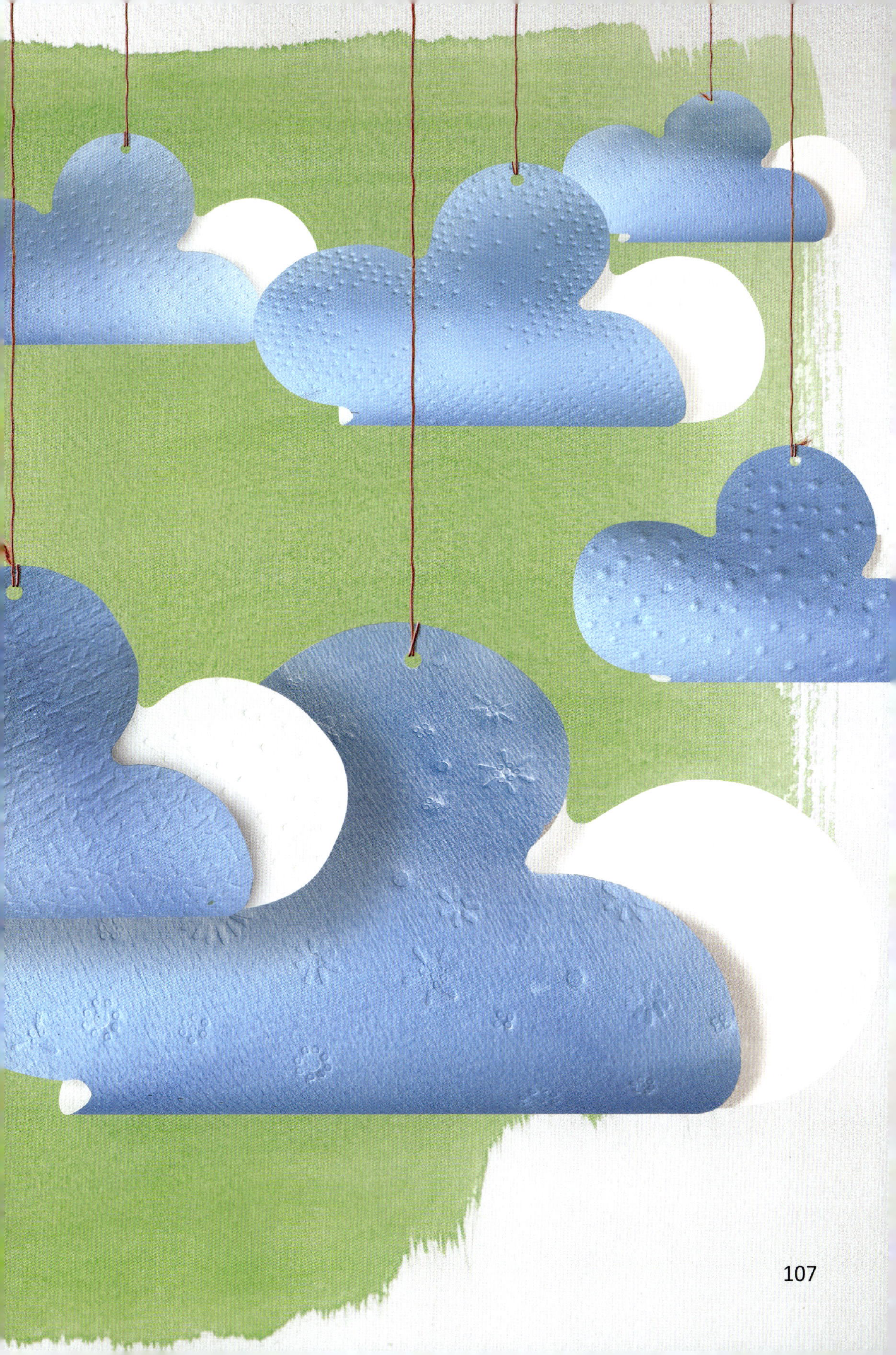

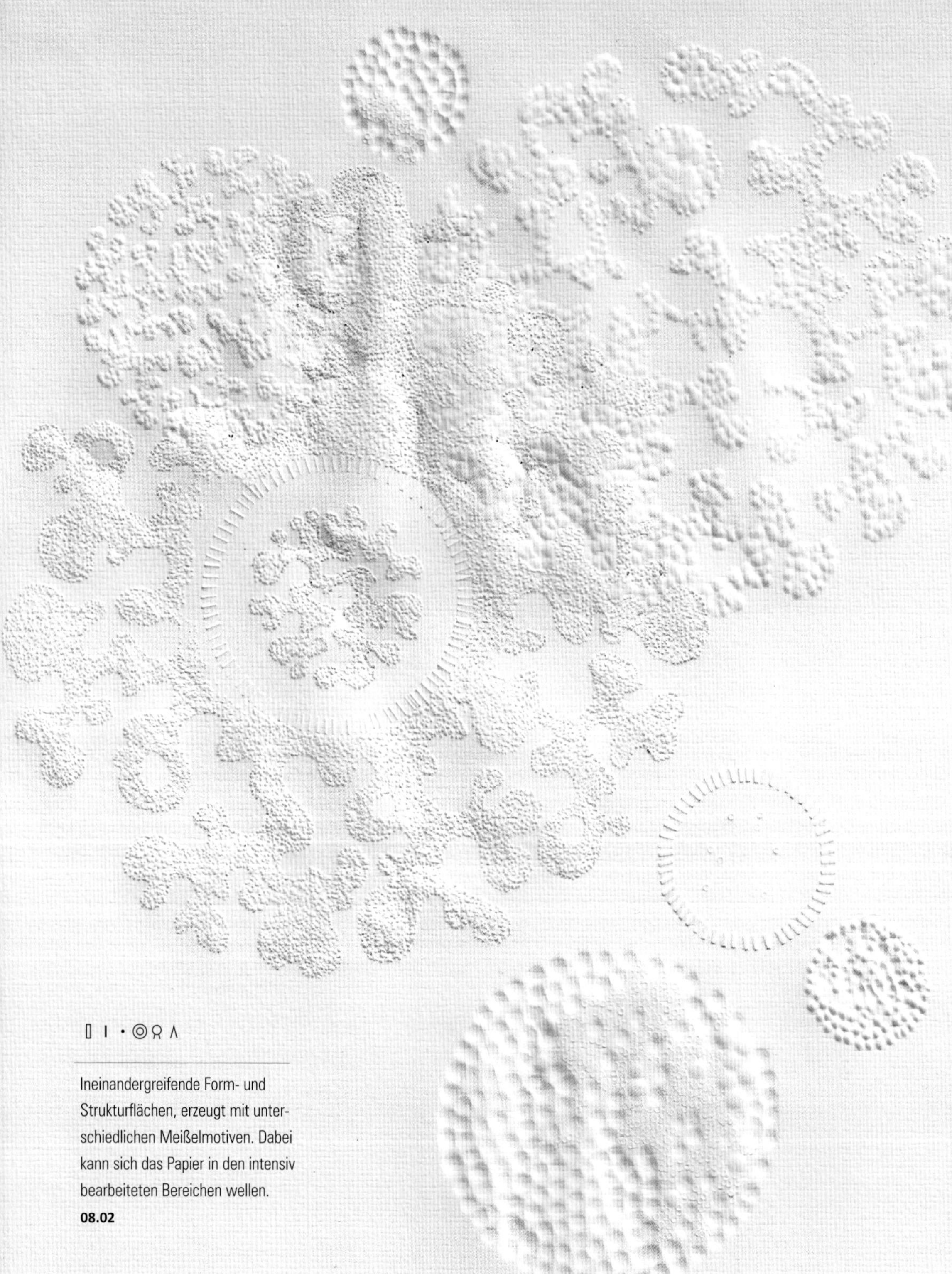

Ineinandergreifende Form- und Strukturflächen, erzeugt mit unterschiedlichen Meißelmotiven. Dabei kann sich das Papier in den intensiv bearbeiteten Bereichen wellen.
08.02

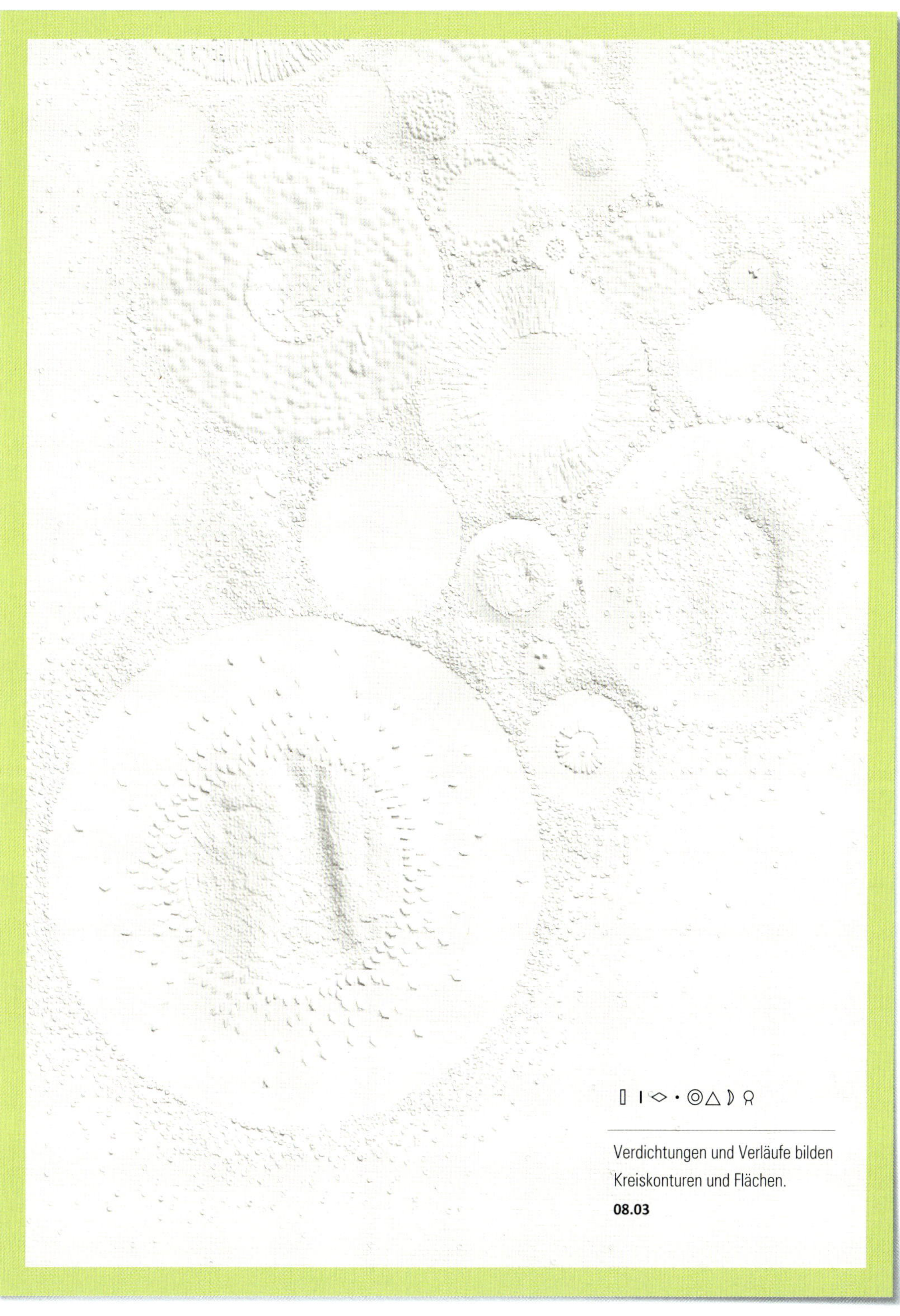

Verdichtungen und Verläufe bilden Kreiskonturen und Flächen.
08.03

MUSTERKÄRTCHEN „FLÄCHEN UND VERLÄUFE“

Ein Meißelmotiv kann durch Verdichtungen und Überschneidungen verfremdet werden und dabei eine eigenständige Struktur entwickeln. Erst bei Auflösung und Vereinzelung wird das ursprüngliche Motiv wieder im Detail erkennbar.

• ◎

Eine verdichtete Noppenstruktur löst sich mit immer weiter werdenden Prägeabständen auf. →

08.04

Paarweise Darstellung der Vorder- und Rückseite im Vergleich. Das jeweils rechte Bild eines Bildpaares zeigt die im Tiefdruck geprägte Seite.

Beschichtetes Papier | 120 g/m²

Für diese körnige Struktur wurden unregelmäßige Facetten an ein Kreismotiv angeschliffen.

08.05

Die unregelmäßig verteilten Prägungen erinnern an rieselnde Reiskörner oder herunterfallende Blätter.

08.06

Ein Blütenmotiv von nur 2,5 mm Durchmesser wirkt im Hochdruck wie körnig verpresstes Gummigranulat.

08.07

◊◎

Das Grundmotiv „Blume" verliert den Blütencharakter durch Verdichtung und erzeugt eine eigenständige Struktur.
08.08

◎

Dichte, einander überlappende Ringmotiv-Prägungen bilden eine an Grieß erinnernde Oberfläche.
08.09

❀

Gestreute schräge Prägungen mit dem Blumenmotiv wirken im Tiefdruck wie eine Ansammlung von Spuren.
08.10

○

Mit abgerundetem Kreismeißel erzeugte Prägungen auf dichtem, hartem Papier ergeben eine weiche, „wolkige" Struktur.

08.11

○

In der Tiefe abgestufte Prägungen verdichten und überlagern sich, um sich dann nach unten hin aufzulösen.

08.12

ꝗ

Die Noppenflächen ähneln klassischen getriebenen Blecharbeiten, die ebenfalls mit Kugelpunzen gefertigt werden.

08.13

• ◎◇

Geprägte Bereiche mit Ringen, Punkten und Rauten gehen fließend ineinander über, werden gemischt, ← verdichtet und aufgelöst.
08.14

◊◎

Motive in regelmäßig wirkender Streuung bilden → herzförmige Flächen.
08.15

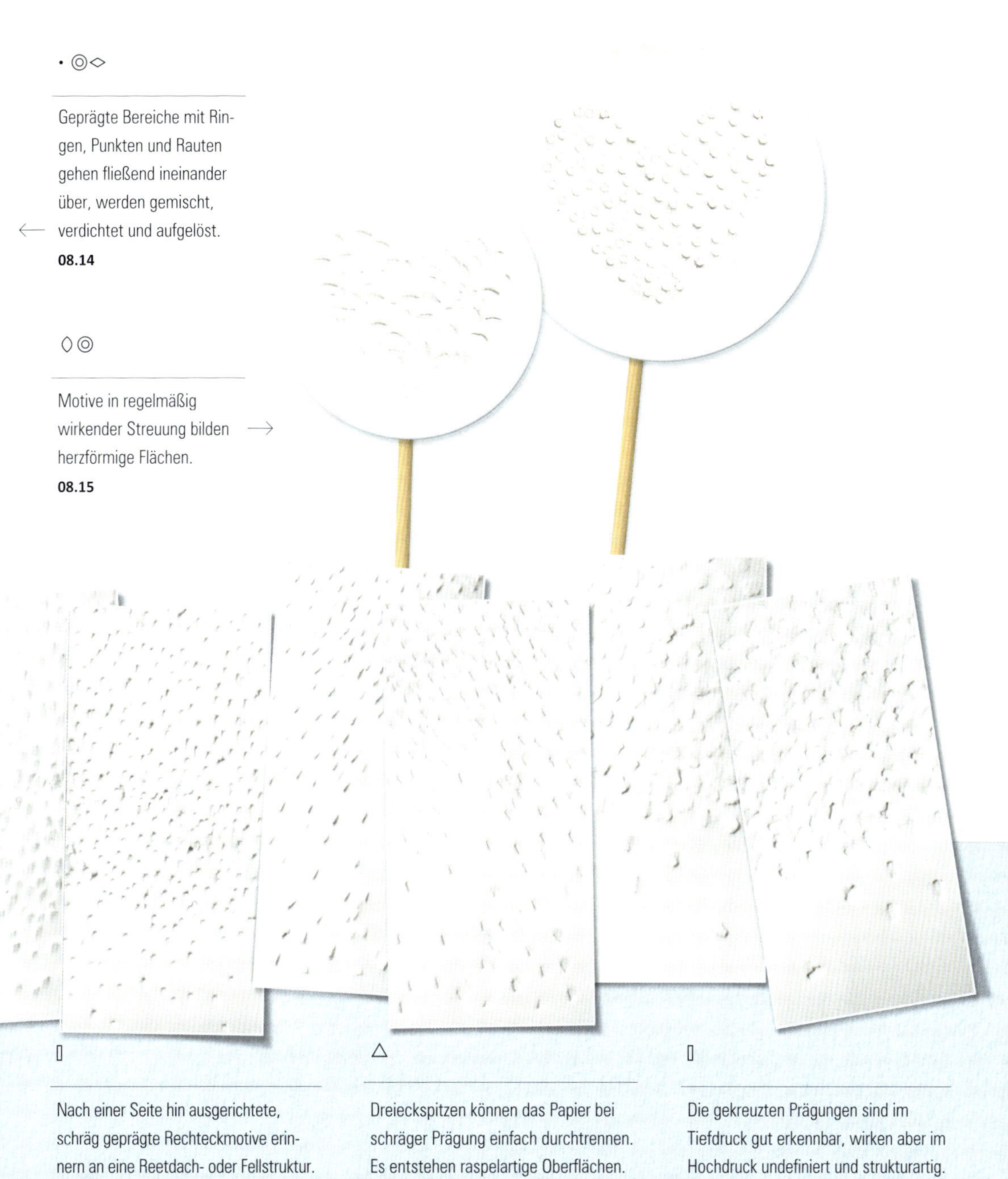

▯

Nach einer Seite hin ausgerichtete, schräg geprägte Rechteckmotive erinnern an eine Reetdach- oder Fellstruktur.
08.16

△

Dreieckspitzen können das Papier bei schräger Prägung einfach durchtrennen. Es entstehen raspelartige Oberflächen.
08.17

▯

Die gekreuzten Prägungen sind im Tiefdruck gut erkennbar, wirken aber im Hochdruck undefiniert und strukturartig.
08.18

09 INTERPRETATIONEN

Wie kann eine natürliche Struktur oder Form abstrahiert und ihr Charakter mit nur wenigen Meißelmotiven so realistisch wie möglich umgesetzt werden?
Ausschlaggebend für die Wahl des Werkzeugs ist die Skalierung des geplanten Bildes. Genügt bei einem kleinen Kaktus eine Prägung pro Stachel, so muss dieses Detail in großem Maßstab in mehreren Arbeitsgängen modelliert werden. Daher lohnt es sich, beispielsweise Aufbau und Besonderheiten einer Pflanze genauer anzusehen, nach besonderen Merkmalen und charakteristischen Strukturen zu suchen, um diese dann mit einem passenden Meißelmotiv umzusetzen.

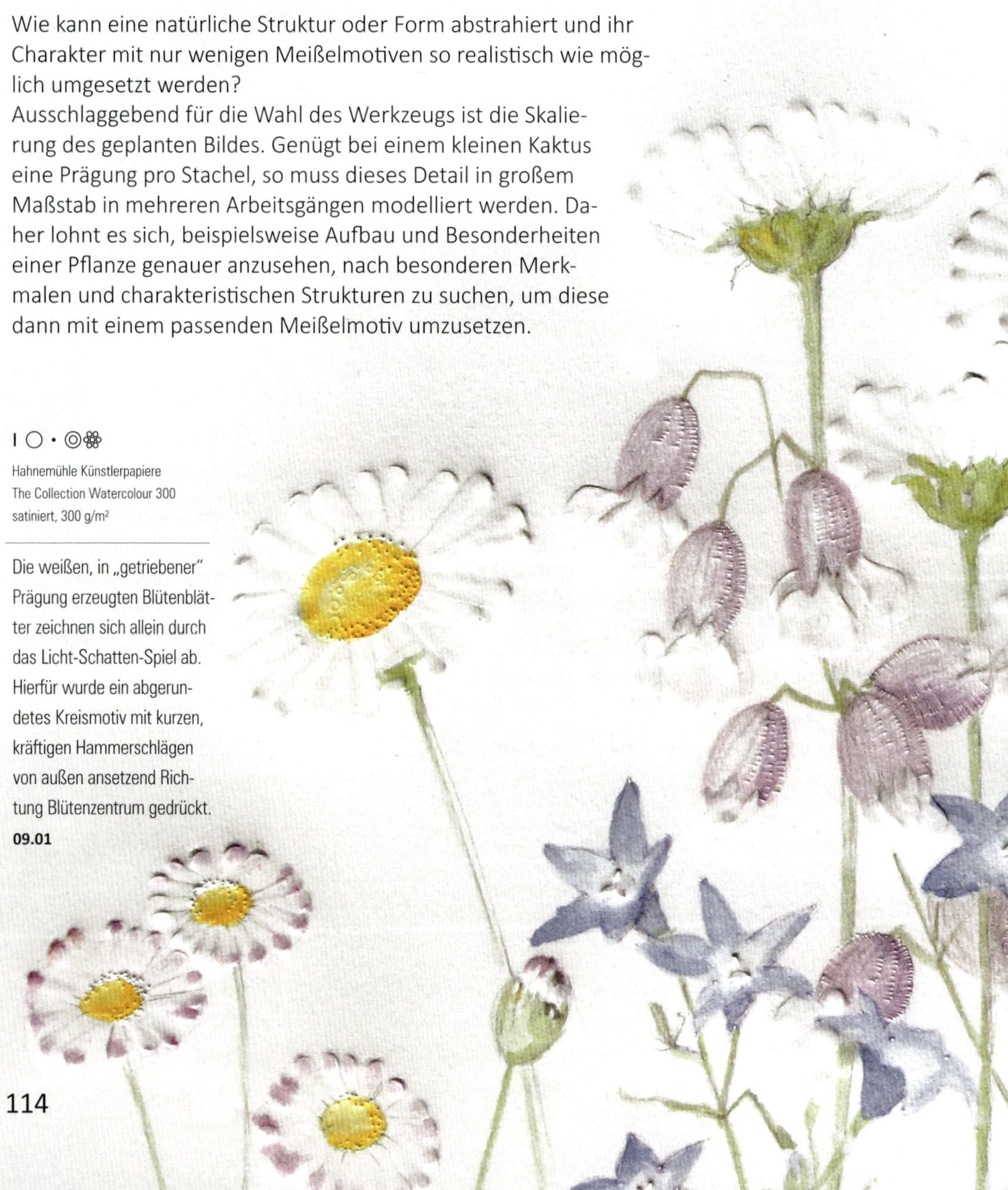

I ○ • ◎❀

Hahnemühle Künstlerpapiere
The Collection Watercolour 300
satiniert, 300 g/m²

Die weißen, in „getriebener" Prägung erzeugten Blütenblätter zeichnen sich allein durch das Licht-Schatten-Spiel ab. Hierfür wurde ein abgerundetes Kreismotiv mit kurzen, kräftigen Hammerschlägen von außen ansetzend Richtung Blütenzentrum gedrückt.
09.01

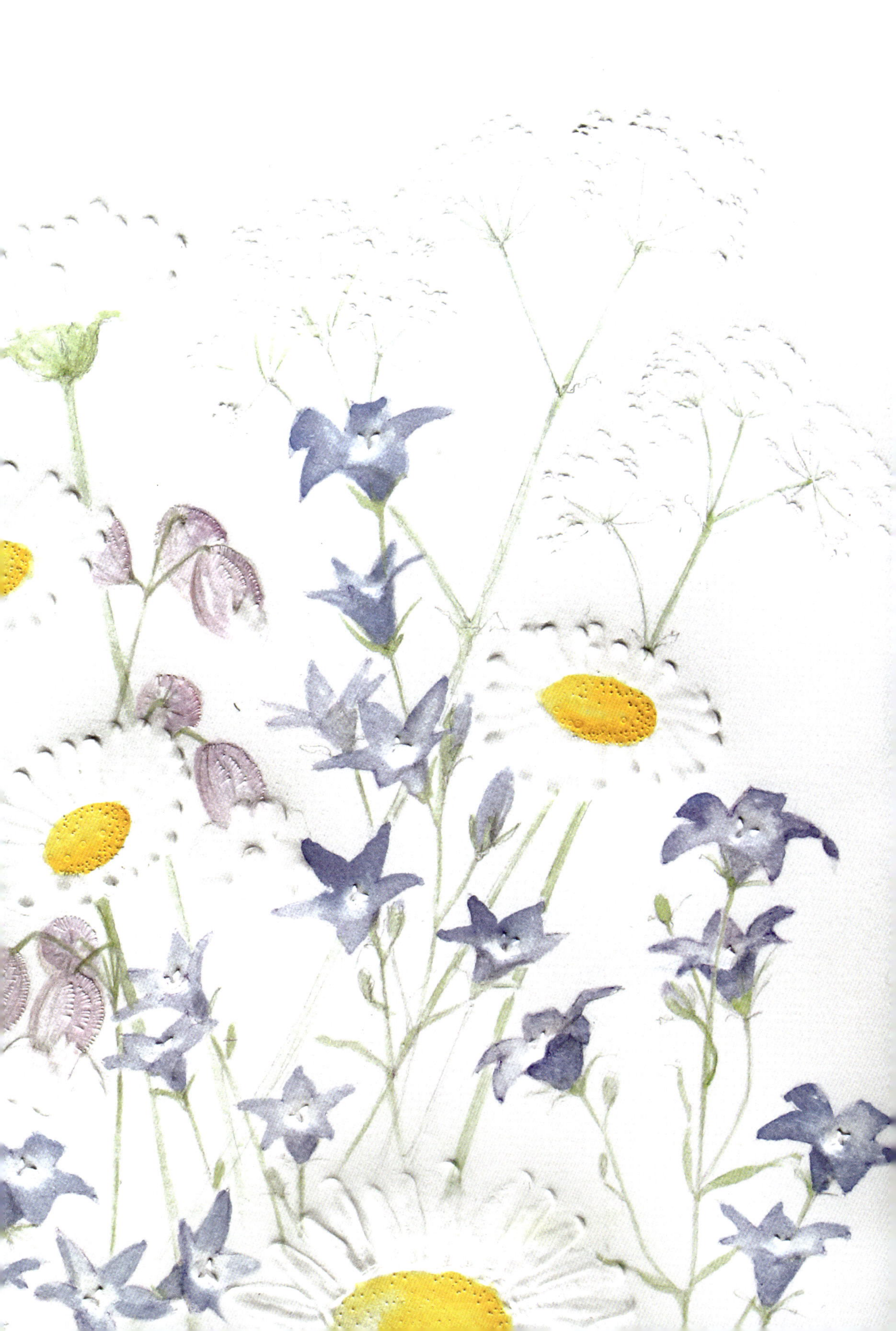

∧ ◊

Gmund Papier
Gmund Cotton, Max White, 300 g/m²

Die unregelmäßige Blattanordnung lässt eine belaubte Blätterranke mit nur einem Blattmotiv natürlich wirken.

09.02 →

Doldenblütler wie die Wilde Möhre, Bärenklau und Wiesenkerbel bündeln unzählige kleine Blüten zu wolkenartigen Strukturen, hier mit schräg geprägtem Blumenmotiv umgesetzt.

← **09.03**

Schräge, in Wuchsrichtung mit dem Rautenmotiv geprägte Spitzen erinnern an Gewächse wie Moos und Schachtelhalm.

09.04 →

I

Stacheliger Kaktus, haarbesetzte Blätter, eine Alge oder ein Detail aus dem pflanzlichen Mikrokosmos?

← **09.05**

I ⍝

Gmund Papier, Gmund Kaschmir, White Cotton, 250 g/m²

Interpretation von Stirnholzparkett, bei dem rechteckige Holzklötzchen zu einer Fläche aneinandergereiht werden. Die dabei sichtbaren Jahresringe des Holzes bilden ein Muster aus radial, bogenförmig, senkrecht und schräg verlaufenden Linien.

09.06

I

Lange, schmale Linienmeißel eignen sich für dichte Tannennadeln. Unregelmäßig aufgefächert ähneln die Prägungen einem Zweig mit feinen Lärchennadeln.

09.07

10 FIGUREN

Menschen, Tiere oder abstrakte Fantasiefiguren können flächig in Strukturen oder allein anhand von Umrissen wiedergeben werden. Beim ausschließlich konturierenden Arbeiten genügt in der Regel ein Meißelmotiv, um einer Form, Kontur oder Linie zu folgen. Die Erkennbarkeit von Figuren hängt hierbei hauptsächlich von der Qualität der Skizze oder Grafik ab. Dagegen liegt der Fokus bei flächig angelegten Prägungen auf den typischen Strukturmerkmalen einer Figur. Wichtige Elemente können beispielsweise das Gesicht und dessen Mimik sowie das charakteristische Erscheinungsbild von Haaren, Federn, Schuppen und Textilien sein.

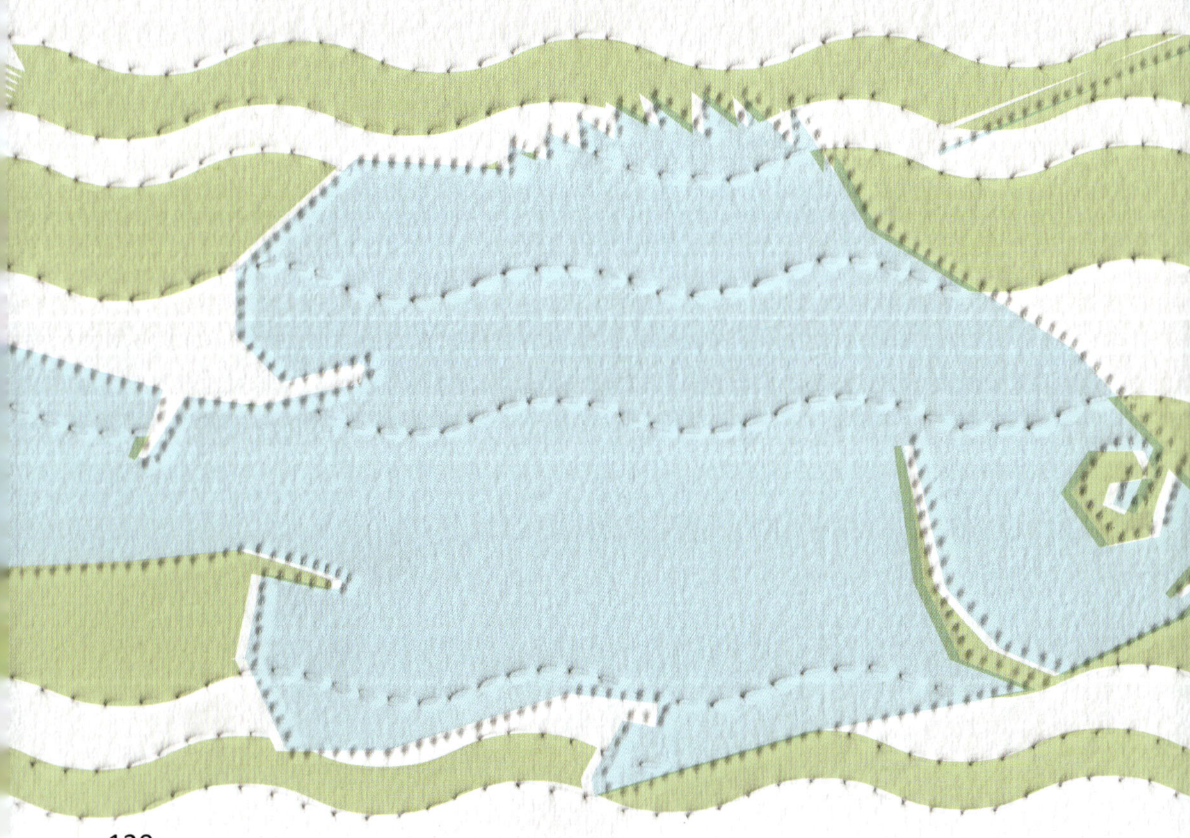

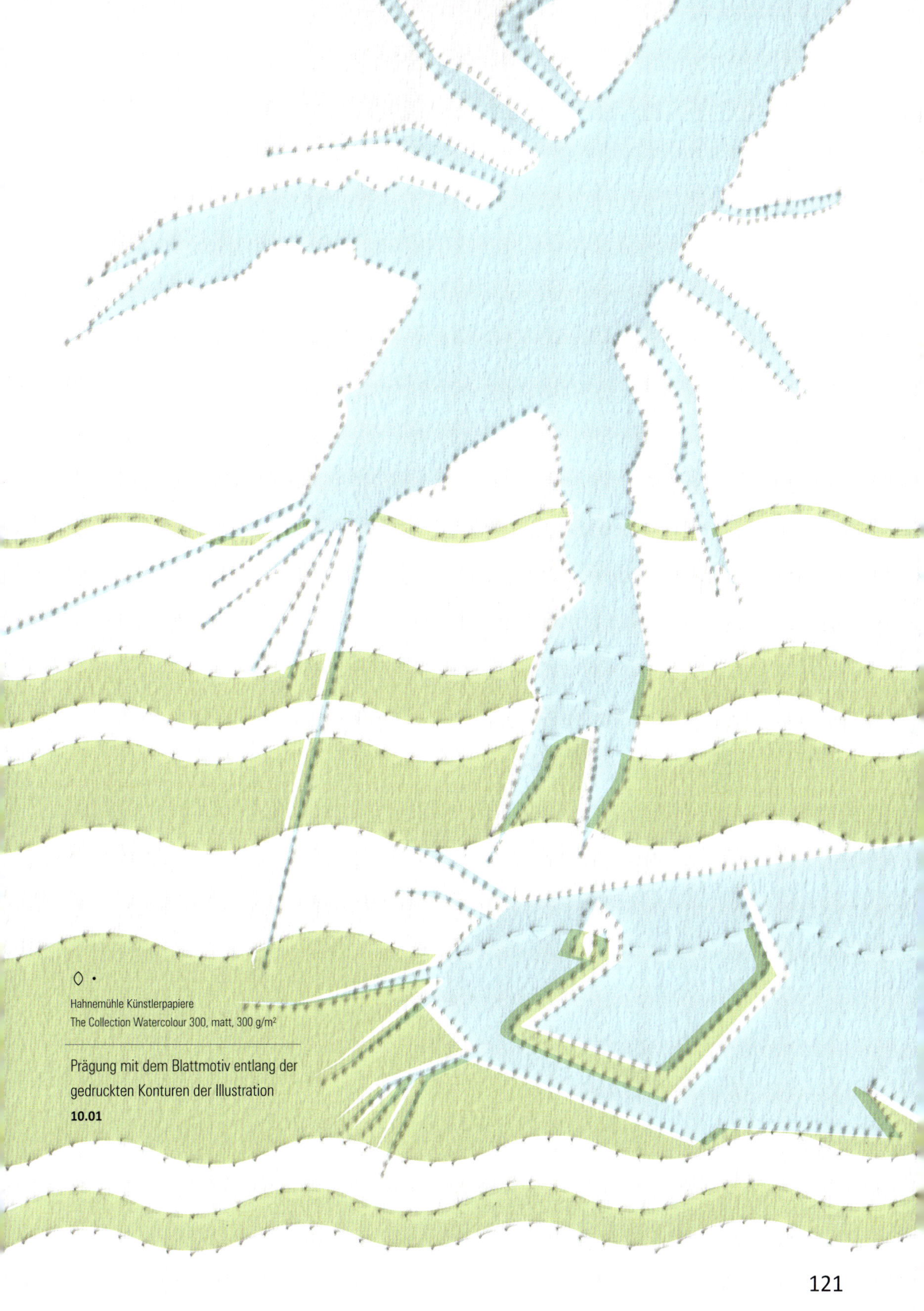

◊ •

Hahnemühle Künstlerpapiere
The Collection Watercolour 300, matt, 300 g/m²

Prägung mit dem Blattmotiv entlang der gedruckten Konturen der Illustration

10.01

FIGUREN AUS KONTURLINIEN

Um die Art einer Figur zweifelsfrei erkennbar zu gestalten, müssen die Prägungen präzise gesetzt werden. Beim Schließen einer Form aus Konturlinien ist es daher sinnvoll, die Abstände und die Anzahl der Motive vorausschauend so zu bemessen, dass die Prägungen am Ende aufgehen. Dabei ist es von Vorteil die Linienenden in einem gerundeten Bereich aufeinandertreffen zu lassen, um die Ausweitung der Biegung bei Bedarf anpassen zu können. Ausreichend große Formradien sind dabei hilfreich, um unschöne „Ecken" in Rundungen zu vermeiden.

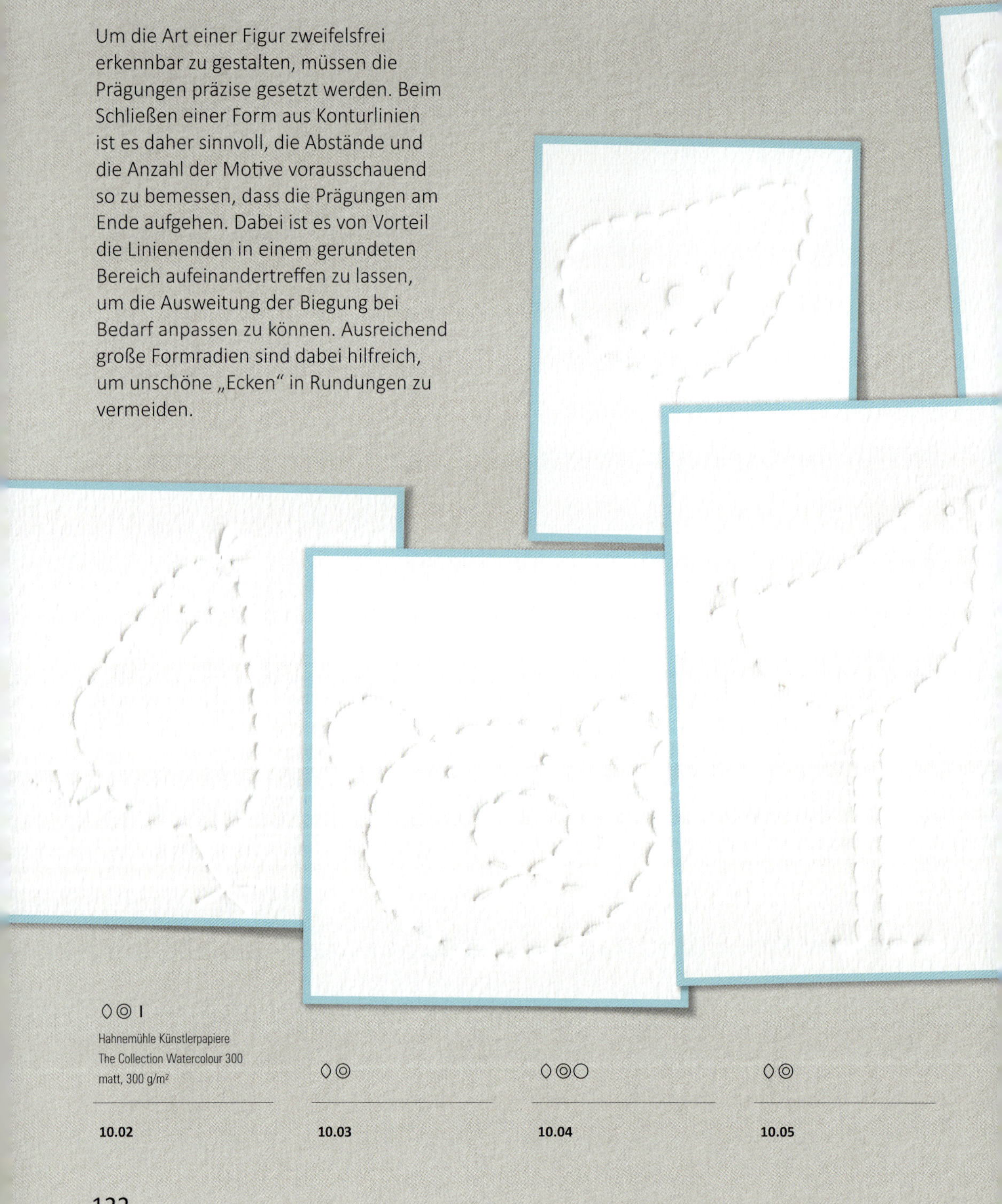

◊◎ I

Hahnemühle Künstlerpapiere
The Collection Watercolour 300
matt, 300 g/m²

10.02

◊◎

10.03

◊◎○

10.04

◊◎

10.05

10.06

10.07

10.08

10.09

FRISUREN AUS STRUKTURPRÄGUNGEN

Haarfrisuren sind ein Ausdrucksmittel, um die soziale Stellung, Gruppenzugehörigkeit oder Persönlichkeit und Individualität zu unterstreichen. Die natürliche Wuchsform und Beschaffenheit von Haaren erlauben zusammen mit dem Haarschnitt eine Vielzahl von Ausgestaltungen, die die äußere Kopfform bestimmen. Für die Umsetzung in Prägungen ist dabei besonders der Konturenbereich der Haarfrisur entscheidend. Hier lässt sich vor ruhigem Hintergrund besonders gut darstellen, ob Locken sich nach innen oder außen drehen oder ob es sich um gescheiteltes, abstehendes, glattes oder krauses Haar handelt.

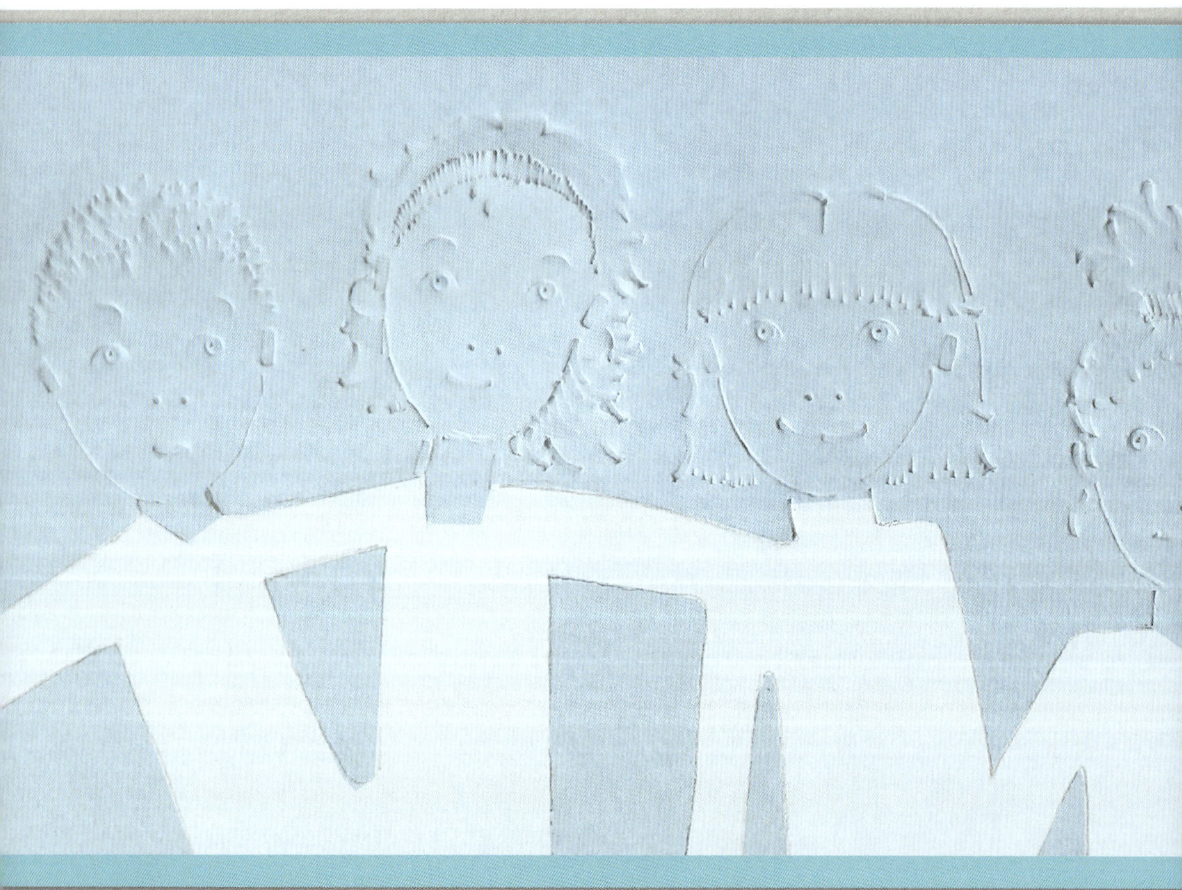

Gmund Papier
Gmund Colors Matt, 44, 200 g/m²

10.10

10.11

10.12

10.13

Neben menschlichen Haarstrukturen können die Wiedergabe der Gesichtsform und Mimik, der Körperform und Haltung in Ruhe und Bewegung sowie der Schnitt und Faltenwurf von Kleidung weitere Herausforderungen bei Prägearbeiten sein – vom Strichmännchen bis zum detaillierten, realistischen Körper.

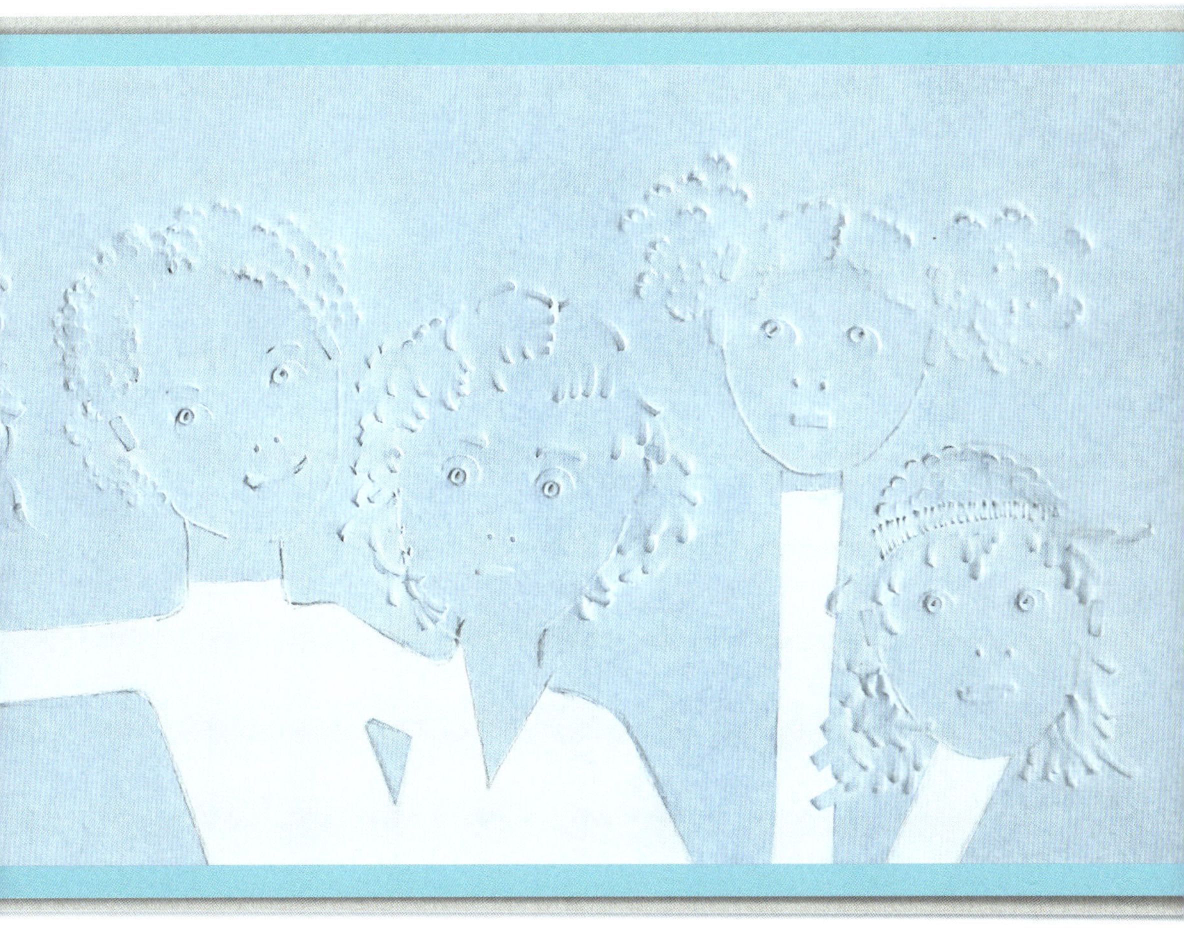

10.14

10.15

10.16

10.17

TIERFIGUREN AUS STRUKTURFLÄCHEN

Auch Tiere können mit ihren individuellen „Frisuren“ wie Haaren, Schuppen, Stacheln und Federn dargestellt werden. Eine besondere Herausforderung ist hierbei das Ausarbeiten von typischen Texturen und Zeichnungen sowie von deren Übergängen und Abgrenzungen zueinander.

Relativ einfach lassen sich Igel und Schaf mit einer Stachel- und Kraushaar-Wolke gestalten, wie hier im Beispiel. Dagegen ist eine Henne oder ein Hahn mit unterschiedlichen Federformen aufwendiger, denn für die Schmuckfedern der Halskrause, Flügel, Schwanzfedern und Daunen müssen passende Meißelmotive gefunden werden.

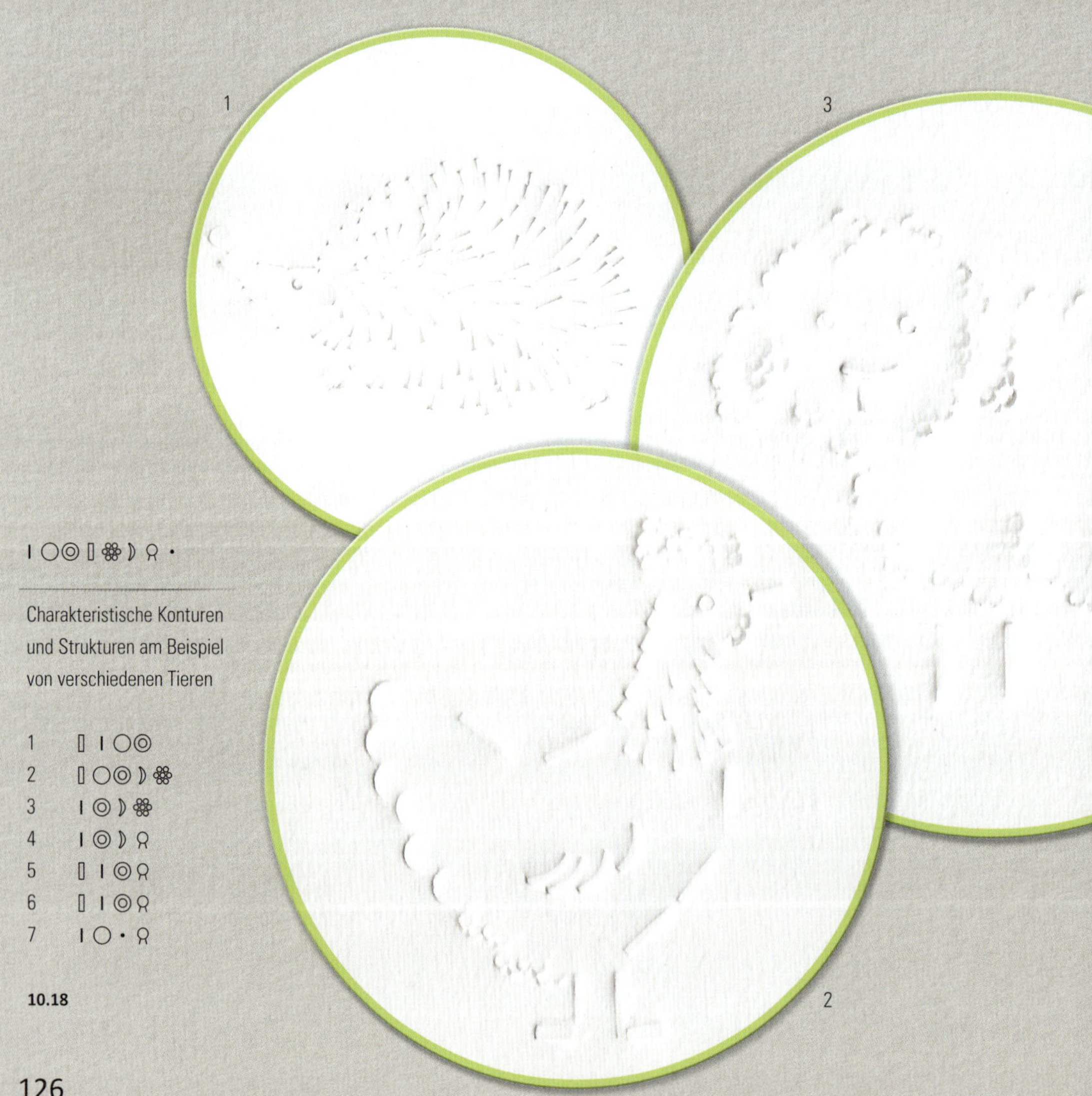

I ○◎ ▯ ❀ ◗ ♀ •

Charakteristische Konturen und Strukturen am Beispiel von verschiedenen Tieren

1 ▯ I ○◎
2 ▯ ○◎ ◗ ❀
3 I ◎ ◗ ❀
4 I ◎ ◗ ♀
5 ▯ I ◎ ♀
6 ▯ I ◎ ♀
7 I ○ • ♀

10.18

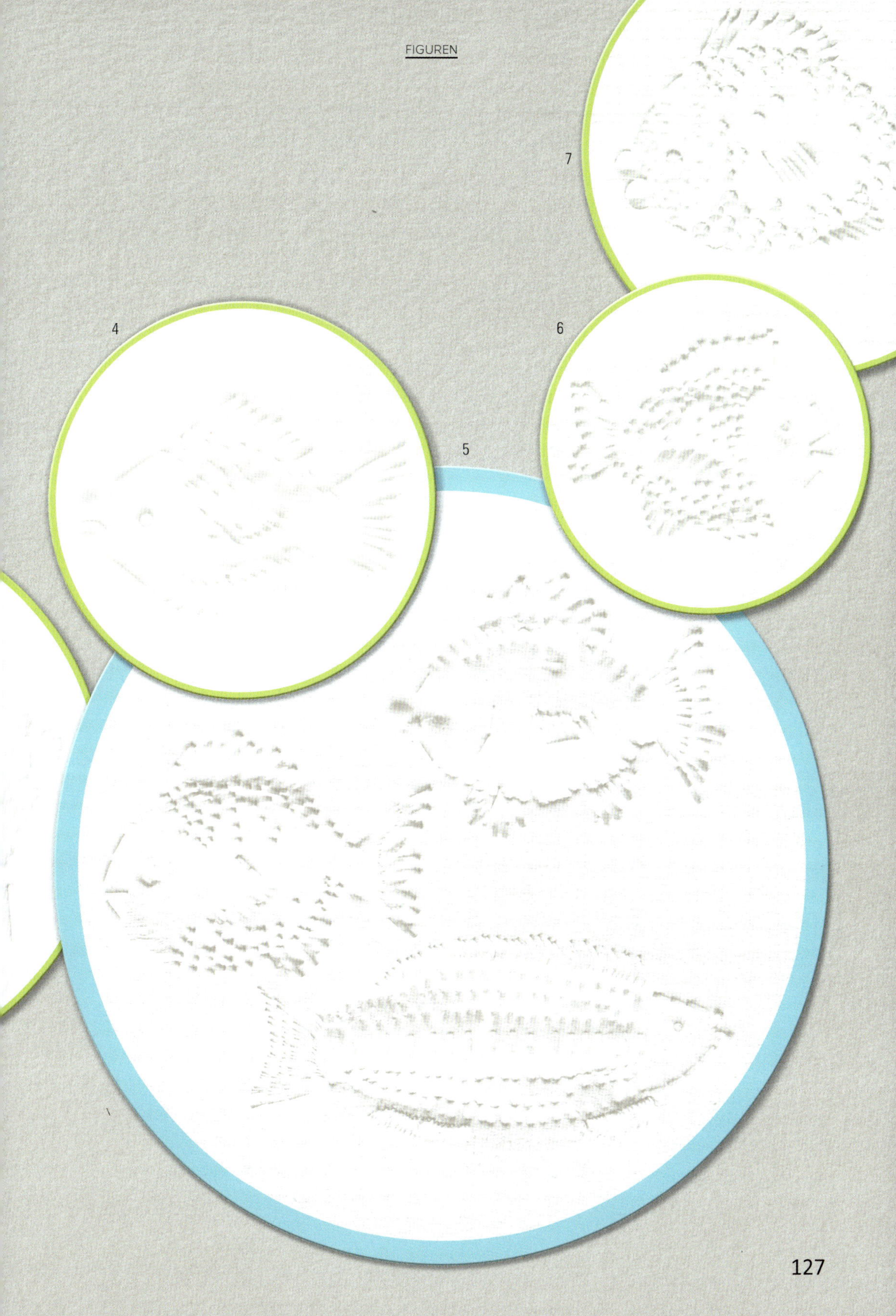
7
4
6
5

11 MILLEFLEURS

Laut Schätzungen soll es auf der Erde über 400.000 Blühpflanzen geben. Dazu kommt eine unbeschreibliche Fülle an Blüten in der Malerei, Illustration und Grafik, von gegenständlich bis abstrakt und fantasievoll. Gestalten wir hiermit ein weiteres, grenzenloses Blütenmeer in Form von geprägten Blumen in allen erdenklichen Formen, Größen und Schattierungen!

Wie viele Blumentypen lassen sich mit nur elf nebeneinandergeprägten Meißelmotiven zu einer Fläche gruppieren? Unzählige! Das Hintergrundbild ist nur ein kleiner Auszug aus einer Prägefläche von einem Quadratmeter.
11.01

Gebogene Papierflächen unterstützen ein lebhaftes Licht-Schatten-Spiel von Prägungen.
11.02

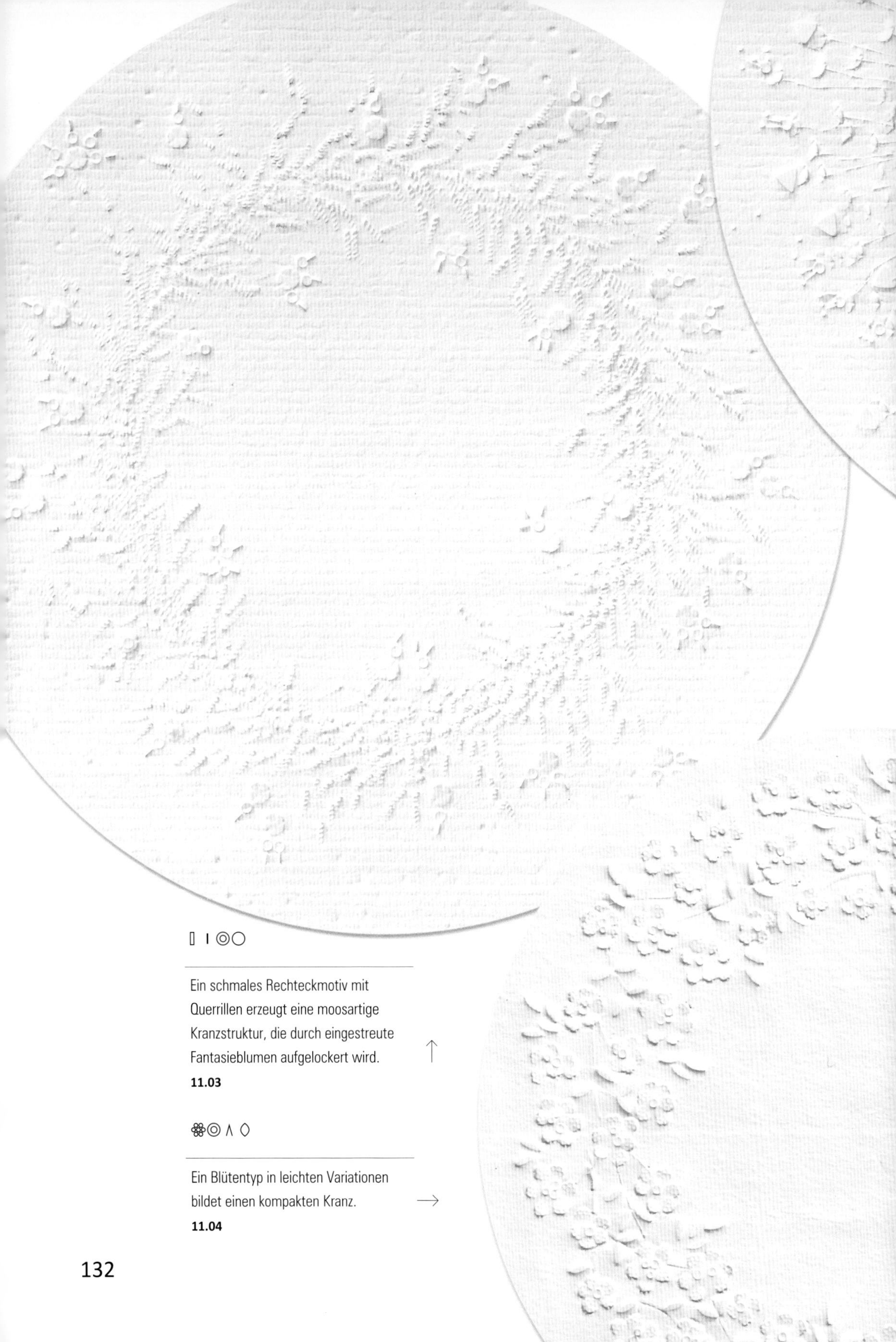

▯ I ◎○

Ein schmales Rechteckmotiv mit Querrillen erzeugt eine moosartige Kranzstruktur, die durch eingestreute Fantasieblumen aufgelockert wird. ↑

11.03

❀◎ ∧ ◊

Ein Blütentyp in leichten Variationen bildet einen kompakten Kranz. →

11.04

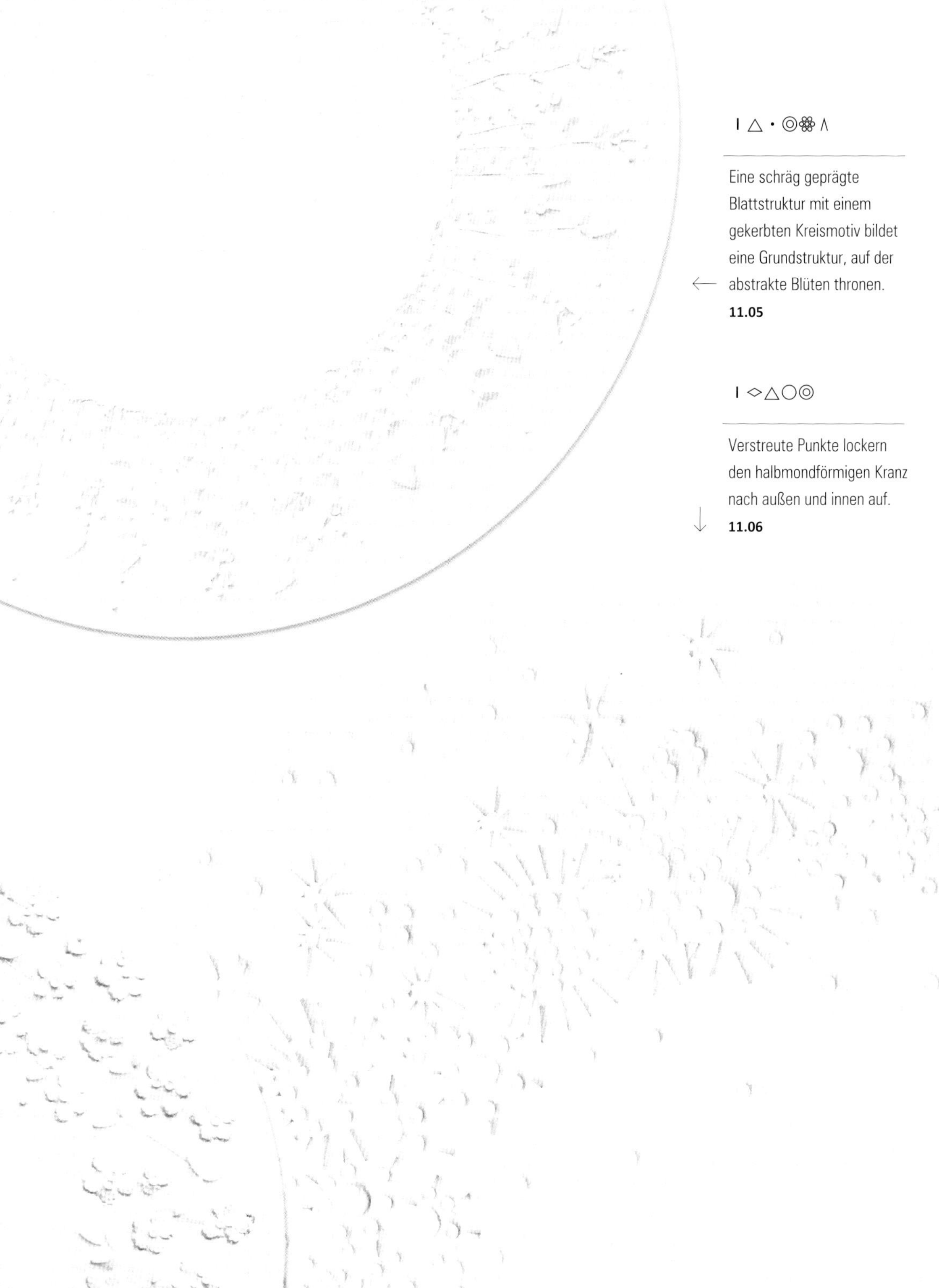

I △ • ◎❀ ʌ

Eine schräg geprägte Blattstruktur mit einem gekerbten Kreismotiv bildet eine Grundstruktur, auf der ← abstrakte Blüten thronen.
11.05

I ◇△○◎

Verstreute Punkte lockern den halbmondförmigen Kranz nach außen und innen auf.
↓ **11.06**

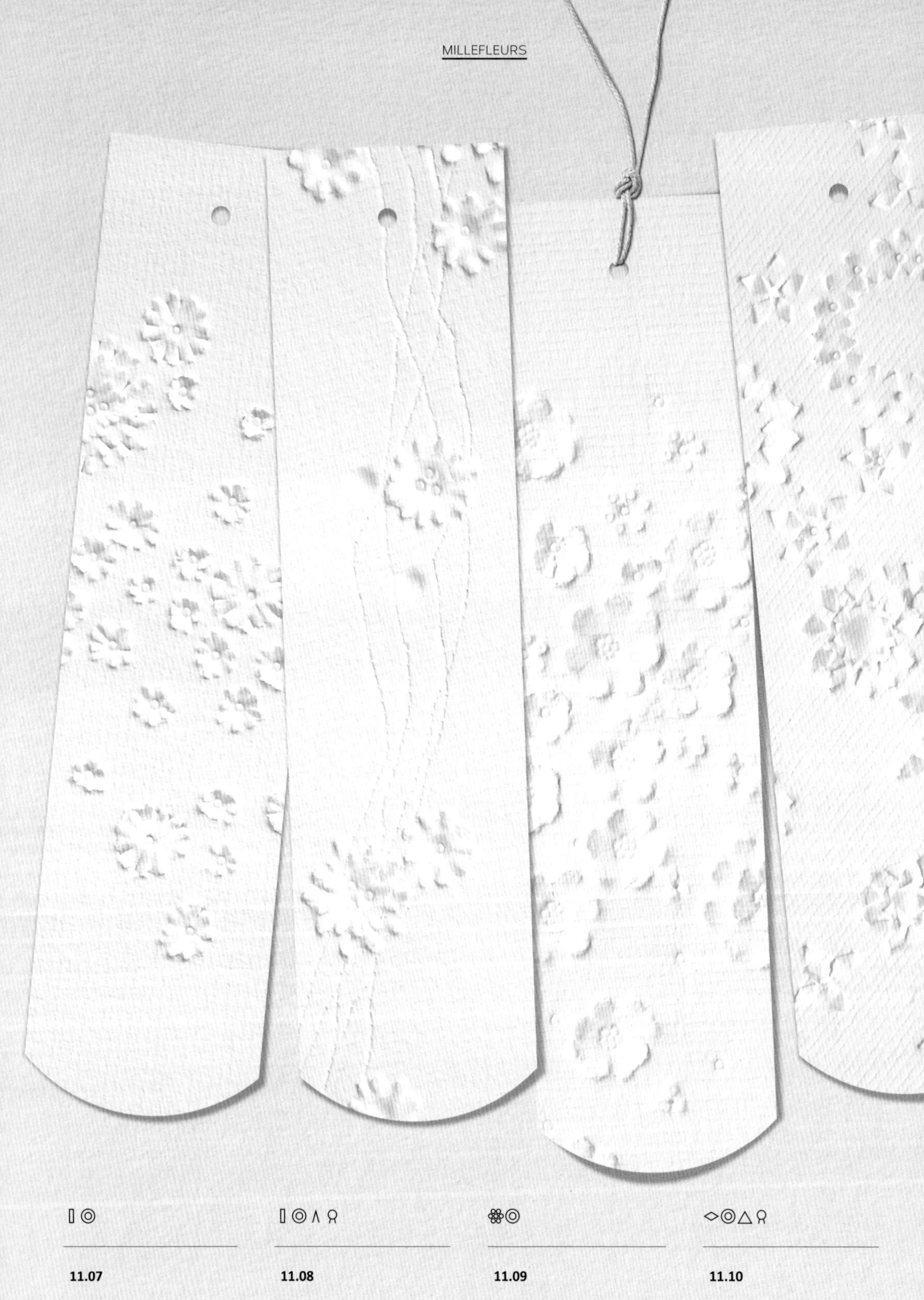

▯ ◎

11.07

▯ ◎ ∧ ꭥ

11.08

❀◎

11.09

◇◎△ꭥ

11.10

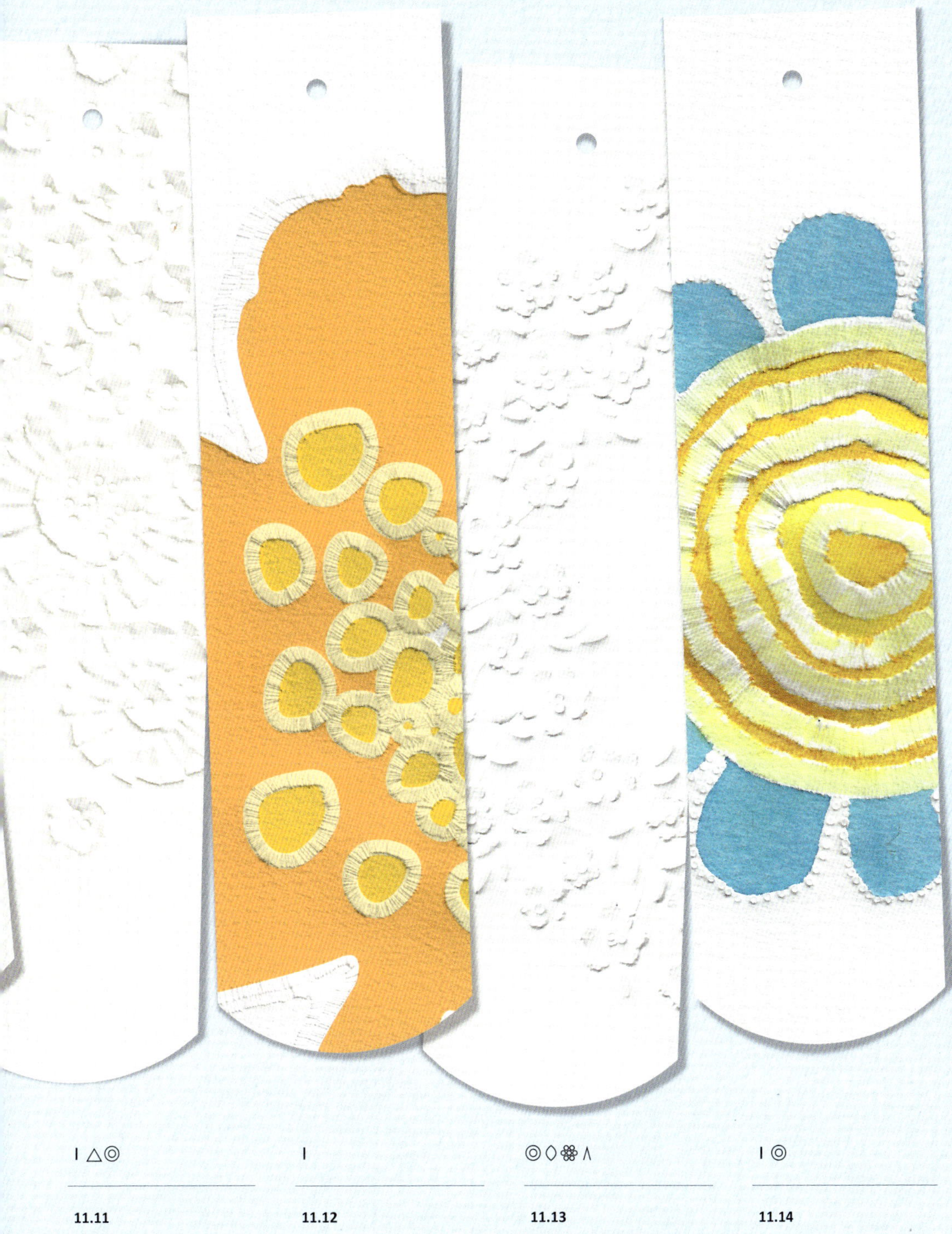

11.11

11.12

11.13

11.14

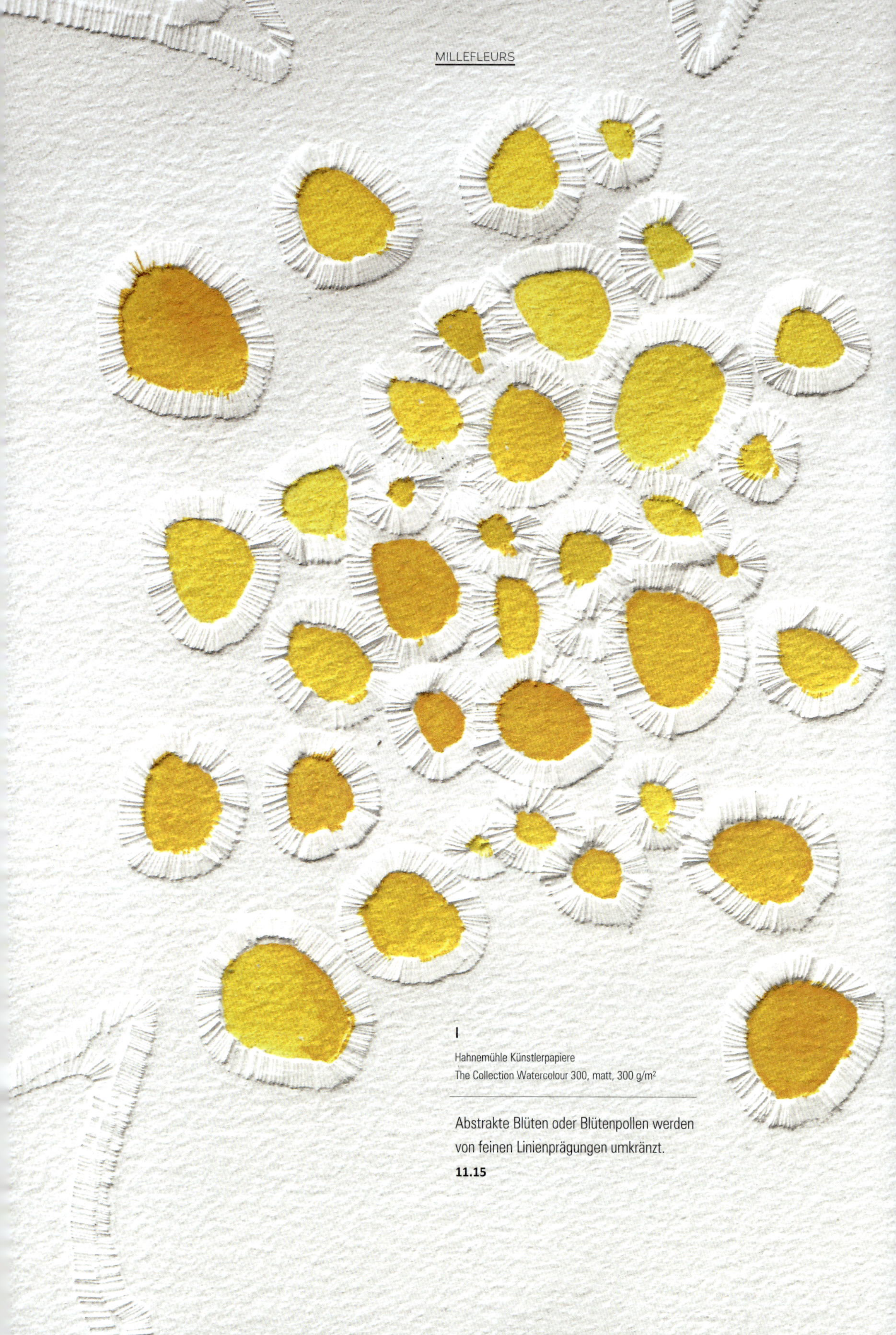

I

Hahnemühle Künstlerpapiere
The Collection Watercolour 300, matt, 300 g/m²

Abstrakte Blüten oder Blütenpollen werden von feinen Linienprägungen umkränzt.

11.15

Dicht bis vereinzelt gestreute Blümchen im Hochdruck

11.16

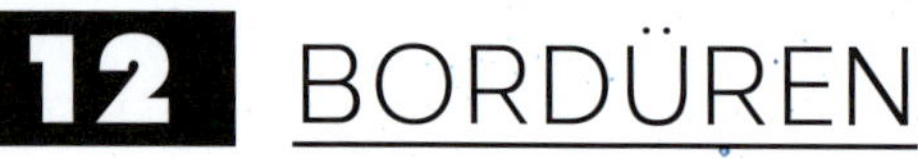

12 BORDÜREN

Meist bestehen Bordüren aus wiederkehrenden Mustern, die gedruckt oder mit Schablonen erstellt werden. Da Kopierarbeiten eintönig und bei Handprägung nur in begrenztem Umfang möglich sind, bietet sich hier die Gelegenheit zur Gestaltung von in fortlaufender Entwicklung geprägten „Geschichten am laufenden Band“.

Fantasiepflanzen umkränzen eine Kreisform.
Prototyp für die Rosenthal GmbH, Selb.
12.01

BANDGESCHICHTEN – REDUZIERTE BIS VERDICHTETE MOTIVVIELFALT

Die Gestaltung von Bordüren bietet Gelegenheit, um intuitiv und ohne Planung ein Element an das andere zu reihen. Ein durchgängiger Stil oder eine Grundidee helfen allerdings, einen in sich stimmigen Gesamteindruck zu erzielen. Dies gelingt am besten, wenn bei einer Arbeit immer dieselben Meißelmotive verwendet werden und Grundelemente sich wiederholen. Dies kann zum Beispiel eine Kontur sein, die nach unten oder zu einer Seite hin abschließt, oder eine Blüte, die in Variationen wiederkehrt.
Bei den dargestellten Beispielen wird außerdem die Höhe innerhalb eines gewissen Spielraums verändert, was dem Band die Strenge nimmt.

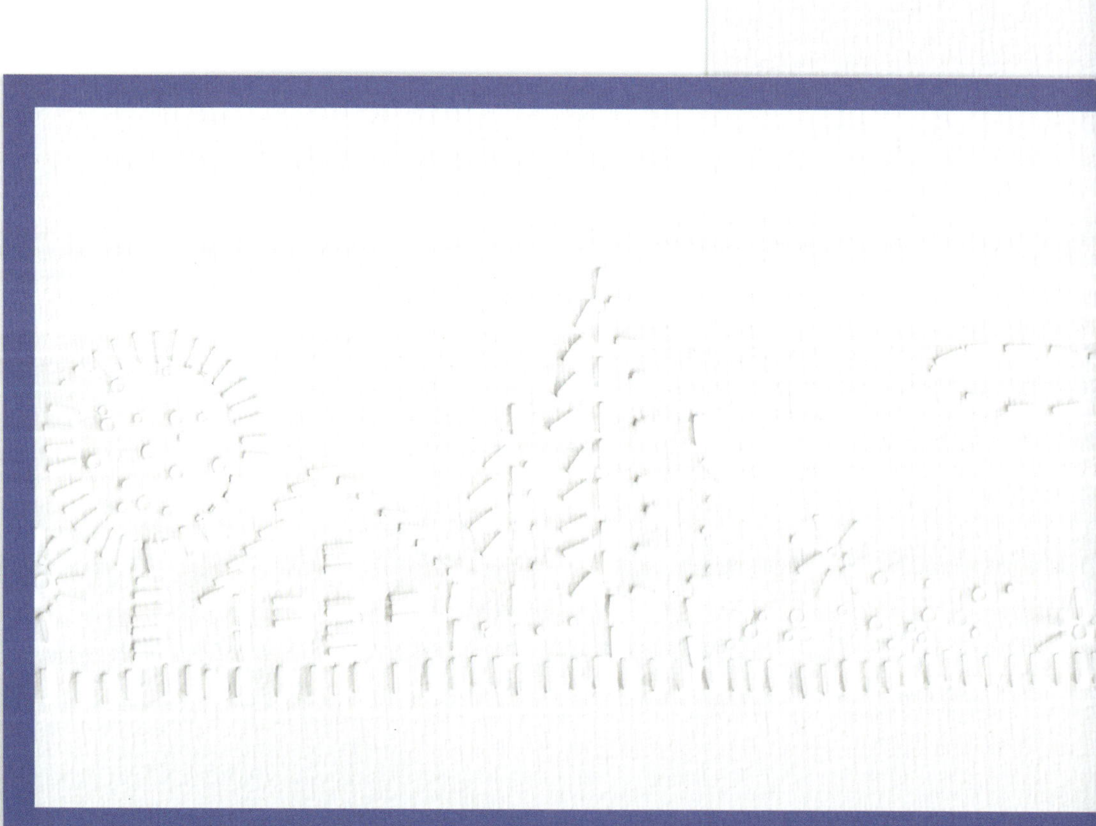

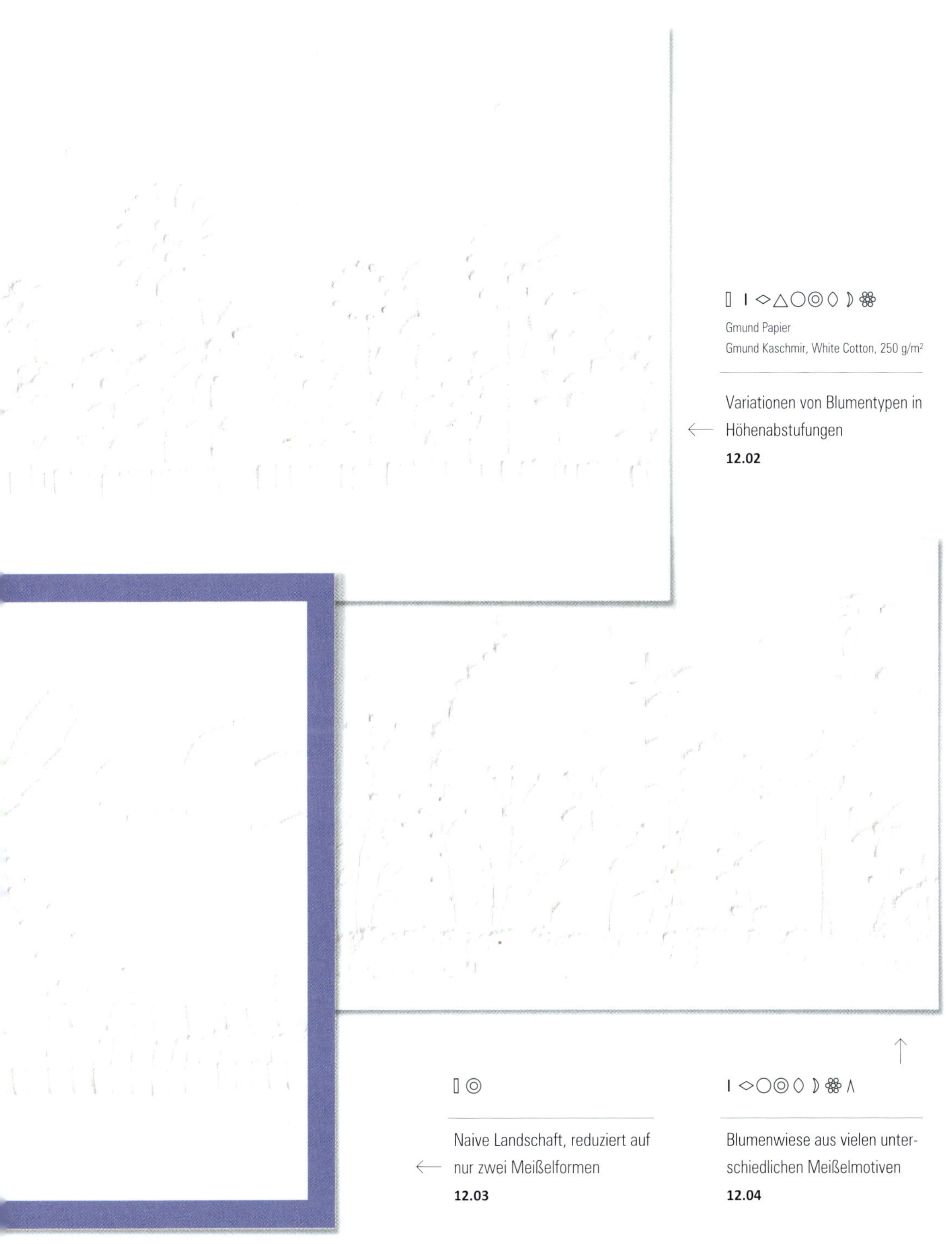

Gmund Papier
Gmund Kaschmir, White Cotton, 250 g/m²

← Variationen von Blumentypen in Höhenabstufungen
12.02

← Naive Landschaft, reduziert auf nur zwei Meißelformen
12.03

↑ Blumenwiese aus vielen unterschiedlichen Meißelmotiven
12.04

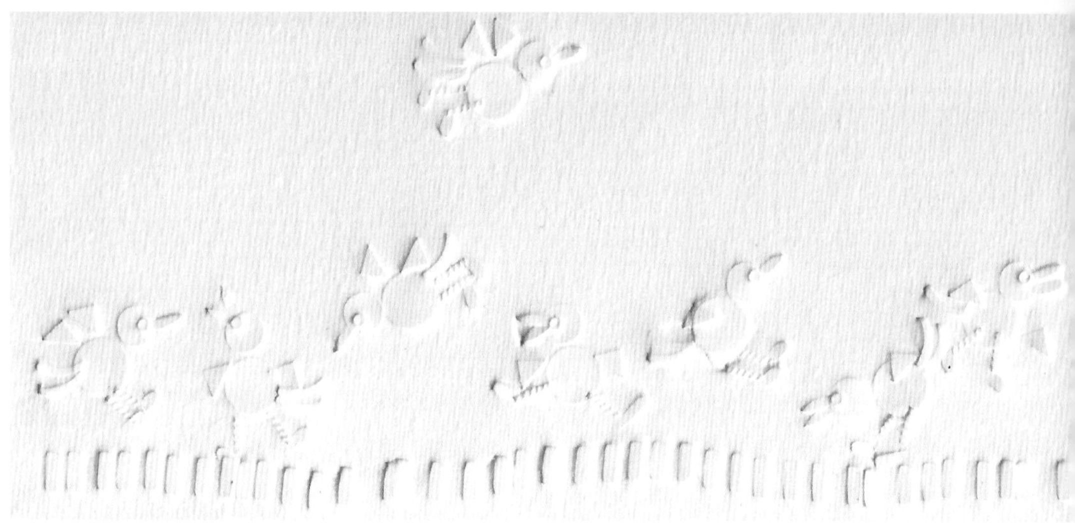

▯ ı △○◎◊ ⟫

Gmund Papier
Gmund Colors Matt, 50, 200 g/m²

Ein Vogel-Typus in Bewegung aus jeweils sechs Meißelmotiven

12.05

▯ ı ◇△○ • ◎◊ ⟫ ∧

Gmund Papier
Gmund Colors Matt, 50, 200 g/m²

Vielfältige Vögel aus unterschiedlichen Meißelmotiven bestimmen den Charakter der Bordüre. Die nach unten abschließende Bodenkontur verleiht dem Gesamtbild einen verbindenden Rahmen.

12.06

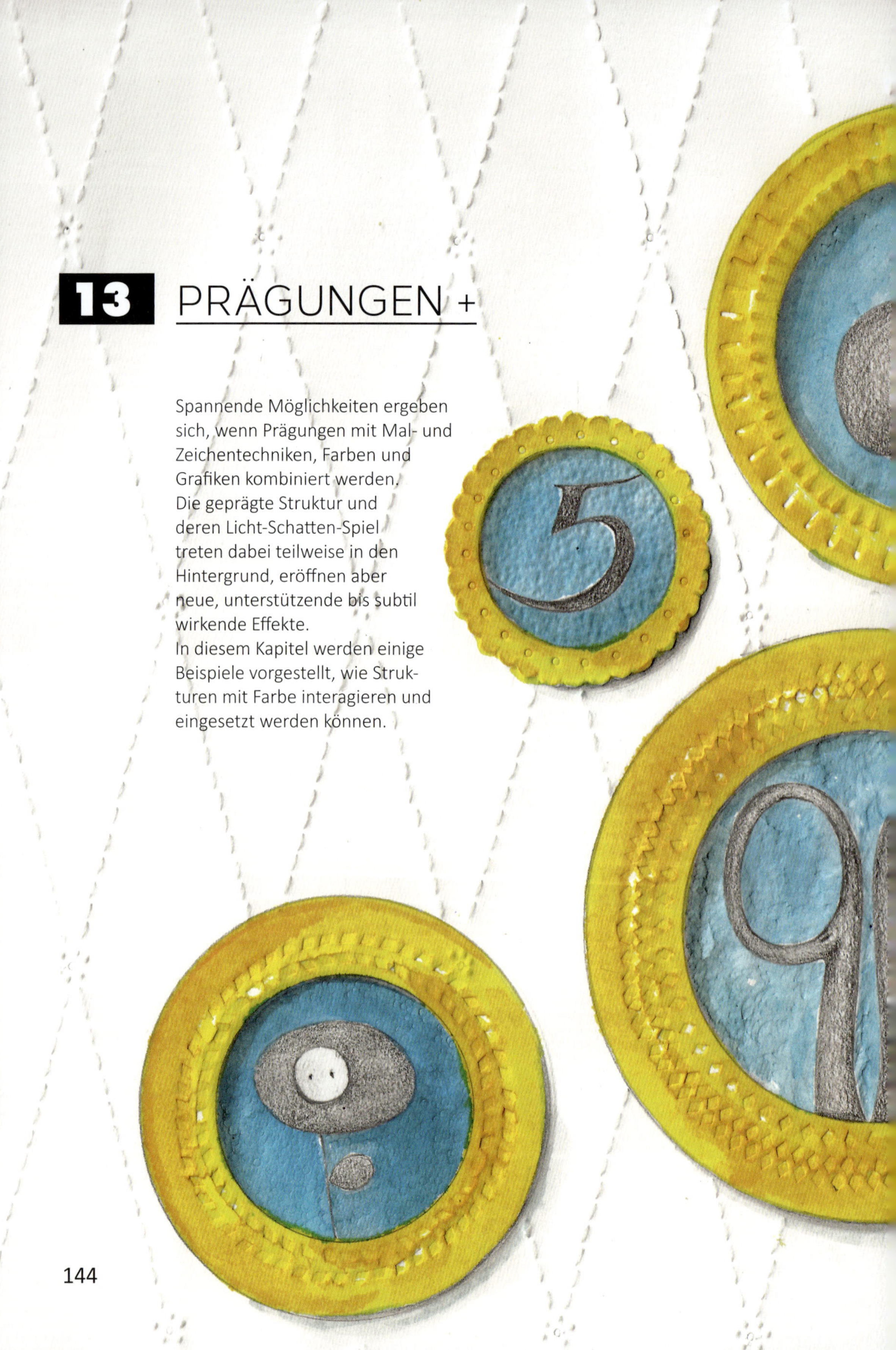

13 PRÄGUNGEN +

Spannende Möglichkeiten ergeben sich, wenn Prägungen mit Mal- und Zeichentechniken, Farben und Grafiken kombiniert werden. Die geprägte Struktur und deren Licht-Schatten-Spiel treten dabei teilweise in den Hintergrund, eröffnen aber neue, unterstützende bis subtil wirkende Effekte.
In diesem Kapitel werden einige Beispiele vorgestellt, wie Strukturen mit Farbe interagieren und eingesetzt werden können.

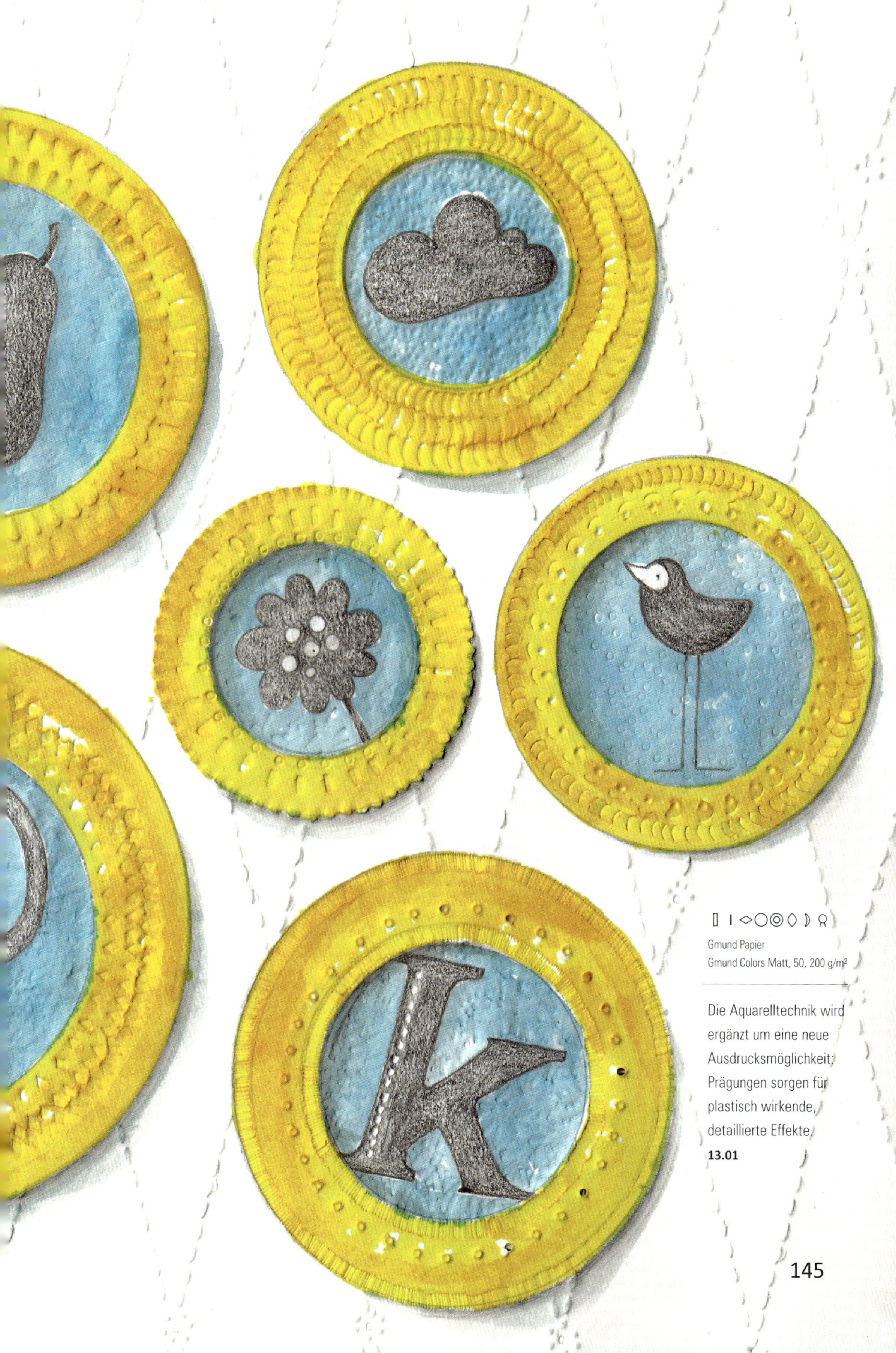

Gmund Papier
Gmund Colors Matt, 50, 200 g/m²

Die Aquarelltechnik wird ergänzt um eine neue Ausdrucksmöglichkeit: Prägungen sorgen für plastisch wirkende, detaillierte Effekte.
13.01

PRÄGUNG UND PAPIERSTRUKTUR

Strukturpapiere erweitern die Papierauswahl und bieten abstrakt bis natürlich wirkende Strukturen, die im Zusammenspiel mit Prägungen ein weiteres Experimentierfeld für Überlagerungseffekte darstellen.
Tests und Versuche sind von Vorteil, da solche Papiere durch die Strukturierung eine Verdichtung aufweisen können und teilweise beschichtet sind.

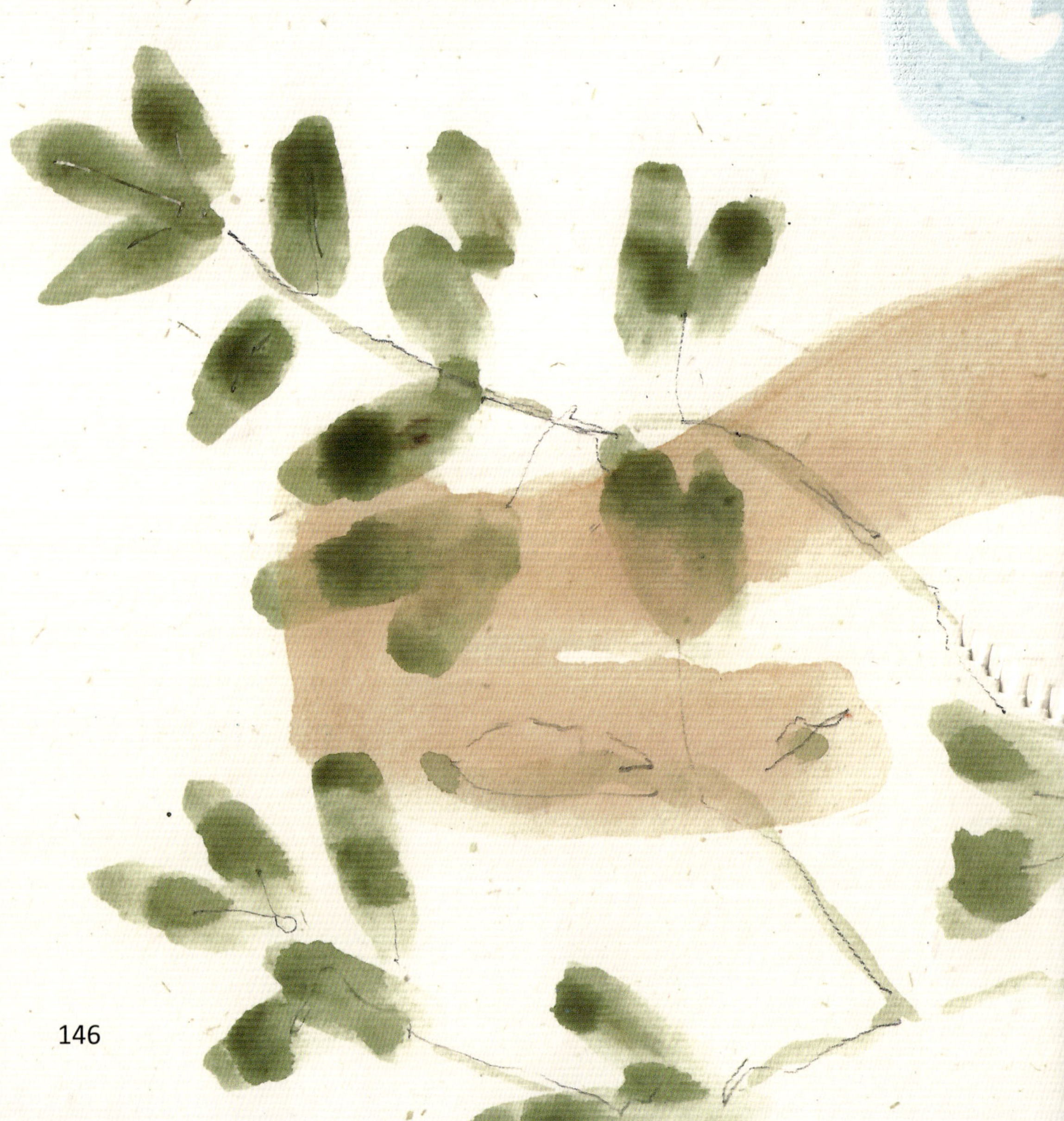

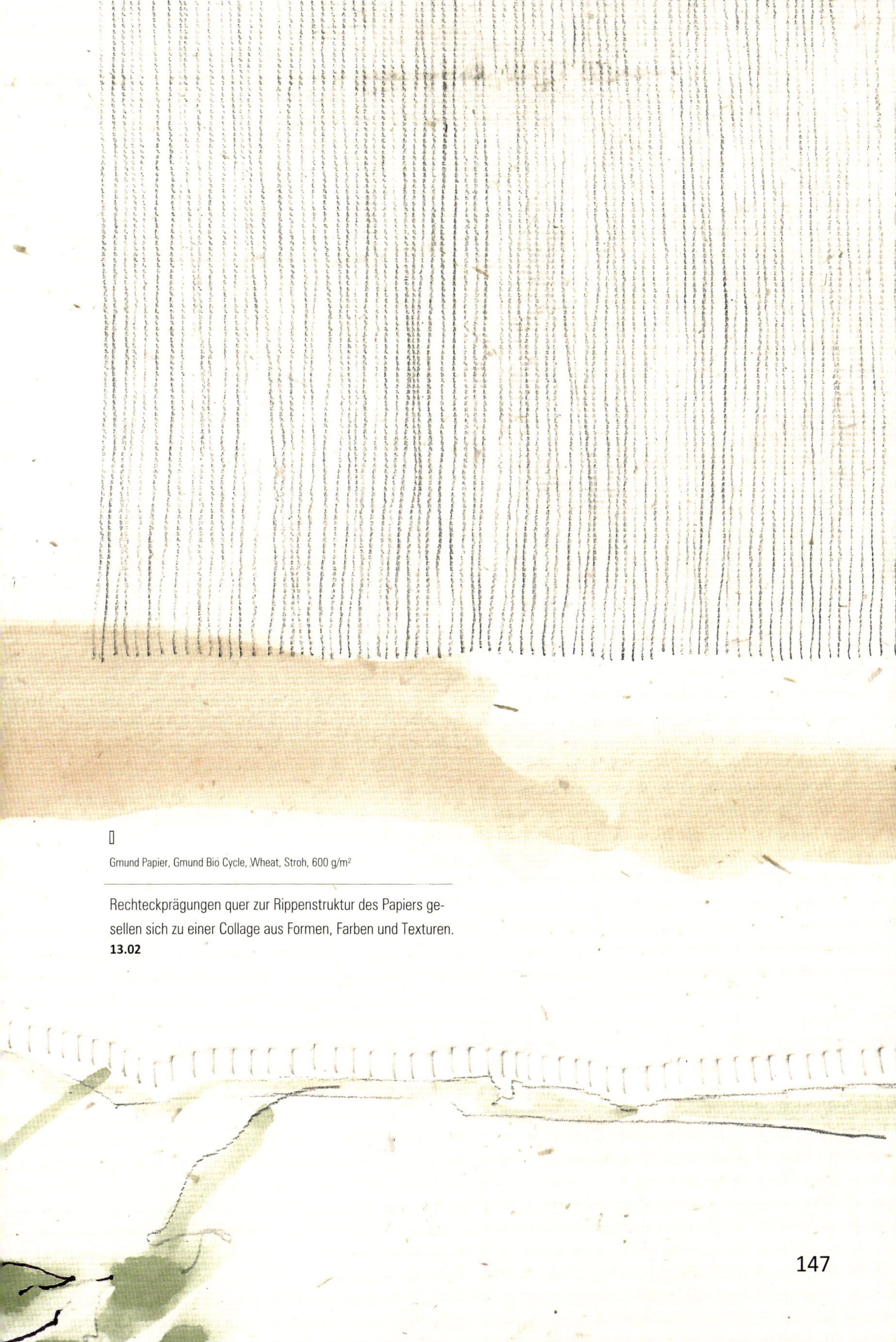

Gmund Papier, Gmund Bio Cycle, Wheat, Stroh, 600 g/m²

Rechteckprägungen quer zur Rippenstruktur des Papiers gesellen sich zu einer Collage aus Formen, Farben und Texturen.
13.02

„STRUKTUR²“: STRUKTURPAPIER UND HANDPRÄGUNG

Durch die Überlagerung von Papier- und Handprägung tritt der Hintergrund mit dem Prägebild in Interaktion. Die Wirkung wird von der Papierart, der Stärke des Prägeschlags, der Größe der Motive und deren Abstimmung aufeinander bestimmt. In der Regel sollte die Prägearbeit im Vordergrund stehen und von einer feineren Papierstruktur unterstützt werden.

○
Gmund Papier, Gmund Bio Cycle Cannabis, Hanf, 600 g/m²

Feine „Nadelstreifen“ für kleine Prägepunkte: Die Prägestruktur des Papiers überlagert die flächigen Kreisprägungen und bereichert diese durch ein weiteres belebendes Detail. →

13.07

MUSTERKÄRTCHEN „STRUKTUR“

Ein durchgängig gleichbleibendes Prägebeispiel im Hoch- und Tiefdruck überlagert abstrakt bis natürlich wirkende Papierstrukturen.

▯ ◎

Gmund Papier, Gmund Wood Limba Veneer, 300 g/m²

13.03

Gmund Papier, Gmund Colors Felt Felt 50, 240 g/m²

13.04

Gmund Papier, Gmund Heather Alabaster, 300 g/m²

13.05

Gmund Papier, Gmund Urban Cement Dust, 250 g/m²

13.06

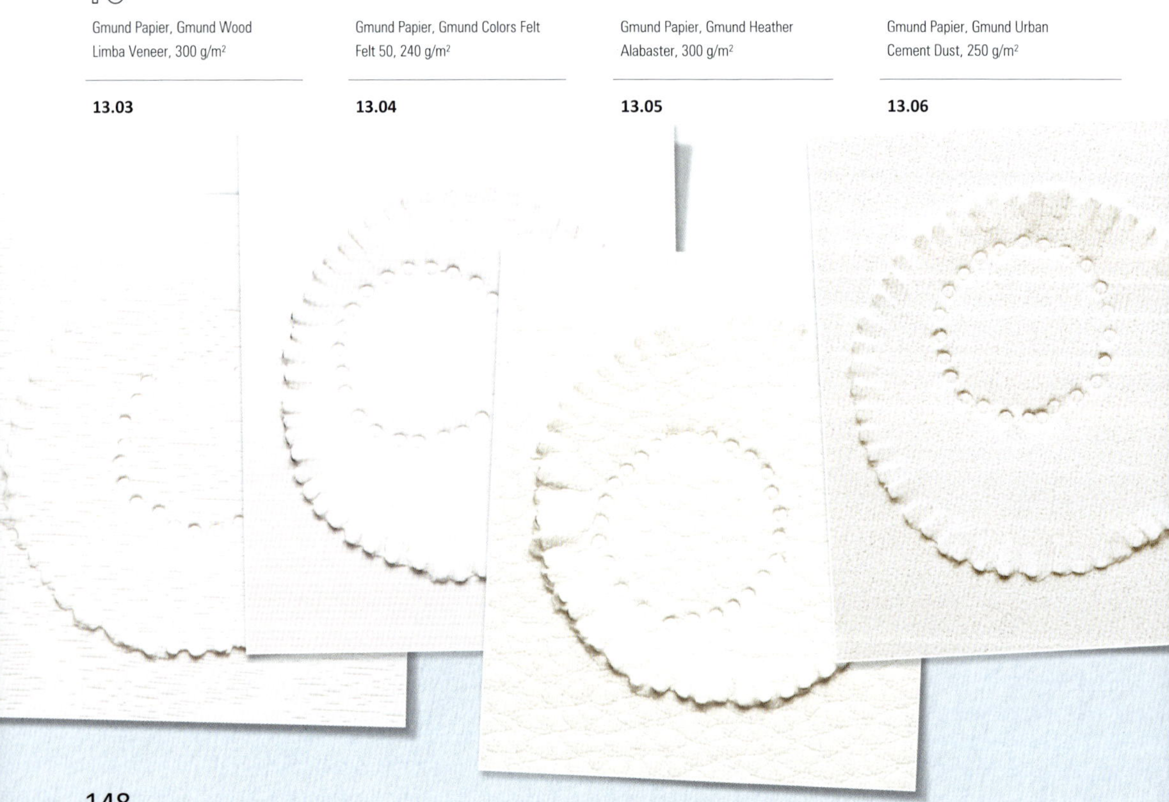

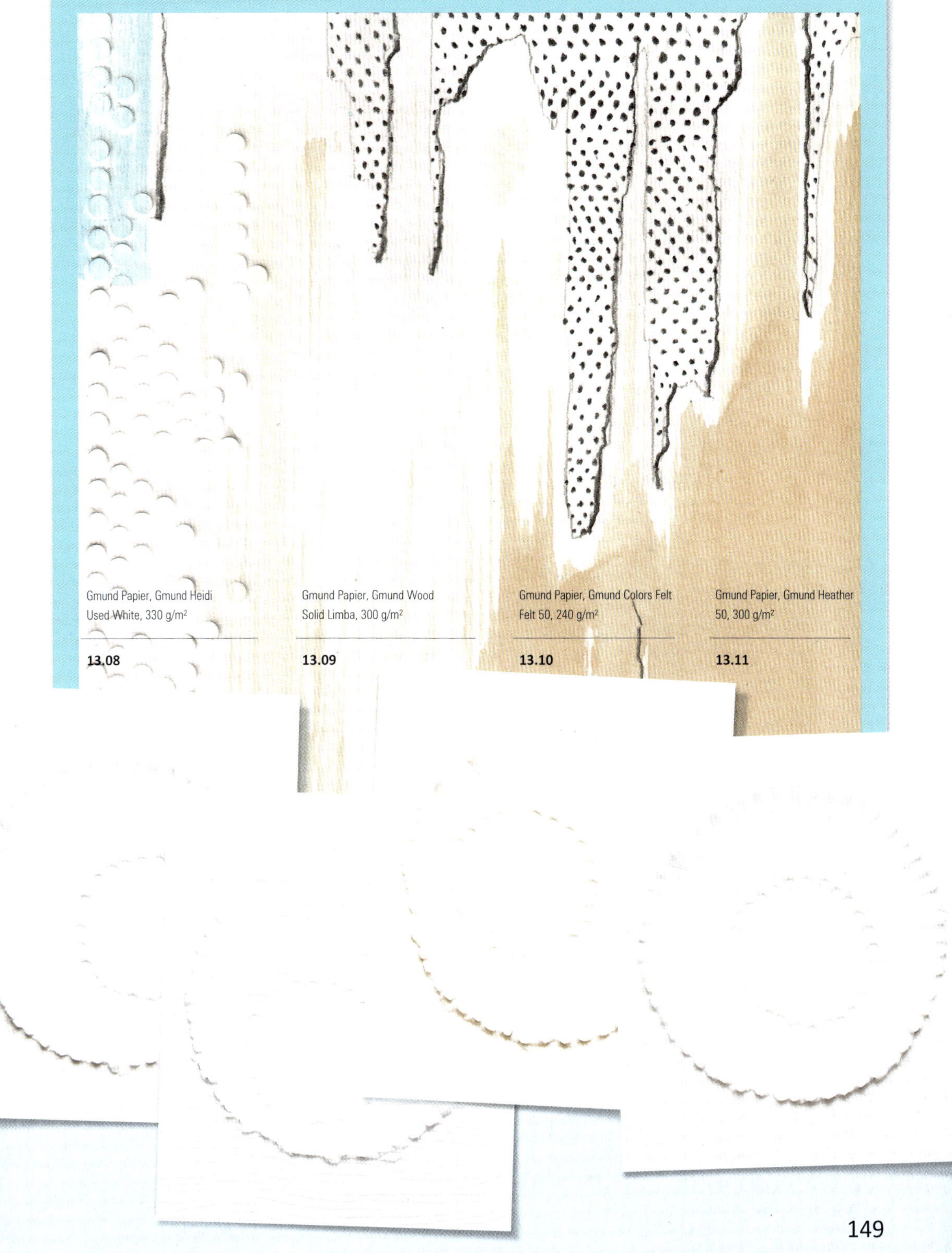

Gmund Papier, Gmund Heidi Used White, 330 g/m²

13.08

Gmund Papier, Gmund Wood Solid Limba, 300 g/m²

13.09

Gmund Papier, Gmund Colors Felt Felt 50, 240 g/m²

13.10

Gmund Papier, Gmund Heather 50, 300 g/m²

13.11

PRÄGUNG UND FARBIGES PAPIER

Prägungen wirken je nach Farbhintergrund unterschiedlich. So können bei hellen Farbpapieren die dunkleren Schatten einer Prägung dominieren, während bei tiefschwarzem Papier die Lichter in den Vordergrund treten. Durchgefärbte Farbpapiere haben außerdem den Vorteil, dass beispielsweise bei schrägen und tiefen Prägungen keine weißen „Blitzer“ entstehen, wie dies bei oberflächlich gefärbten Papieren der Fall ist.

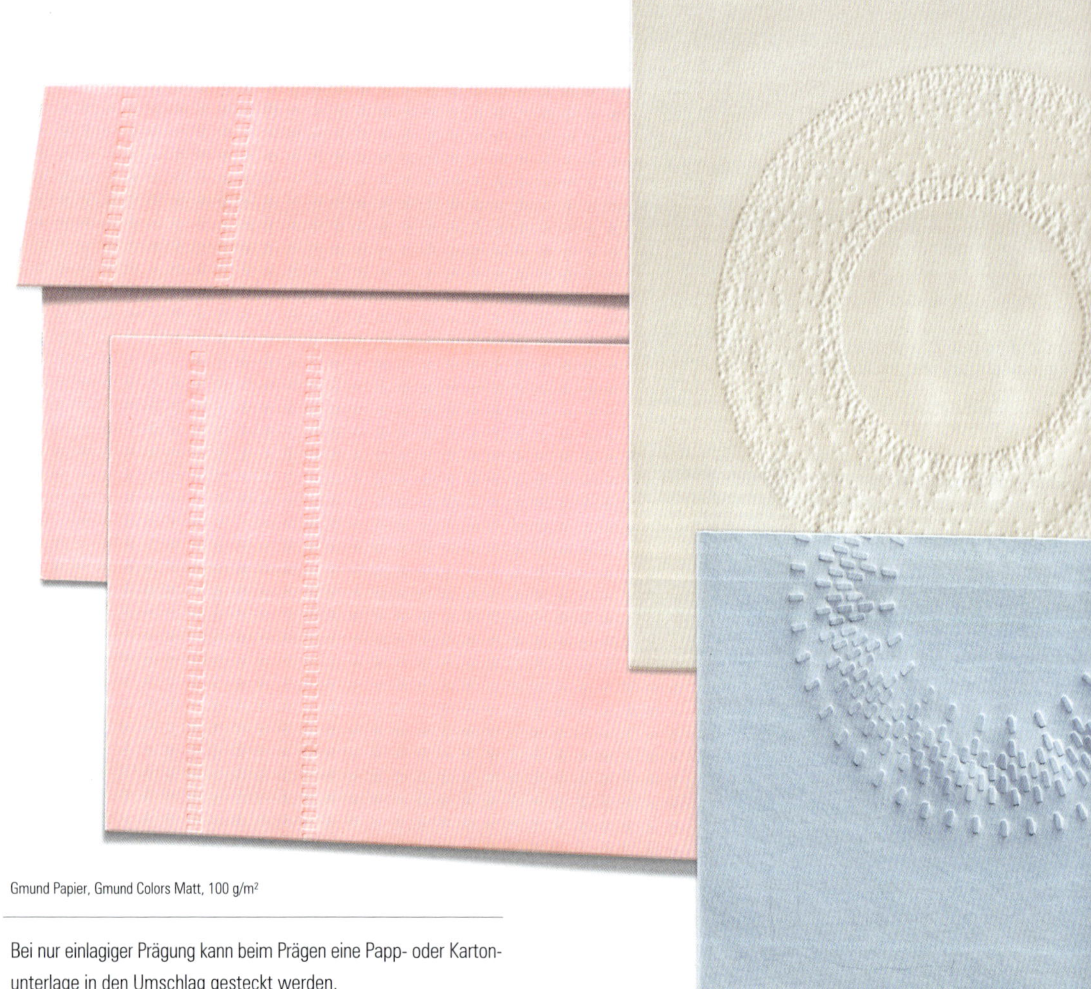

Gmund Papier, Gmund Colors Matt, 100 g/m²

Bei nur einlagiger Prägung kann beim Prägen eine Papp- oder Kartonunterlage in den Umschlag gesteckt werden.

13.12

FARBIGES GEPRÄGTES PAPIER IM VERGLEICH

▯

Gmund Papier, Gmund Colors Matt, 44, 200 g/m²

Blaue Karte: Spirale im schrägen Hochdruck nach außen verlaufend

13.13

▯ · ◎

Gmund Papier, Gmund Colors Matt, 31, 200 g/m

Gelbe Karte: „Würmchen" im senkrechten Tiefdruck

13.14

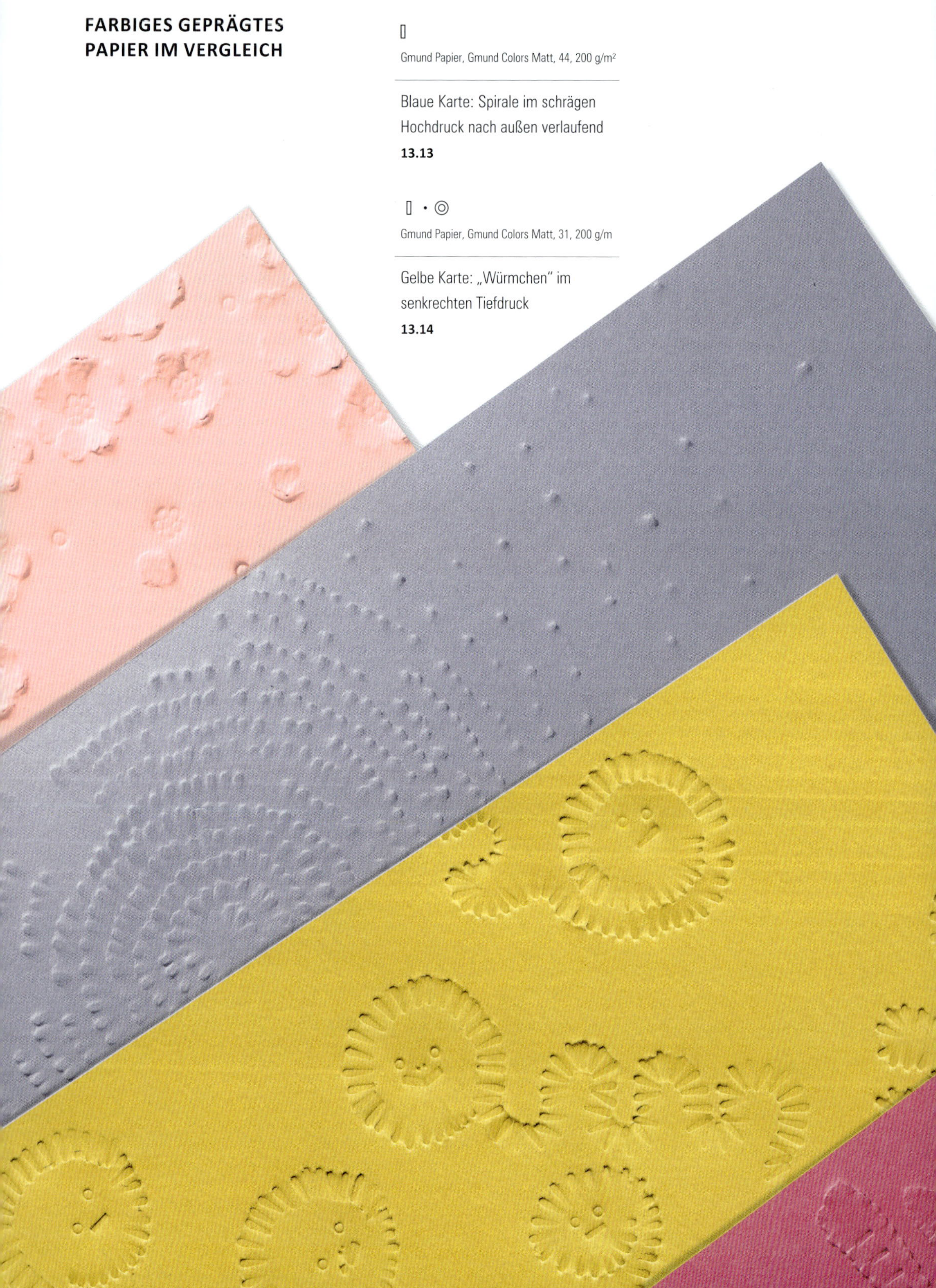

Gmund Papier, Gmund Colors Matt, 03, 200 g/m²

Grüne Karte: „Igelstacheln" im nach außen gerichteten schrägen Tiefdruck

13.15

Gmund Papier, Gmund Colors Matt, 11, 200 g/m²

Rosa Karte: Blütenblätter im schrägen Hochdruck, gegengeprägt mit einem Blumenmotiv

13.17

Gmund Papier, Gmund Colors Matt, 36, 200 g/m²

Magentafarbene Karte: Konturen der Fantasieblätter im schrägen Hochdruck, Blattrippen im geraden Tiefdruck

13.16

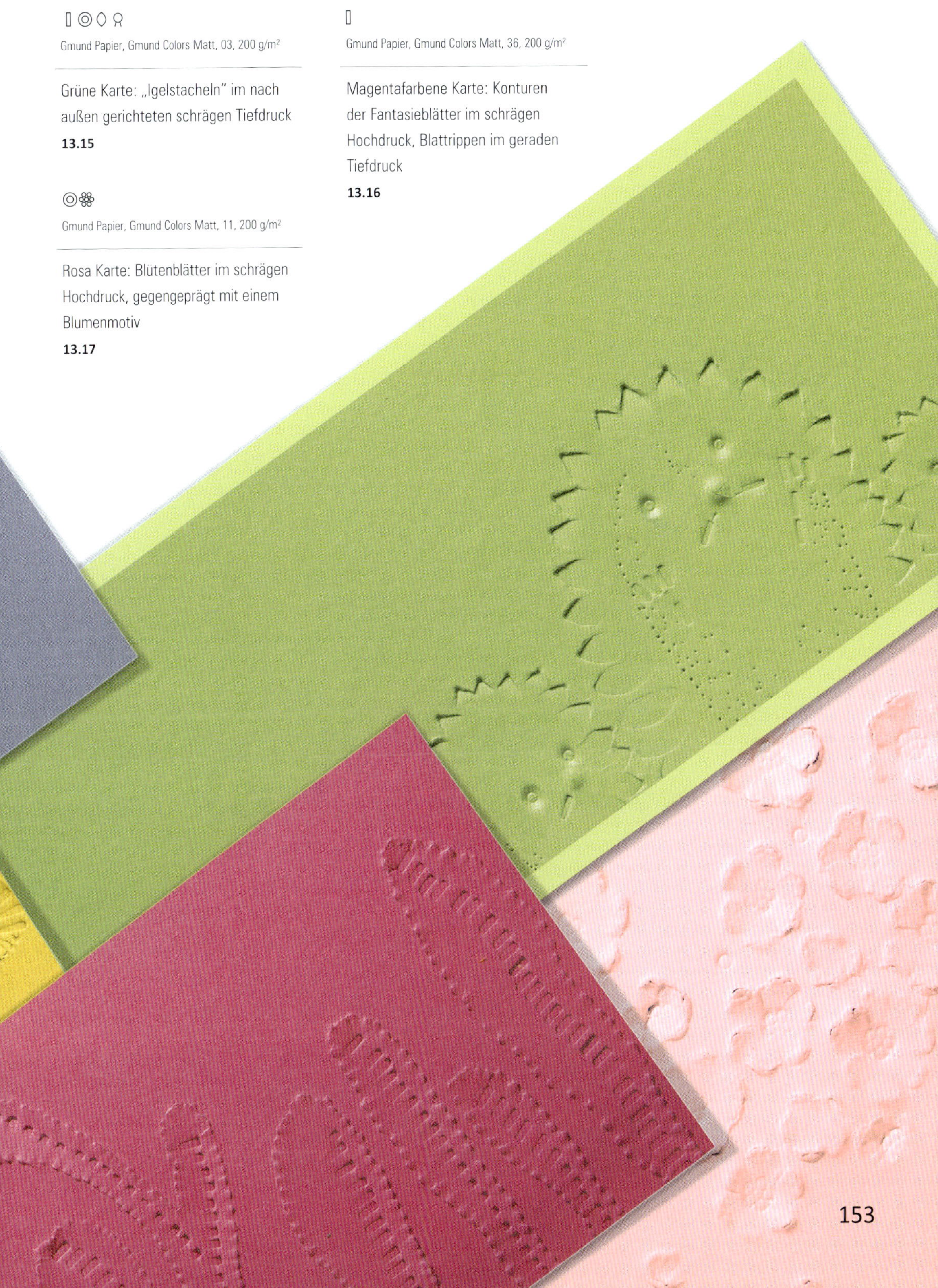

PRÄGUNG UND TRANSPARENTPAPIER

Hartes, sprödes Transparentpapier reagiert auf Prägen, Knicken und Ritzen mit weißen Bruchkanten und verfügt somit über ein ganz eigenes Gestaltungspotenzial. Hierfür sind flächige, breite Meißelmotive wie zum Beispiel Kreis und Rechteck weniger gut geeignet, da sich das Papier mit ihnen nur minimal umformen lässt. Am besten funktionieren kleine und kantige Motive wie Linien und Ziselierspitzen, mit denen man das Material vorsichtig kleinflächig anritzen oder knicken kann. Die dabei entstehenden weißen Prägebilder sind im Zusammenspiel mit der Transparenz reizvoll für hinterleuchtete Arbeiten wie Fensterbilder und Windlichter.

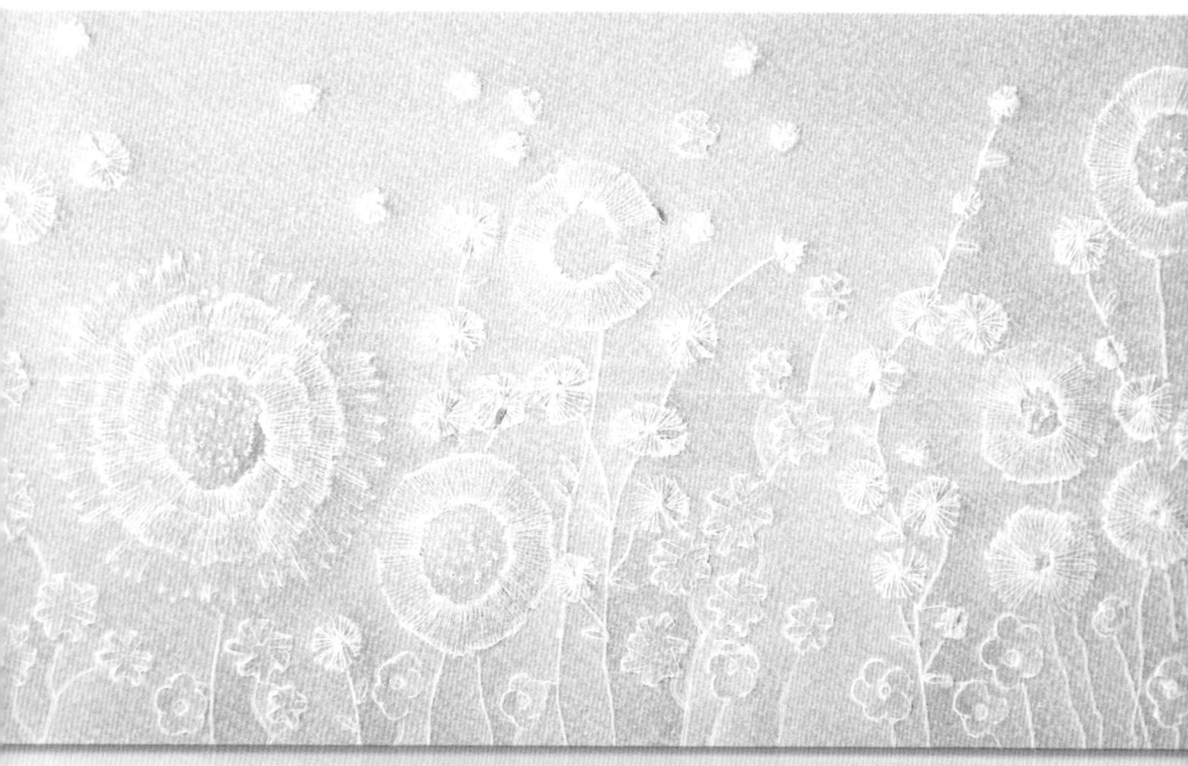

Gmund Papier, Gmund Colors Transparent
Transparent 50, 200 g/m²

Transparentpapier ist in verschiedenen Farben erhältlich. Auf weißem Transparentpapier wirken Prägungen wie Eisblumen, die sich bei einer Hinterleuchtung dunkel abzeichnen.

13.18

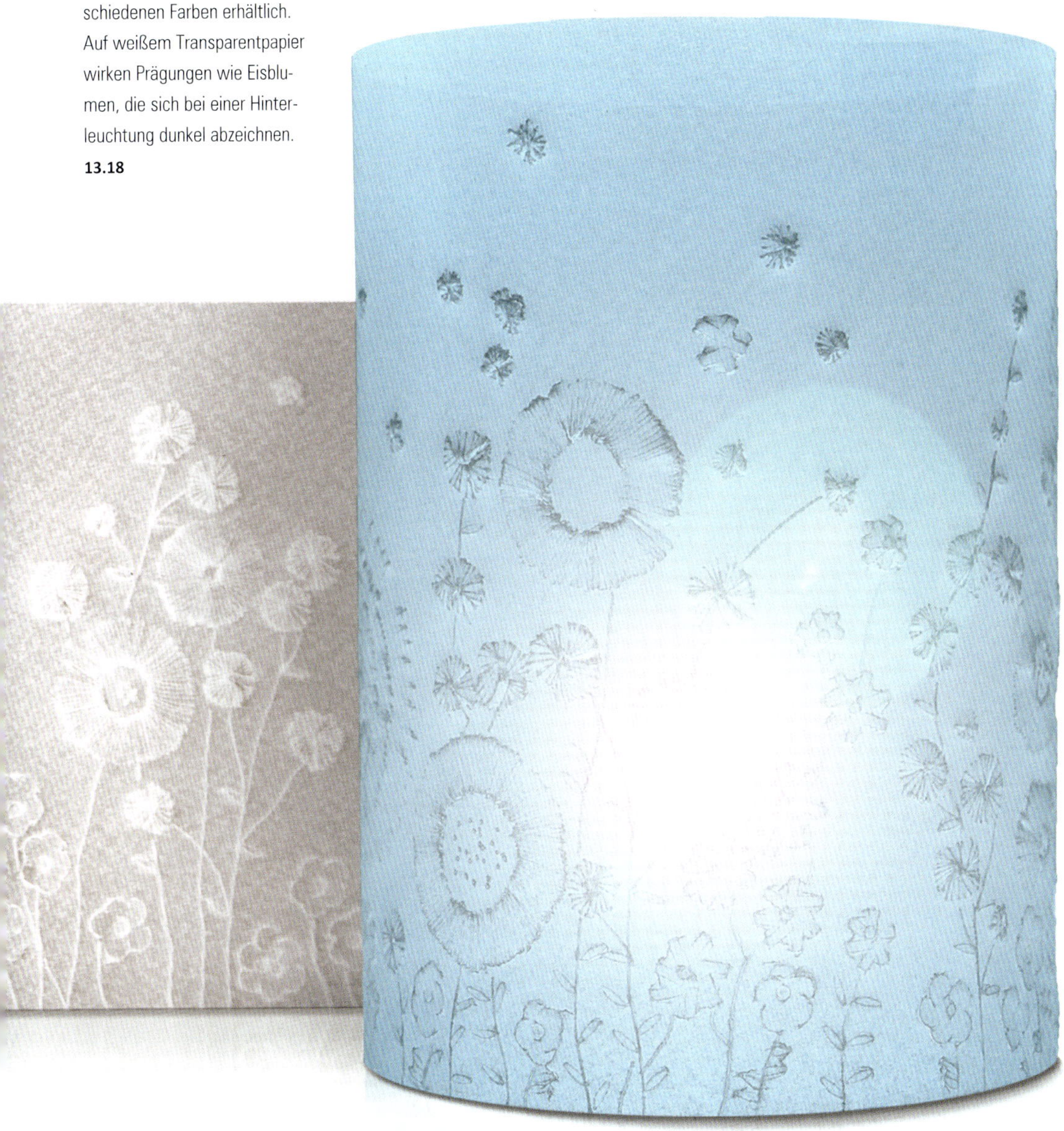

PRÄGUNG UND GRAFIK

Prägungen können einer gedruckten Grafik eine weitere Ebene oder Dimension verleihen, die haptisch und visuell erlebbar ist. Auf diese Weise lassen sich wichtige Bildbereiche hervorheben und in den Fokus rücken. Während bei der maschinellen Prägung meist nur eine neue, flächige Ebene eingefügt wird, punktet Handarbeit mit der Möglichkeit detaillierter Strukturierungen – Glanz, lebhaft changierende Farbtiefe und Sättigung verändern die Wahrnehmung von Farbe.

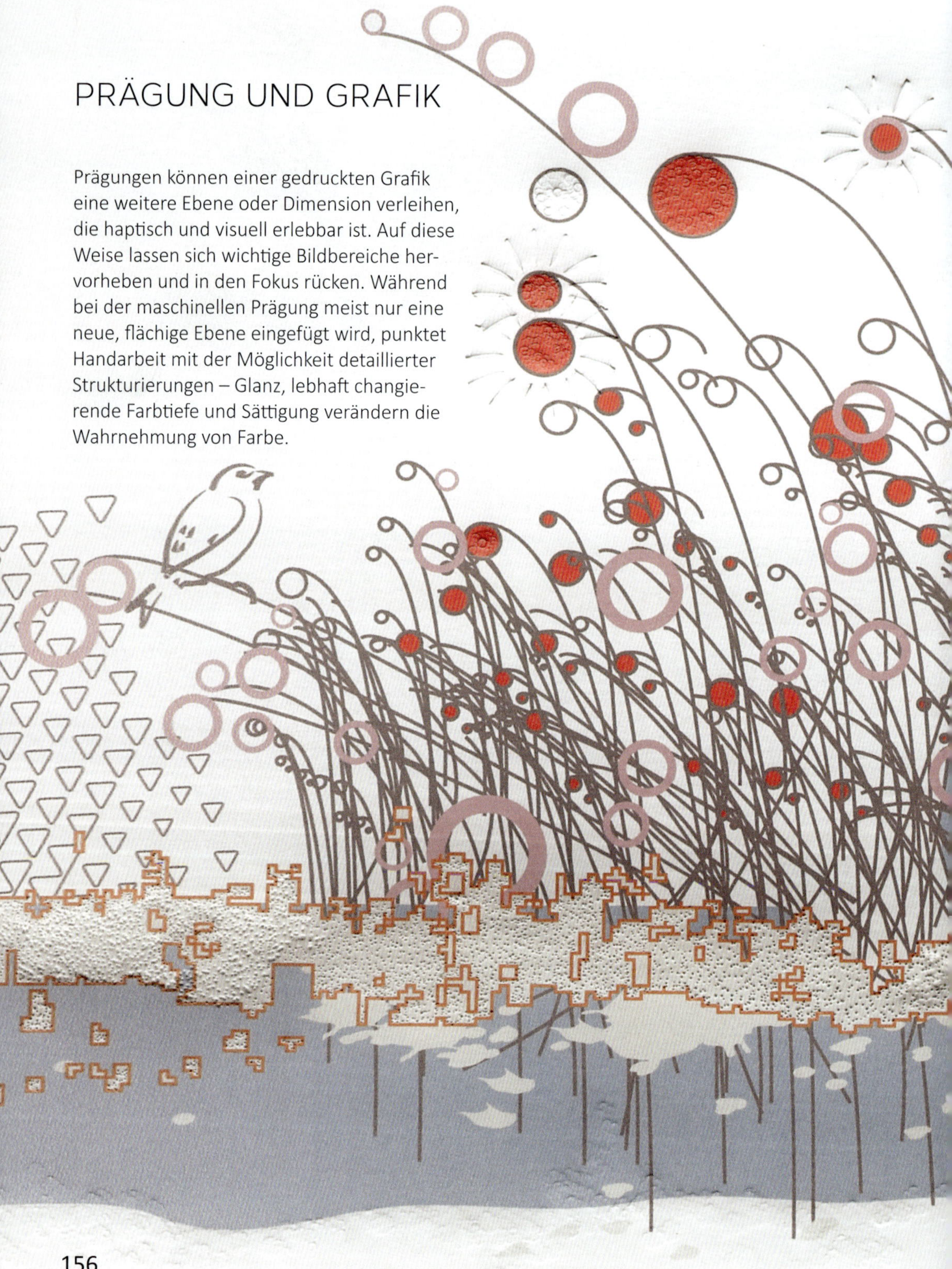

I • ◎◊∧

Gmund Papier, Gmund Urban, Architekt Dust, 240 g/m²

Fantasielandschaft mit Prägungen

13.19

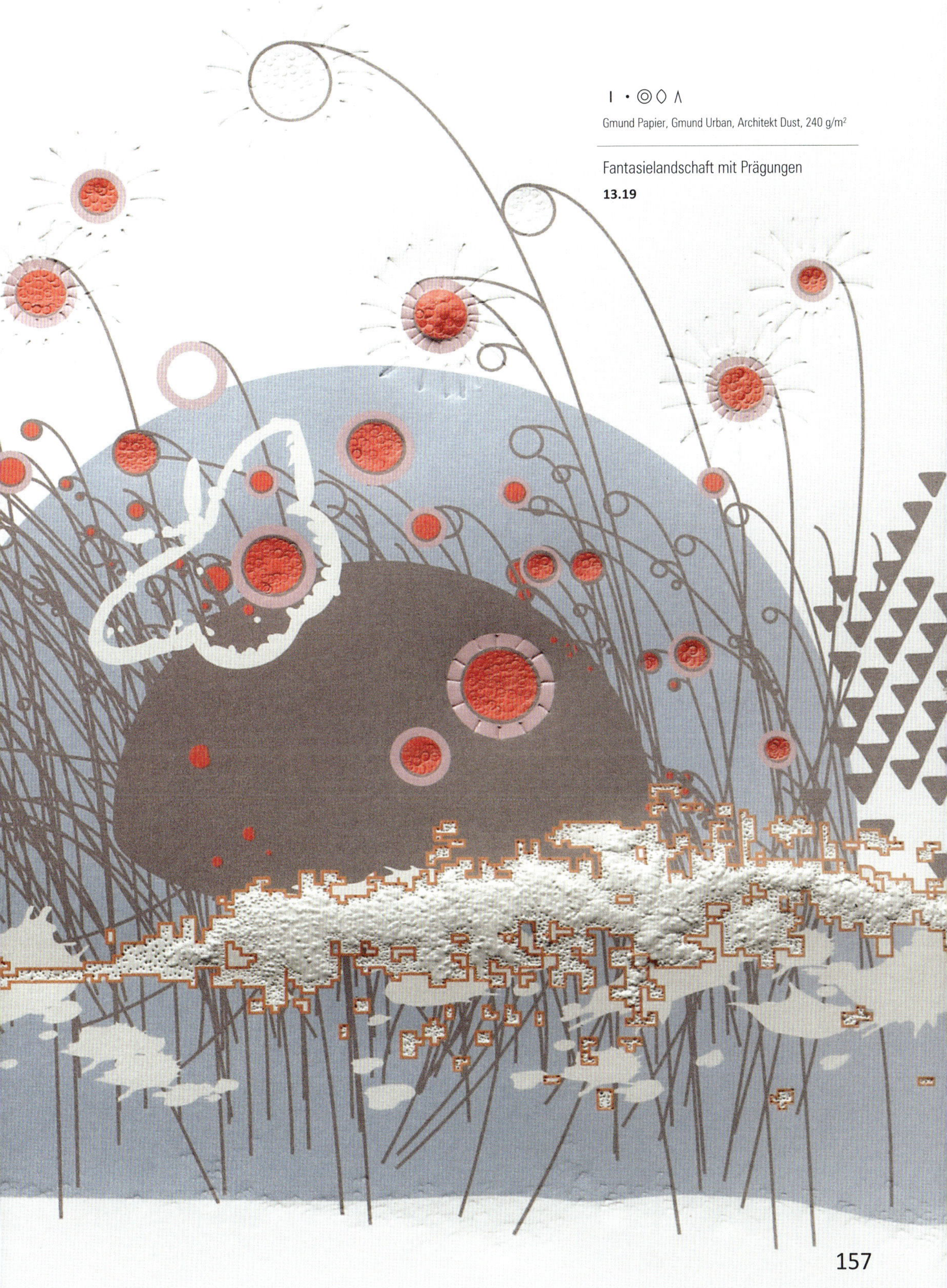

GEPRÄGTE GRAFIK – KÖRNUNGEN IM VERGLEICH

Bei diesem Beispiel, einem abstrahierten Uhrwerk, wird der Hintergrund durch Prägungen in unterschiedlichen Feinheitsstufen von der übrigen Grafik abgesetzt.

Gmund Papier, Gmund Cotton Linen Cream, 300 g/m²

Tintenstrahlgedruckte Grafik ohne Prägung

13.20

↓

Grobkörnige Tiefdruck-Strukturierung

13.21

↓

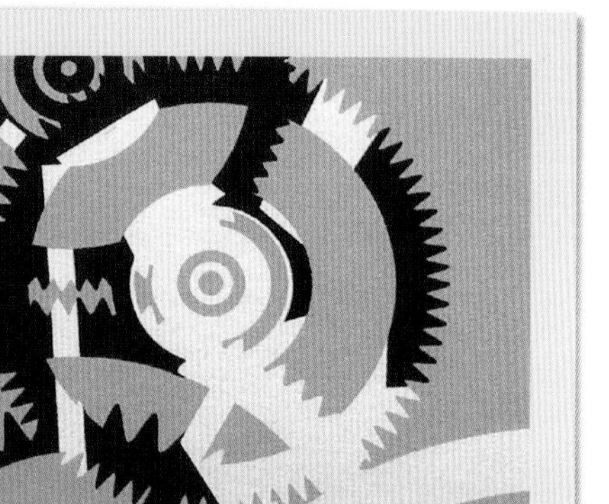

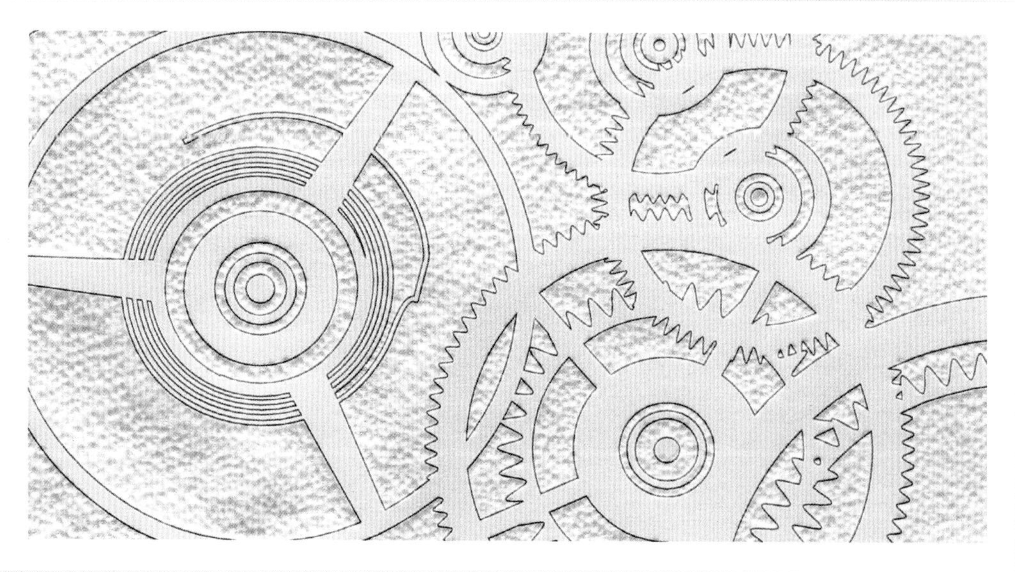

•

Strukturierung durch feine Punktprägungen im Tiefdruck

13.22

↓

Lebhafter, unregelmäßiger Hintergrund, geprägt mit scharfem Linienmeißel

13.23

↓

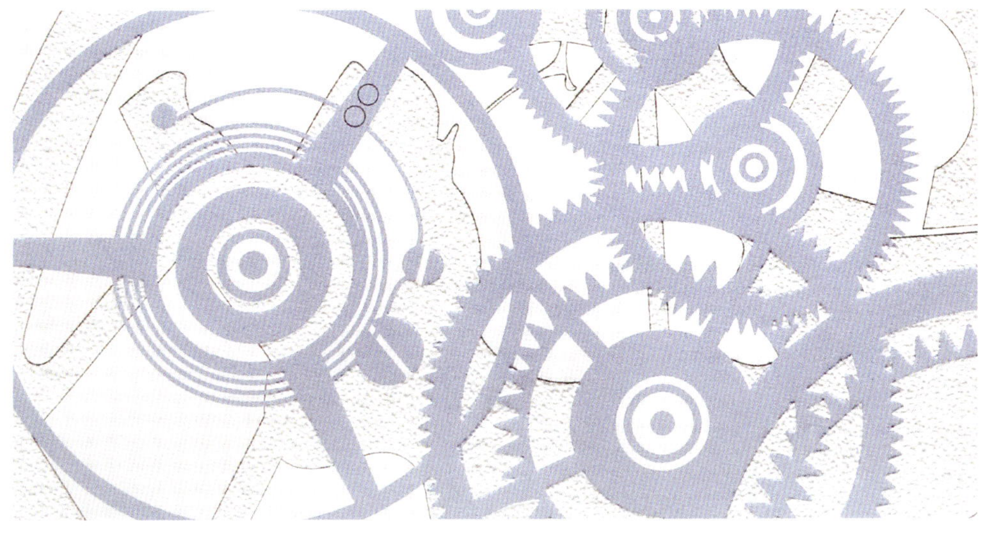

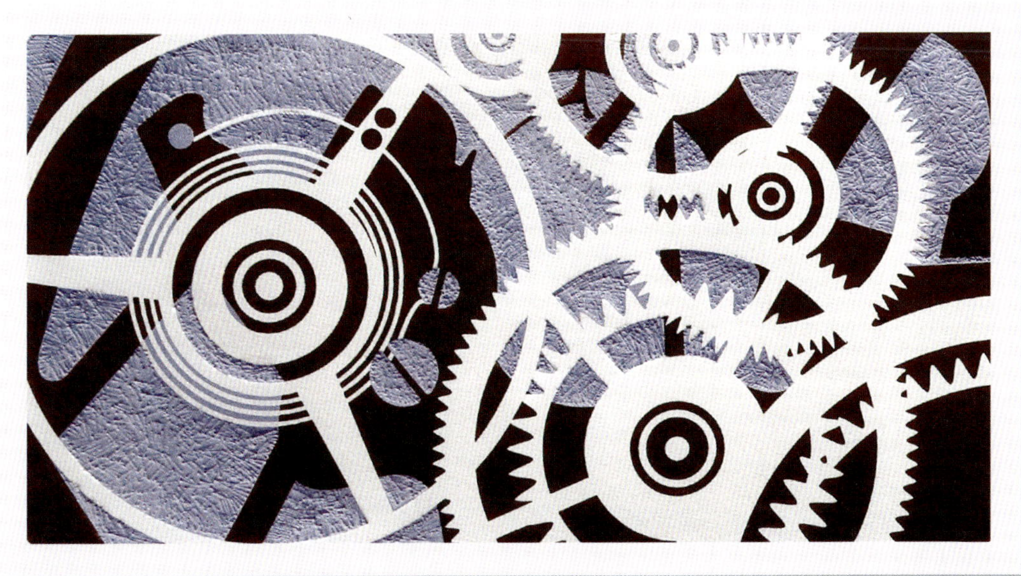

FALTSCHACHTELN – PUNKTUELLE BIS FLÄCHIGE GRAFIKPRÄGUNGEN

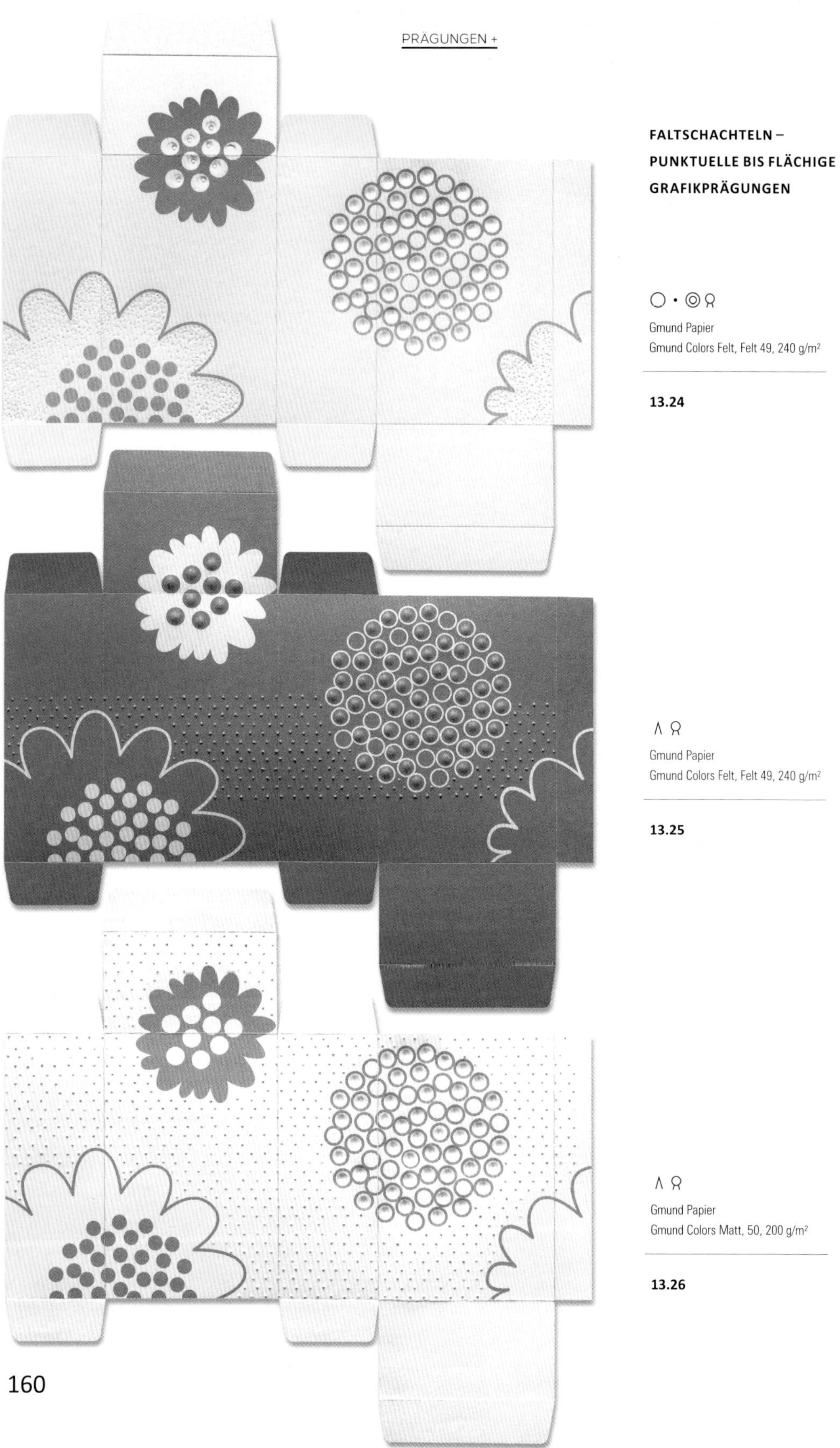

○ • ◎ ♀

Gmund Papier
Gmund Colors Felt, Felt 49, 240 g/m²

13.24

∧ ♀

Gmund Papier
Gmund Colors Felt, Felt 49, 240 g/m²

13.25

∧ ♀

Gmund Papier
Gmund Colors Matt, 50, 200 g/m²

13.26

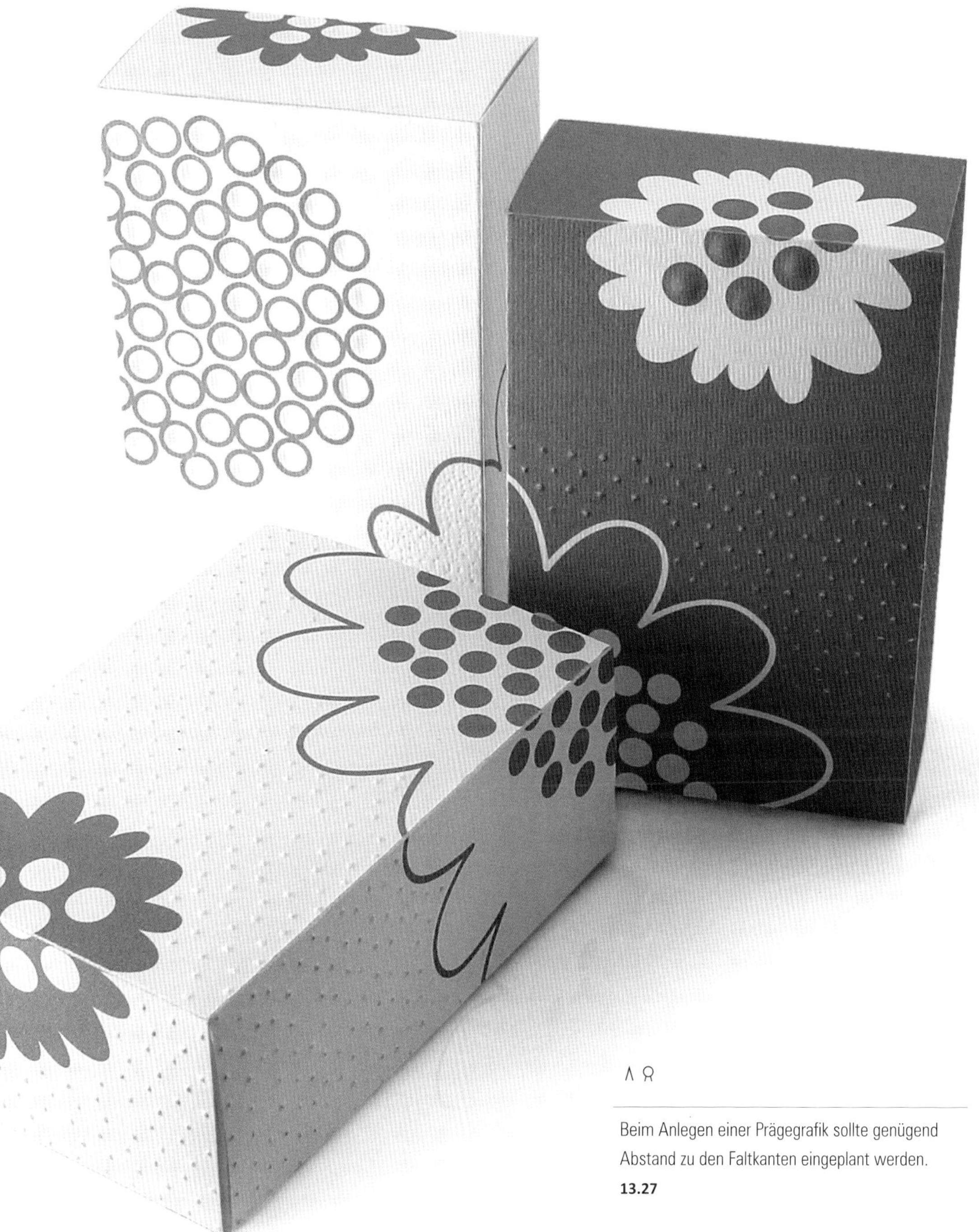

∧ ♀

Beim Anlegen einer Prägegrafik sollte genügend Abstand zu den Faltkanten eingeplant werden.

13.27

PRÄGUNG UND BUNTSTIFT

Führt man einen Buntstift leicht schräg, die breite Minenfläche nutzend, über eine tiefgeprägte Fläche, so bleiben die geprägten Bereiche weiß oder entsprechend dem Papierton erhalten. Im Fall einer Hochprägung werden auf diese Weise die Erhebungen und Spitzen betont.
Ob im Hoch- oder Tiefdruck, durch das Zusammenspiel von Prägung und Farbe geht das typische Licht-Schatten-Spiel der Prägung zwar teilweise verloren, es ergeben sich aber spannende unterstützende Effekte, die sich bei der Flächen- und Konturgestaltung einsetzen lassen.

Gmund Papier
Gmund Colors Matt, 50, 200 g/m²

Vergleich unterschiedlicher Meißelmotive im spitzenbetonenden Hoch- und flächenbetonenden Tiefdruck
13.29

Gmund Papier, Gmund Colors Matt, 50, 200 g/m²

Vergleich unterschiedlicher Meißelmotive im spitzenbetonenden Hoch- und flächenbetonenden Tiefdruck
13.28

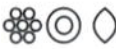

Samenstände der Walderdbeere, mit dem Ringmeißel im Tiefdruck geprägt
13.30

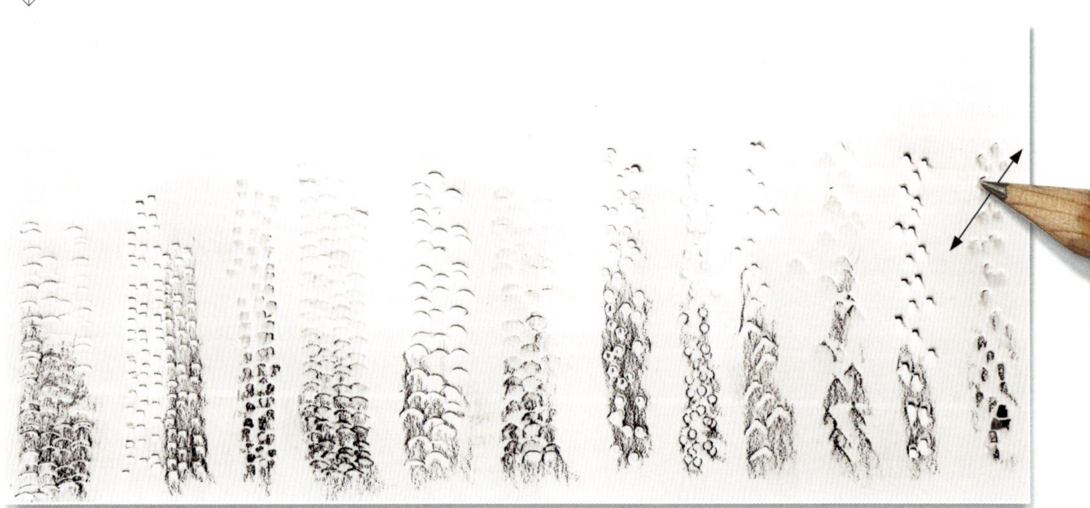

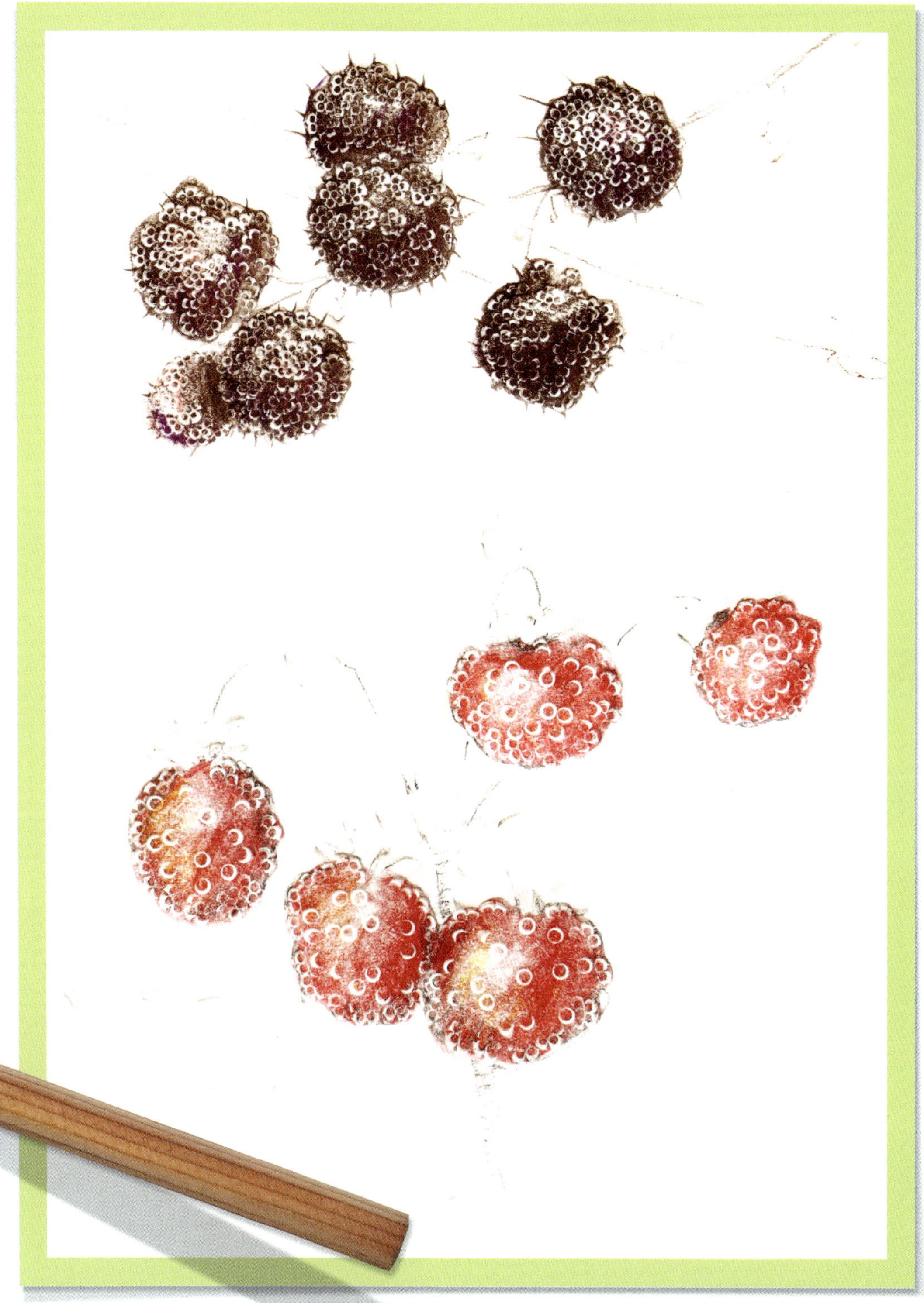

FEINE KOLORIERUNGEN MIT DEM BUNTSTIFT

Spitzen von Hochdruckprägungen nehmen beim Darüberstreichen mit dem Buntstift mehr Farbe auf als tiefer liegende Bereiche. Die Beispiele auf dieser Doppelseite zeigen, wie sich hierdurch eine Akzentuierung und Differenzierung von Farb- und Strukturbereichen der Vögel erzielen lässt.

○ ◊ I

Gmund Papier, Gmund Colors Matt, 50, 200 g/m²

Unterschiedliche Farbpartien und Umrisse einer Blaumeise sind im Hochdruck und farblich voneinander abgesetzt.

13.31

↓

○ I ◊ ♀

Gmund Papier, Gmund Colors Matt, 50, 200 g/m²

Im Bereich von Kopf und Brust wurde das Federkleid des Zaunkönigs schräg hochgeprägt. Wenn man mit dem Buntstift über die Hochprägungen streicht, binden die Spitzen mehr Farbpartikel und erhalten dadurch eine höhere Farbsättigung und Tiefe. →

13.32

○ I ♀

Gmund Papier, Gmund Colors Matt, 50, 200 g/m²

Das Auge des Rotkehlchens wurde mit einem Kreis tief- und mit einem Kugelkopf gegengeprägt. ↘

13.33

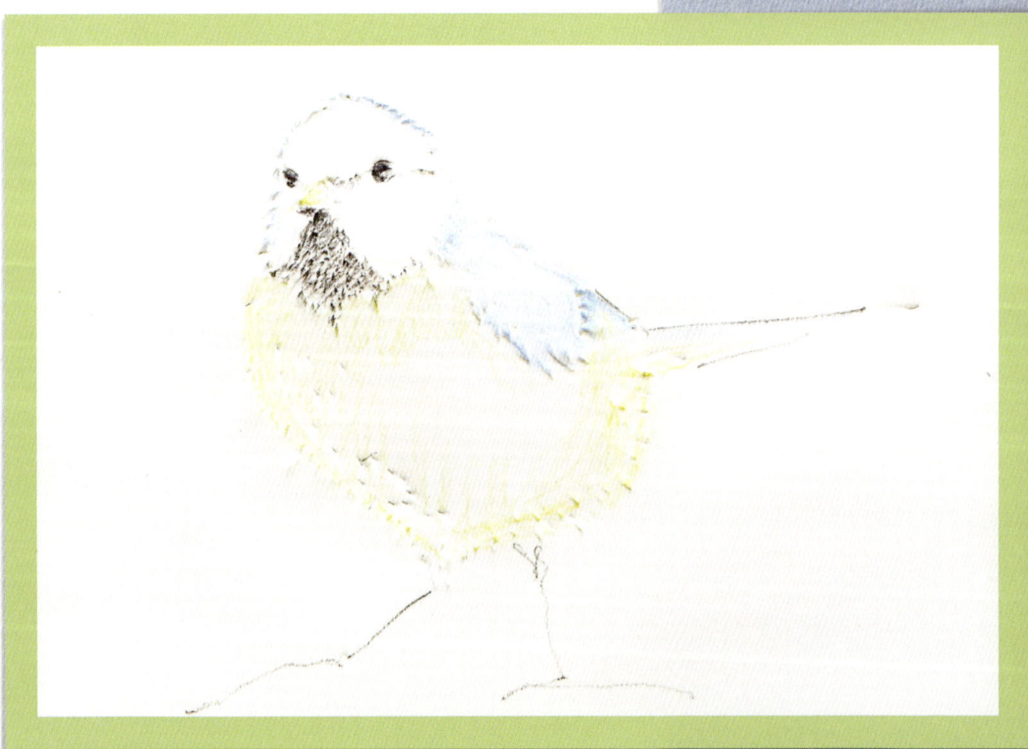

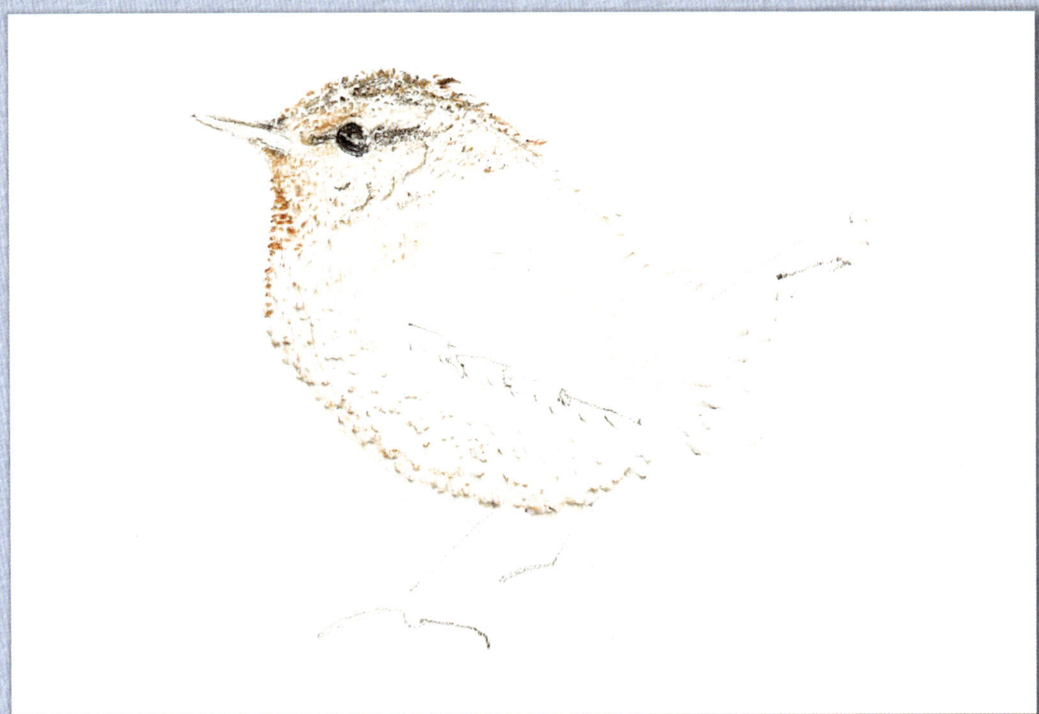

PRÄGUNG UND AQUARELL

Prägungen ergänzen die Aquarellmalerei um ein weiteres Ausdrucksmittel, das den Bildern zusätzliche Struktur- und Kontureffekte und damit mehr Plastizität verleiht.
Hierbei gibt es zwei verschiedene Herangehensweisen, mit denen man unterschiedliche Effekte erzielen kann. So kann eine Prägung mit Aquarellfarbe übermalt oder aber ein Aquarell in trockenem oder noch feuchtem Zustand überprägt werden.
Prinzipiell sollte man dabei beachten, dass eine Prägung Papier verdichtet und Wasser diese Papierbereiche wieder auf- und zurückquellen lässt. Das hat zur Folge, dass der Prägeeffekt reduziert bis teilweise aufgehoben wird. Daher ist bei nassem Farbauftrag auf Hoch- und Tiefdruck vor allem die Interaktion von Farbe, Pinsel und Papier interessant. Bei Wasserfarben sammeln sich Farbpigmente vermehrt in den tiefgedruckten Bereichen und lassen diese dadurch dunkler und farbintensiver erscheinen. Diesen Effekt kann man auch an aufgerauten, eingerissenen und angeschnittenen Partien beobachten, die mehr Saugkraft entwickeln als eine geschlossene, glatte Papierfläche.
Darüber hinaus lassen sich bei schrägen und rauen Prägungen zufällig entstehende „Farbabriss-Effekte" beobachten. Während ein Pinsel beim Tiefdruck ungehindert und gleichmäßig über eine Papierfläche streichen kann, ist bei Hochdruckprägungen der Farbauftrag auf den erhabenen Hochdruckbereichen der Prägungen stärker. Bei leichtem, raschem Farbauftrag bleiben tiefer liegende Stellen von der Farbe unberührt und erscheinen hierdurch heller. Ein Pinselstrich wird so ein Stück weit unkalkulierbar – es entstehen wie zufällig und natürlich wirkende Symbiosen aus Farbe und Struktur.

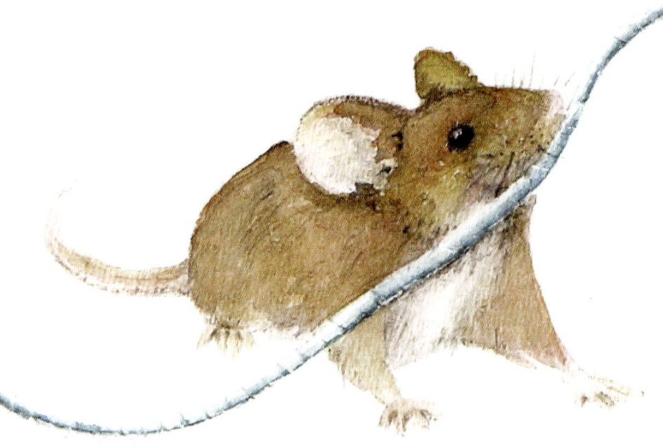

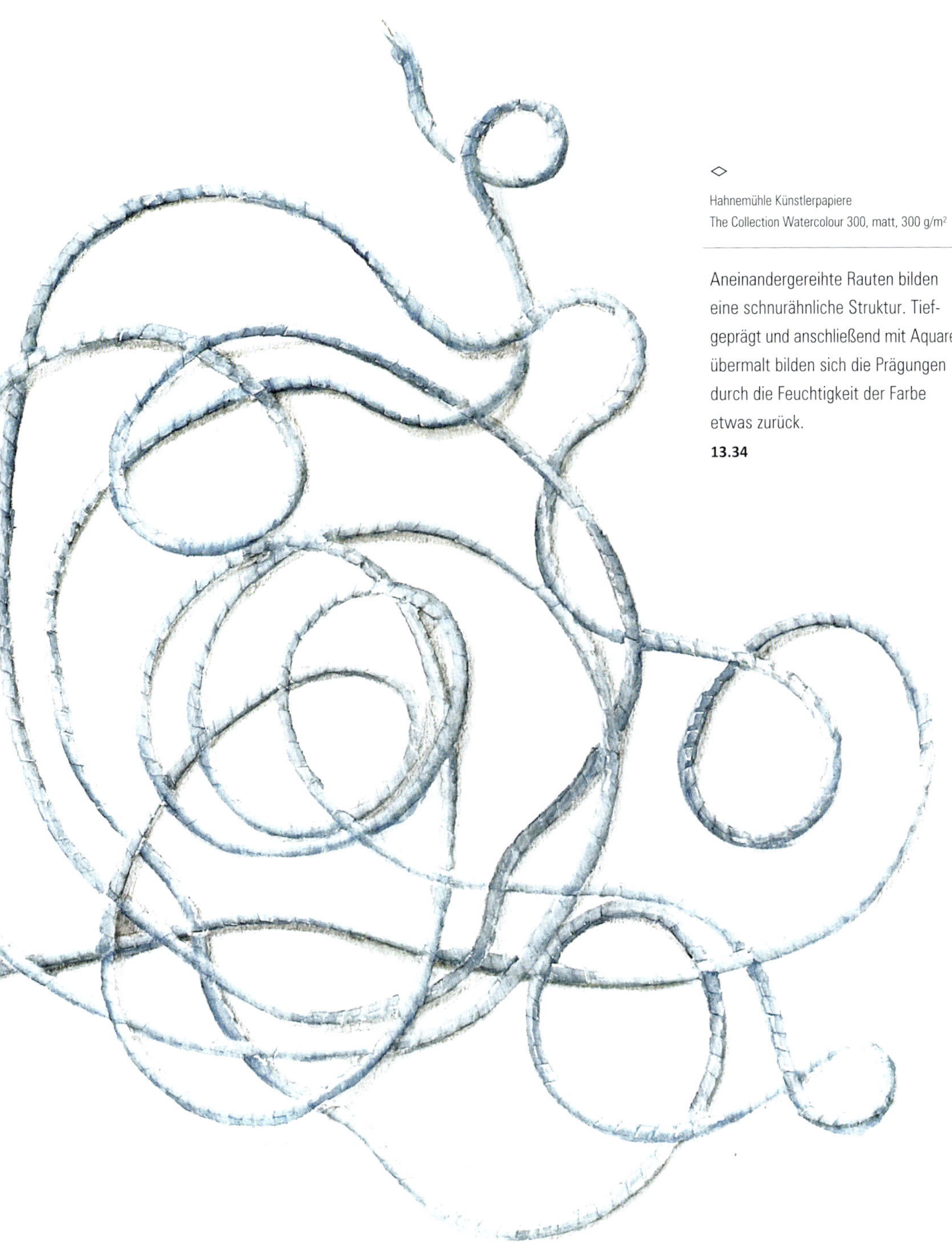

◇

Hahnemühle Künstlerpapiere
The Collection Watercolour 300, matt, 300 g/m²

Aneinandergereihte Rauten bilden eine schnurähnliche Struktur. Tiefgeprägt und anschließend mit Aquarell übermalt bilden sich die Prägungen durch die Feuchtigkeit der Farbe etwas zurück.

13.34

PRÄGUNG UND AQUARELL – DER STRUKTUREFFEKT

Durch Prägung, Farbe und Zufall entwickeln sich unterschiedliche Farb- und Strukturergebnisse, die sich mit herkömmlichen Aquarelltechniken nicht erzielen lassen.
Die Muster auf dieser Doppelseite zeigen anhand von Pinselstrichen, wie Aquarellfarbe beim Überstreichen von Prägungen reagieren kann. Farbauftrag mit leicht feuchtem Pinsel betont besonders den Hochdruck und hinterlässt helle Tiefen, während eine großzügig angewendete Farbe den Tiefdruck auffüllt, die Prägewirkung vermindert und Farbtiefen schafft.

Mit Wasserfarbe übermalte „Spiegelprägung" (dunkelblau) eingerahmt von einer Rechteckkontur (türkis). Durch das Aufquellen und Rückstellen der Prägungen werden die Konturen undeutlicher und weicher.
13.35

→

Hahnemühle Künstlerpapiere
Hahnemühle 200, Echt-Bütten, rau, 200 g/m²

Leichter Pinselstrich über verschiedene Prägungen
13.36

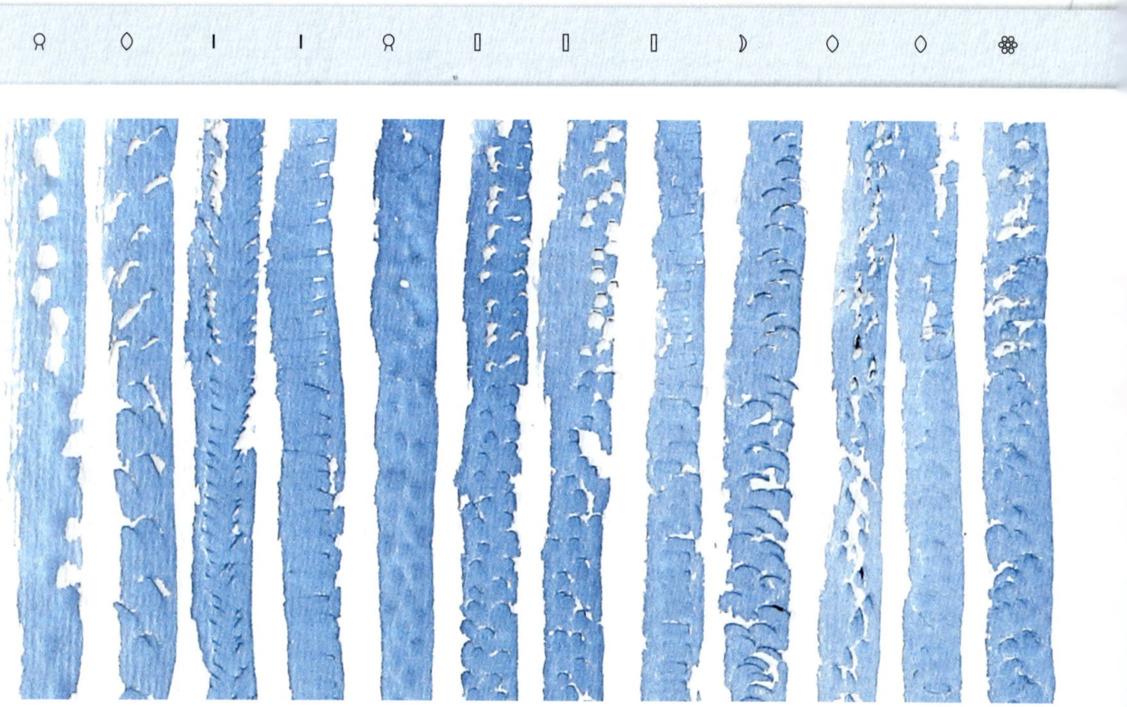

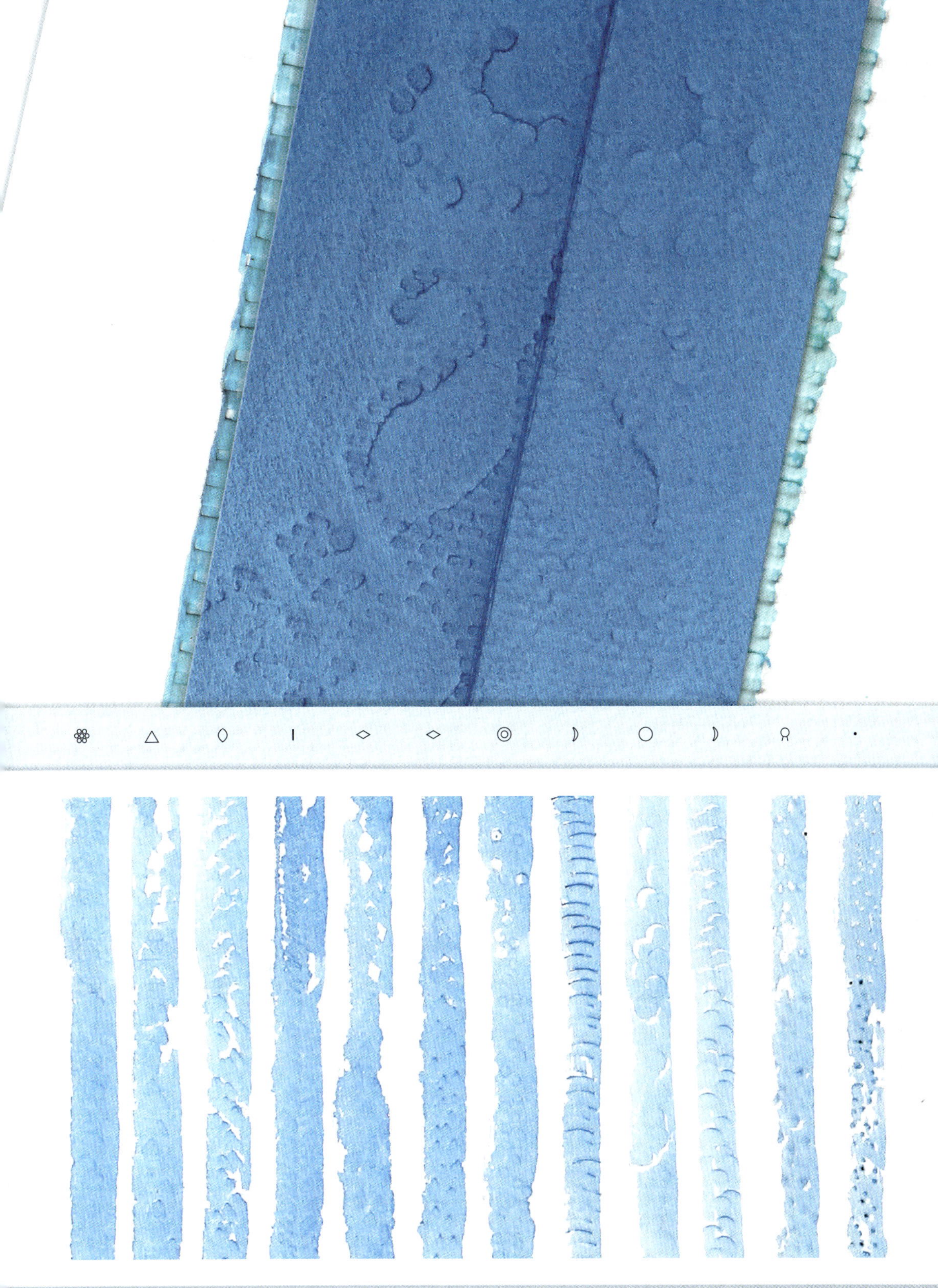

DIE NASSPRÄGUNG

Prägungen in nasse Farbflächen zeichnen sich in gesättigtem, dunklem Farbton ab und großflächigere Kreismotive und Kugelpunzen verdrängen die Farbe konturbetonend nach außen. Diese Technik eignet sich vor allem für kleine Bildpartien, da die aufgetragene Farbe während des Arbeitens trocknet und somit die Wirkung abnimmt. Man muss daher schnell arbeiten und kann die Hand zum präzisen Prägen nicht auflegen, was die Arbeit etwas erschwert.

Hahnemühle Künstlerpapiere – Hahnemühle 200, Echt-Bütten, matt, 200 g/m²

Tiefprägungen in die noch feuchte Farbfläche. Dabei sammeln sich Pigmente in den Vertiefungen und setzen sich von der Umgebungsfläche dunkel ab.

13.37

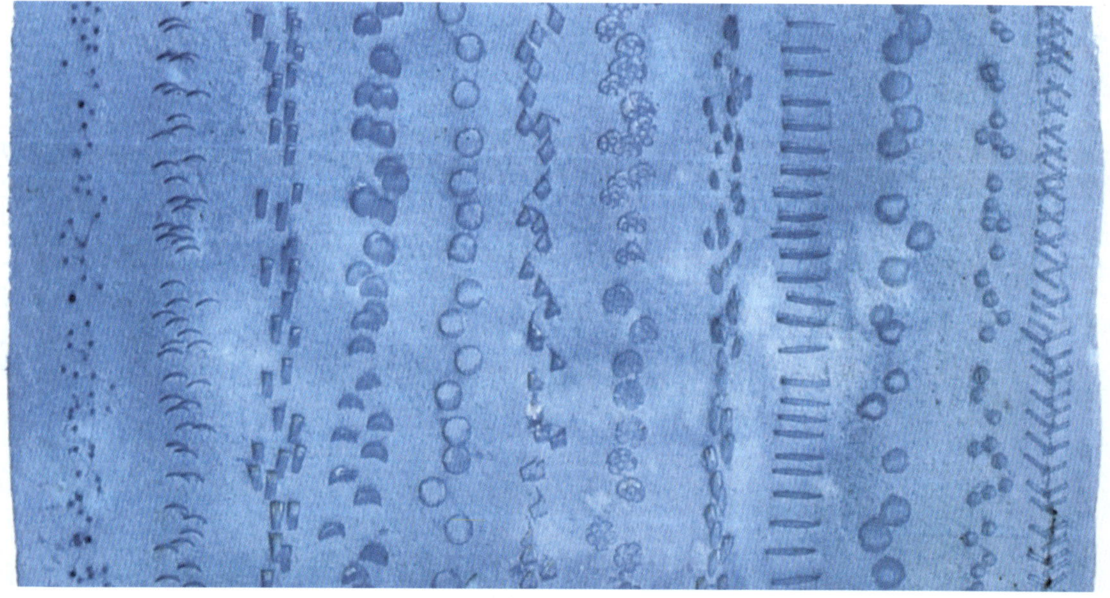

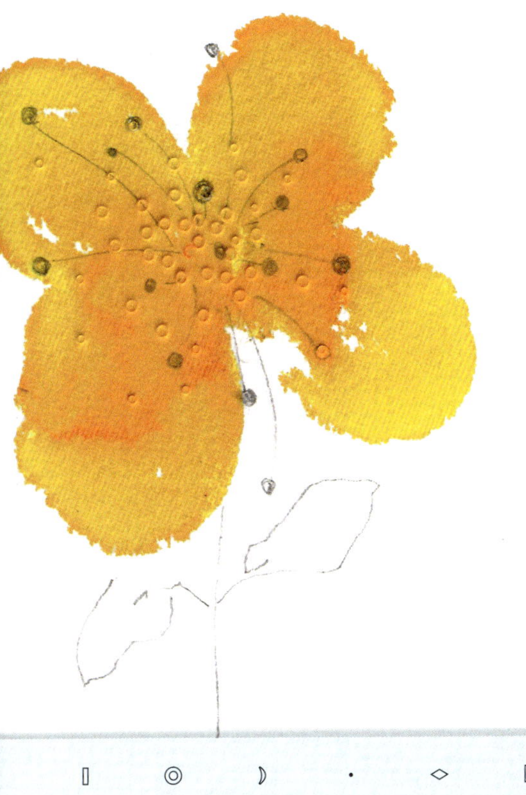

DIE TROCKENPRÄGUNG

Bei einer Prägung auf abgetrocknetem Aquarell vermeidet man den Rückstelleffekt durch die Farbfeuchtigkeit. Die Prägung behält hierbei ihre Licht-Schatten-Wirkung, mit der Farbflächen und Konturen von Aquarellflächen zusätzlich betont werden können. Dabei sollte man beachten, dass Hochprägungen weiße „Blitzer" erzeugen können, wenn das helle Papier unter der Farbschicht hochgedrückt und damit sichtbar wird.

Hahnemühle Künstlerpapiere – Hahnemühle 200, Echt-Bütten, matt, 200 g/m²

Nachträgliche Prägungen im Hoch- und Tiefdruck können Bildbereiche hervorheben und ergänzen eine Farbfläche durch Strukturen sowie Licht- und Schatteneffekte.

13.38

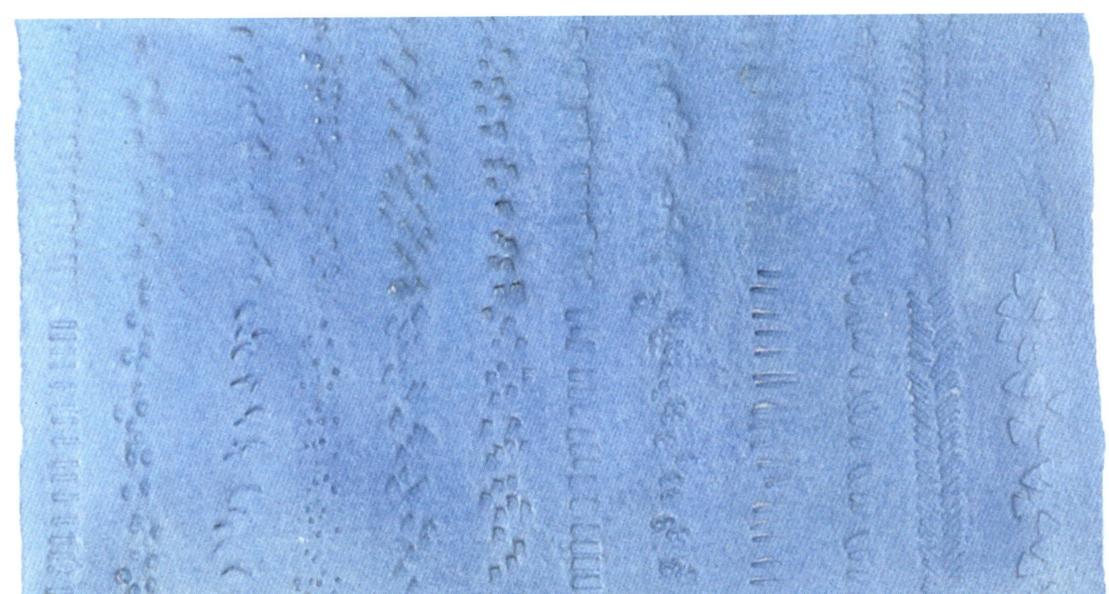

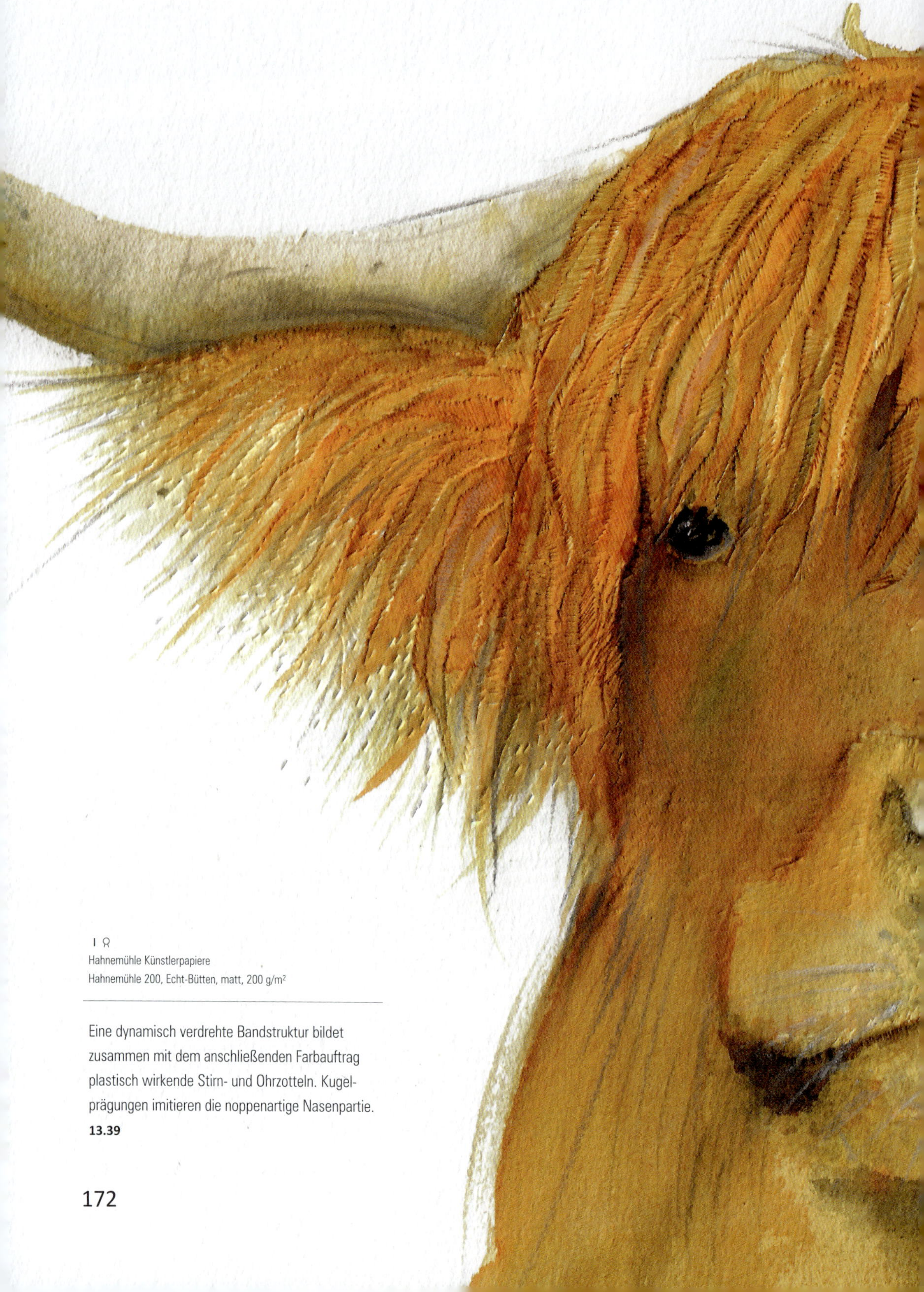

I Ω

Hahnemühle Künstlerpapiere
Hahnemühle 200, Echt-Bütten, matt, 200 g/m^2

Eine dynamisch verdrehte Bandstruktur bildet zusammen mit dem anschließenden Farbauftrag plastisch wirkende Stirn- und Ohrzotteln. Kugelprägungen imitieren die noppenartige Nasenpartie.
13.39

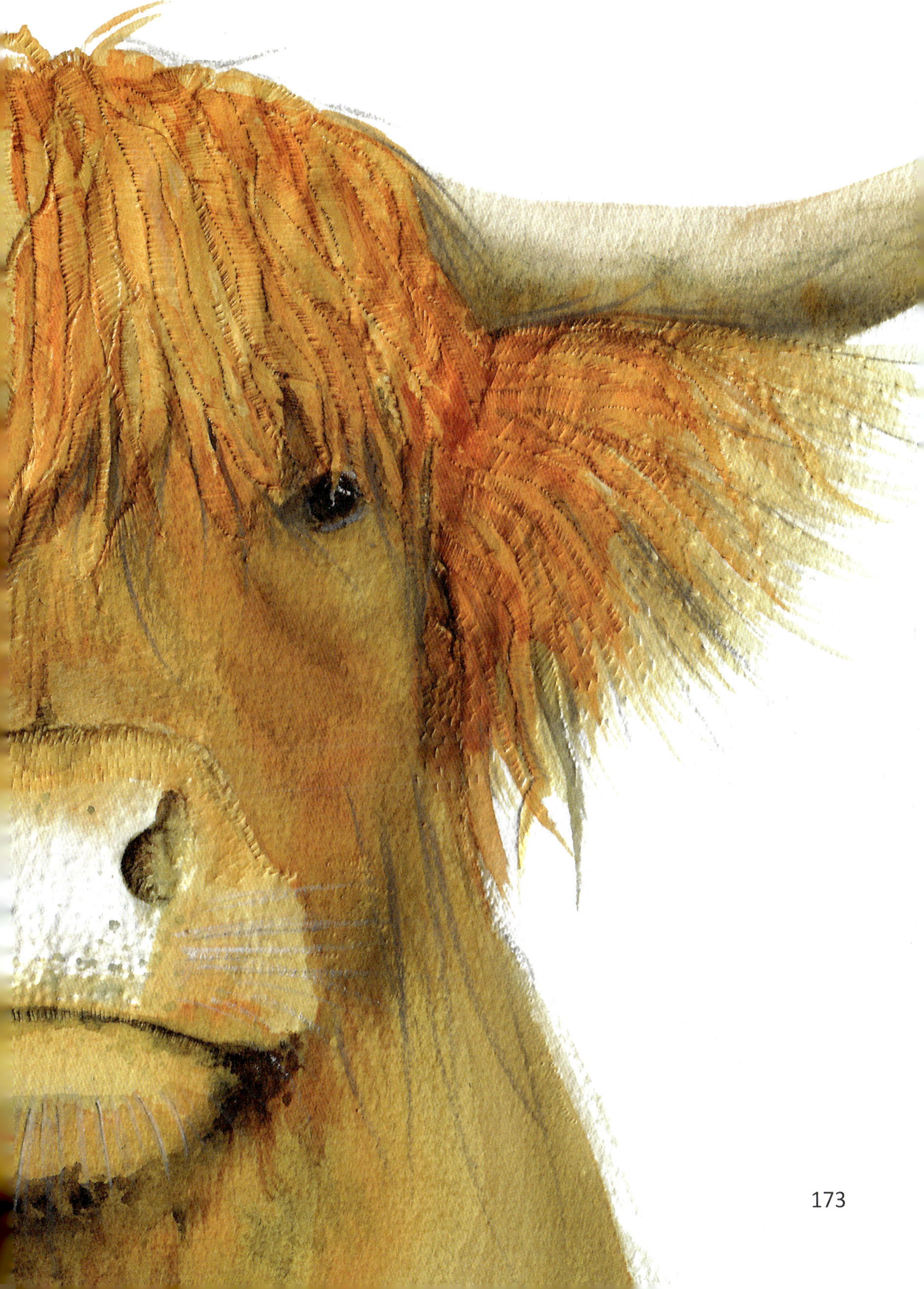

LEGENDE SYMBOLE

PRÄGETECHNIK

Die Symbole stellen das Erscheinungsbild der Sichtseite dar.

Tiefprägungen, der schwarze Bereich zeigt die tiefste Stelle an:

- senkrecht
- links schräg
- rechts schräg
- links schräger Durchschlag

Hochprägungen, der graue Bereich zeigt die höchste Stelle an:

- senkrecht
- links schräg
- rechts schräg
- rechts schräger Durchschlag

ARBEITSRICHTUNGEN

◁① 1. Arbeitsrichtung nach links

② 2. Arbeitsrichtung nach unten

GRUNDFORMEN MEISSELMOTIVE

- ∧ Spitze
- • Punkt (3-D)
- Blume
- ◎ Ring
- ○ Kreis
- Kugel(punze)
- I Linie
- Sichel
- D Halbkreis
- Blatt
- ▯ Rechteck
- □ Quadrat
- ◇ Raute
- △ Dreieck
- ▽ Freiform

DANK

Ein herzliches Dankeschön dem Haupt Verlag in Bern, der dieses Buch ermöglicht hat.

Vielen Dank auch an die Büttenpapierfabrik Gmund GmbH & Co. KG in Gmund am Tegernsee und die Hahnemühle FineArt GmbH in Dassel, die das Buchprojekt mit hochwertigen und spannenden Papieren unterstützt haben.

ALLES ZUM THEMA FREIES PRÄGEN IN PAPIER UND HOLZ:

- Prägewerkzeuge für Papier und Holz
- Bücher zur freien Prägekunst
- Workshops und Anleitungsvideos
- und immer neue Inspirationen!

WWW.FALKENBURGER.DE

WEITERFÜHRENDE LITERATUR:

Grundlagen des freien Prägens in Holz:

HOLZ PRÄGEN
Freie Techniken, individuelle Muster

Katja Falkenburger
ISBN 978-3-258-60262-2

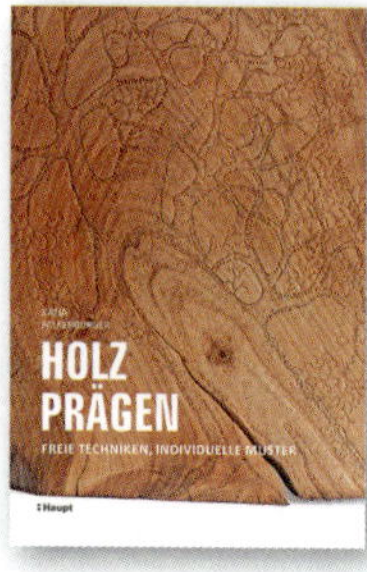

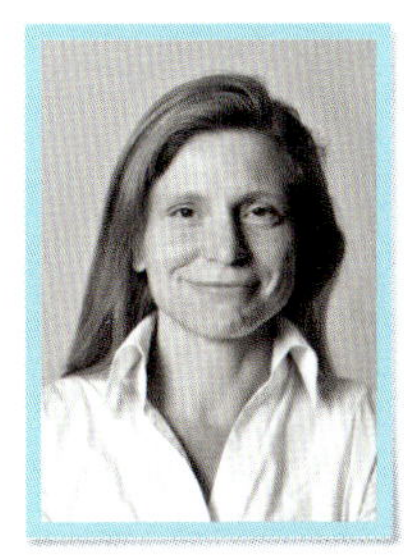

Katja Falkenburger

arbeitet mit ihrem Designbüro CLUSIV DESIGN seit 2003 als selbstständige Produkt- und Grafikdesignerin.
Sie ist eine, die die Dinge gerne selbst in die Hand nimmt – ganz nah am Material, von Grund auf. Sozusagen eine Detektivin in Sachen Gestaltung. So lotet sie mit Experimenten Materialgrenzen aus, forscht nach Symbiosen, switcht zwischen Fachbereichen und freut sich, auf diese Weise immer wieder neue Welten entdecken zu können.
Die Neugier darauf entwickelte sich durch ihre Ausbildung zur staatlich geprüften Gestalterin, Fachrichtung Möbel- und Innenraumgestaltung, an der Fachschule für Holztechnik und ein Stipendium am Weißenhof-Institut Stuttgart mit Projekten an der Staatlichen Kunstakademie Stuttgart in den Studiengängen Architektur und Design, Produktdesign, Textildesign und Bildhauerei.
Im vorliegenden Buch zeigt sie, was dabei herauskommt, wenn man altehrwürdige Handwerkstechniken frech mixt und den Meißel auf Papier statt auf Metall oder Stein setzt.

1. Auflage: 2022 (1. Nachdruck)

ISBN 978-3-258-60246-2

Text, Gestaltung, Layout, Fotos und Illustrationen: Katja Falkenburger, D-Horgenzell
Porträtfoto, Seite 175: Thorsten Schmidt, D-Ravensburg
Lektorat: der springende punkt, Claudia Lüdtke, D-Berlin

Wir drucken mit mineralölfreien Farben und verwenden FSC®-zertifiziertes Papier. FSC® sichert die Nutzung der Wälder gemäß sozialen, ökonomischen und ökologischen Kriterien.
Gedruckt in Tschechien.

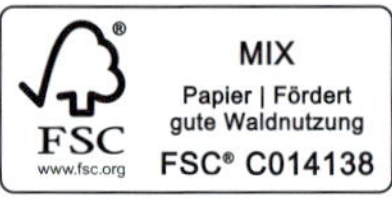

Diese Publikation ist in der Deutschen Nationalbibliografie verzeichnet. Mehr Informationen dazu finden Sie unter http://dnb.dnb.de.

Der Haupt Verlag wird vom Bundesamt für Kultur für die Jahre 2021–2025 unterstützt.

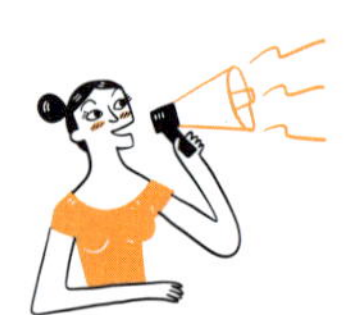

© Shutterstock, Huza Studio

Sie möchten nichts mehr verpassen?

Folgen Sie uns auf unseren Social-Media-Kanälen und bleiben Sie via Newsletter auf dem neuesten Stand.

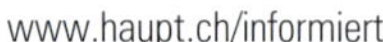

www.haupt.ch/informiert

Wir verlegen mit Freude und großem Engagement unsere Bücher. Daher freuen wir uns immer über Anregungen zum Programm und schätzen Hinweise auf Fehler im Buch, sollten uns welche unterlaufen sein.

Haupt Verlag AG
Falkenplatz 14
3012 Bern
SCHWEIZ
herstellung@haupt.ch

Verantwortlich in der EU (GPSR):
Brockhaus Kommissionsgeschäft GmbH
Kreidlerstr. 9
70806 Kornwestheim
DEUTSCHLAND
haupt@brocom.de

www.haupt.ch